반드시 알아야 할 수능 필수 영단어 5000

모바일 영단어
QR 코드

001 ★★★	**tie** [tai]	n 1. 관계 2. 무승부 v 1. 묶다 2. 동점을 이루다	☐☐☐
002 ★★★	**loosen** [lúːsn]	v 물러지다, 느슨해지다 ⊜ tighten v 조이다, 팽팽하게 하다	☐☐☐
003 ★★★	**representation** [rèprizentéiʃən]	n 표현, 묘사, 재현	☐☐☐
004 ★★★	**contribute** [kəntríbjuːt]	v 1. 기여하다, 기부하다 2. 한 원인이 되다	☐☐☐
005 ★★★	**tidy** [táidi]	a 깔끔한	☐☐☐
006 ★★★	**ache** [eik]	v 아프다 ⊜ hurt v 아프다	☐☐☐
007 ★★★	**survivorship** [sərváivərʃip]	n 생존	☐☐☐
008 ★★★	**elevation** [èləvéiʃən]	n 고양, 상승	☐☐☐
009 ★★★	**cyclonic** [saiklánik]	a 사이클론의, 격렬한	☐☐☐
010 ★★★	**nevertheless** [nèvərðəlés]	ad 그럼에도 불구하고, 그런데도 ⊜ nonetheless ad 그럼에도 불구하고	☐☐☐
011 ★★★	**prominence** [prámənəns]	n 중점	☐☐☐
012 ★★★	**standard** [stǽndərd]	n 표준 a 표준적인, 기준이 되는	☐☐☐
013 ★★★	**play** [plei]	n 희곡, 연극	☐☐☐
014 ★★★	**personify** [pəːrsánəfài]	v 인격화하다	☐☐☐
015 ★★★	**spiral** [spáiərəl]	n 소용돌이	☐☐☐

016 ★★★	**observer** [əbzə́:rvər]	n 관찰자	☐☐☐
017 ★★★	**visual** [víʒuəl]	a 시각적인	☐☐☐
018 ★★★	**intensive** [inténsiv]	a 1. 집중적인 2. 철두철미한 = rigorous ⓐ 철저한, 엄격한	☐☐☐
019 ★★★	**fiction** [fíkʃən]	n 소설, 허구	☐☐☐
020 ★★★	**management** [mǽnidʒmənt]	n 관리, 경영진	☐☐☐
021 ★★★	**attend** [əténd]	v 1. 참석하다, ~에 출석하다 2. (학교에) 다니다	☐☐☐
022 ★★★	**scorn** [skɔ:rn]	n 경멸, 멸시 = contempt ⓝ 경멸, 멸시	☐☐☐
023 ★★★	**departure** [dipá:rʧər]	n 이탈, 떠남, 출발	☐☐☐
024 ★★★	**drought** [draut]	n 가뭄	☐☐☐
025 ★★★	**period** [píːəriəd]	n 기간, 시기	☐☐☐
026 ★★★	**terminal** [tə́:rmənl]	a 말기 환자의	☐☐☐
027 ★★★	**commitment** [kəmítmənt]	n 1. 약속, 다짐 2. 헌신 = dedication ⓝ 헌신	☐☐☐
028 ★★★	**unpredictable** [ʌnpridíktəbl]	a 예측 불가능한	☐☐☐
029 ★★★	**gain** [gein]	n 이점, 이득 v 얻게 되다, 획득하다	☐☐☐
030 ★★★	**automation** [ɔ:təméiʃən]	n 자동화	☐☐☐

031 ★★★	**legitimization** [lidʒitəməzéiʃən]	n 정당화	☐☐☐
032 ★★★	**deterioration** [ditiəriəréiʃən]	n (품질의) 저하, 악화	☐☐☐
033 ★★★	**proclaim** [proukléim]	v 선포하다, 공표하다	☐☐☐
034 ★★★	**budget** [bʌdʒit]	n 예산, 비용 ⊜ allowance ⓝ 비용	☐☐☐
035 ★★★	**marsh** [ma:rʃ]	n 습지	☐☐☐
036 ★★★	**matter** [mǽtər]	n 문제, 일 v 1. 중요하다 2. 문제가 되다	☐☐☐
037 ★★★	**irregularity** [irègjulǽrəti]	n 불규칙성	☐☐☐
038 ★★★	**crush** [krʌʃ]	v 뭉개다, 진압하다, 눌러 부수다 ⊜ squash ⓥ 짓누르다	☐☐☐
039 ★★★	**publish** [pʌbliʃ]	v 발매하다, 출간하다, 발행하다	☐☐☐
040 ★★★	**succinct** [səksiŋkt]	a 간결한, 간명한	☐☐☐
041 ★★★	**cosmic** [kázmik]	a 우주의	☐☐☐
042 ★★★	**aspect** [ǽspekt]	n 측면, 양상 ⊜ dimension ⓝ 관점	☐☐☐
043 ★★★	**northward** [nɔ́:rθwərd]	ad 북쪽으로	☐☐☐
044 ★★★	**opinion** [əpínjən]	n 의견	☐☐☐
045 ★★★	**parole** [pəróul]	n 가석방	☐☐☐

DAY 01

046 ★★★	**explanation** [èksplənéiʃən]	n 해명, 설명	☐☐☐
047 ★★★	**replacement** [ripléismənt]	n 대체(품)	☐☐☐
048 ★★★	**controversial** [kàntrəvə́:rʃəl]	a 논쟁의 여지가 있는 ⊜ debatable ⓐ 논란의 여지가 있는	☐☐☐
049 ★★★	**reliably** [riláiəbli]	ad 확실하게, 믿을 수 있게	☐☐☐
050 ★★★	**glucose** [glú:kous]	n 포도당	☐☐☐
051 ★★★	**thoroughly** [θə́:rouli]	ad 면밀하게, 철저하게	☐☐☐
052 ★★★	**complicate** [kámpləkèit]	v 복잡하게 하다	☐☐☐
053 ★★★	**attempt** [ətémpt]	n 노력, 시도 v 시도하다 ⊜ effort ⓝ 노력	☐☐☐
054 ★★★	**whistling** [wísliŋ]	n 휘파람	☐☐☐
055 ★★★	**greet** [gri:t]	v 맞다, 환영하다	☐☐☐
056 ★★★	**decode** [di:kóud]	v 1. 해독하다 2. 이해하다	☐☐☐
057 ★★★	**appearance** [əpíərəns]	n 1. 모습, 외관 2. 출현, 등장 ⊜ look ⓝ 모습, 겉보기	☐☐☐
058 ★★★	**symbolism** [símbəlìzm]	n 상징(주의)	☐☐☐
059 ★★★	**several** [sévərəl]	a 몇몇의, 여럿의 pron 몇몇	☐☐☐
060 ★★★	**fall** [fɔ:l]	n 몰락 v 1. 쓰러지다, 넘어지다 2. (값이) 떨어지다	☐☐☐

001	★★★	**theme** [θiːm]	**n** 주제, 테마
002	★★★	**treat** [triːt]	**n** 1. 특별한 것 2. 간식 **v** 1. 대하다, 취급하다 2. 치료하다
003	★★★	**customize** [kʌ́stəmàiz]	**v** 주문 제작하다
004	★★★	**bright** [brait]	**a** 밝은 **⊖ dim** ⓐ 어둑한 **faint** ⓐ 희미한
005	★★★	**multiplication** [mʌ̀ltəplikéiʃən]	**n** 증가
006	★★★	**itemize** [áitəmàiz]	**v** 항목화하다
007	★★★	**individually** [indəvídʒuəli]	**ad** 개별적으로, 각각 따로
008	★★★	**desire** [dizáiər]	**n** 욕구, 욕망 **v** 바라다, 열망하다 **⊜ need** ⓝ 욕구
009	★★★	**vein** [vein]	**n** 정맥
010	★★★	**subtlety** [sʌ́tlti]	**n** 1. 희박함 2. 섬세함, 미묘함
011	★★★	**residential** [rèzədénʃəl]	**a** 거주의, 주거의
012	★★★	**smelly** [sméli]	**a** 냄새 나는, 악취가 나는
013	★★★	**interrupt** [ìntərʌ́pt]	**v** 방해하다, 끼어들다, 중단시키다 **⊜ disturb** ⓥ 방해하다
014	★★★	**compositional** [kàmpəzíʃənəl]	**a** 구성의
015	★★★	**session** [séʃən]	**n** (특정한 활동을 위한) 시간, 기간

DAY 02

016 ★★★ **hide** [haid]
ⓥ 감추다, 숨기다, 숨다

017 ★★★ **prove** [pru:v]
ⓥ 입증하다, 판명되다

018 ★★★ **topic** [tápik]
ⓝ 주제

019 ★★★ **ancestor** [ǽnsestər]
ⓝ 선조, 조상
⊜ forebear ⓝ 선조 ⊖ descendant ⓝ 자손, 후손

020 ★★★ **richly** [ríʧli]
ⓐⓓ 호화롭게, 풍부하게

021 ★★★ **scatter** [skǽtər]
ⓥ 흩뜨리다, 분산하다

022 ★★★ **glance** [glæns]
ⓥ 흘낏 보다

023 ★★★ **compelling** [kəmpéliŋ]
ⓐ 1. 설득력 있는 2. 강렬한
⊜ persuasive ⓐ 설득력 있는

024 ★★★ **quest** [kwest]
ⓝ 추구, 탐구

025 ★★★ **notoriously** [noutɔ́:riəsli]
ⓐⓓ 악명 높게도

026 ★★★ **recycle** [ri:sáikl]
ⓥ 재활용하다

027 ★★★ **merely** [míərli]
ⓐⓓ 그저, 단지

028 ★★★ **elusive** [ilú:siv]
ⓐ 이해하기 어려운
⊖ ambiguous ⓐ 애매한

029 ★★★ **loudly** [láudli]
ⓐⓓ 크게

030 ★★★ **detached** [ditǽʧt]
ⓐ 1. 분리된 2. 무심한

031 ★★☆	**revolutionary** [rèvəlúːʃənèri]	ⓐ 혁명적인	☐☐☐
032 ★★☆	**success** [səksés]	ⓝ 성공	☐☐☐
033 ★☆☆	**huge** [hjuːdʒ]	ⓐ 엄청난, 막대한, 거대한	☐☐☐
034 ★★☆	**discern** [disə́ːrn]	ⓥ 분간하다, 알아차리다 ⊜ perceive ⓥ 인지하다	☐☐☐
035 ★★★	**vulnerable** [vΛlnərəbl]	ⓐ 취약한, 연약한	☐☐☐
036 ★☆☆	**cosmos** [kázməs]	ⓝ 우주	☐☐☐
037 ★★☆	**remake** [riːméik]	ⓥ (영화·노래 등을) 새로 만들다, 다시 만들다	☐☐☐
038 ★★★	**sparse** [spaːrs]	ⓐ 드문, (밀도가) 희박한 ⊜ scarce ⓐ 드문	☐☐☐
039 ★★☆	**weave** [wiːv]	ⓥ (직물을) 짜다, 엮다	☐☐☐
040 ★★☆	**grow** [grou]	ⓥ 자라다, 커지다, 증대하다	☐☐☐
041 ★★☆	**association** [əsòusiéiʃən]	ⓝ 1. 연상, 연관성 2. 조합, 협회 ⊜ connotation ⓝ 함축	☐☐☐
042 ★★★	**vaguely** [véigli]	ad 어렴풋이, 희미하게 ⊜ ambiguously ad 애매모호하게	☐☐☐
043 ★★★	**currency** [kə́ːrənsi]	ⓝ 통화, 화폐	☐☐☐
044 ★★★	**recession** [riséʃən]	ⓝ 경기 후퇴	☐☐☐
045 ★☆☆	**monarch** [mánərk]	ⓝ 제왕, 군주	☐☐☐

046 ★★★	**distracting** [distrǽktiŋ]	ⓐ 정신을 산만하게 하는	☐☐☐
047 ★★★	**democratize** [dimǽkrətàiz]	ⓥ 민주화하다, 대중화하다	☐☐☐
048 ★★★	**tale** [teil]	ⓝ 이야기, 소설	☐☐☐
049 ★★★	**extreme** [ikstríːm]	ⓐ 극단적인, 과격한, 극한의 ⊜ utmost ⓐ 극도의	☐☐☐
050 ★★★	**idea** [aidíːə]	ⓝ 관념	☐☐☐
051 ★★★	**specialized** [spéʃəlàizd]	ⓐ 특화된, 전문화된	☐☐☐
052 ★★★	**fixated** [fíkseitid]	ⓐ 집착하는	☐☐☐
053 ★★★	**fold** [fould]	ⓥ 접다	☐☐☐
054 ★★★	**procedure** [prəsíːdʒər]	ⓝ 절차 ⊜ process ⓝ 절차	☐☐☐
055 ★★★	**elegant** [éligənt]	ⓐ 1. 우아한 2. 명쾌한, 멋들어진	☐☐☐
056 ★★★	**reserve** [rizə́ːrv]	ⓝ 보호 구역 ⓥ 예약하다	☐☐☐
057 ★★★	**dig** [dig]	ⓥ 파다	☐☐☐
058 ★★★	**inadequacy** [inǽdikwəsi]	ⓝ 부적절성	☐☐☐
059 ★★★	**narcissistic** [nàːrsísistik]	ⓐ 자아도취적인	☐☐☐
060 ★★★	**illegal** [ilíːgəl]	ⓐ 불법적인, 불법의	☐☐☐

001 ★★★	**tool** [tu:l]	n 도구, 연장	☐☐☐
002 ★★★	**sight** [sait]	n 1. 시력 2. 시야 3. 광경	☐☐☐
003 ★★★	**thread** [θred]	n 실, 끈	☐☐☐
004 ★★★	**beat** [bi:t]	n 박자, 운율 v 1. 이기다 2. 두드리다 = pound ⓥ 치다, 두드리다	☐☐☐
005 ★★★	**voice** [vɔis]	v (말로) 나타내다, 표명하다	☐☐☐
006 ★★★	**sacred** [séikrid]	a 신성한	☐☐☐
007 ★★★	**accord** [əkɔ́:rd]	v 주다, 부여하다 = grant ⓥ 주다, 부여하다	☐☐☐
008 ★★★	**portion** [pɔ́:rʃən]	n 일부, 부분	☐☐☐
009 ★★★	**insulation** [ìnsəléiʃən]	n 단절, 절연	☐☐☐
010 ★★★	**overconfidence** [òuvərkánfidns]	n 지나친 자신	☐☐☐
011 ★★★	**report** [ripɔ́:rt]	n 보고서 v 말하다, 전하다	☐☐☐
012 ★★★	**divert** [divə́:rt]	v 전환시키다, 다른 데로 돌리다 = distract ⓥ 주의를 분산시키다	☐☐☐
013 ★★★	**recite** [risáit]	v 열거하다	☐☐☐
014 ★★★	**aesthetics** [esθétiks]	n 미학	☐☐☐
015 ★★★	**substantiate** [səbstǽnʃièit]	v 입증하다	☐☐☐

016 ★★★ **break**
[breik]

ⓝ 휴식, 중단, 휴지 기간
ⓥ 1. (뼈를) 부러뜨리다 2. (기록을) 깨다

017 ★★★ **deeply**
[díːpli]

ⓐⓓ 깊이, 크게

018 ★★☆ **electronics**
[ilektrániks]

ⓝ 전자기기, 전자제품

019 ★★☆ **regain**
[rigéin]

ⓥ 되찾다, 회복하다
≡ recover ⓥ 회복되다

020 ★★☆ **unalterable**
[ʌnɔ́ːltərəbl]

ⓐ 바뀔 수 없는

021 ★★★ **utilitarianism**
[juːtìlətéəriənizm]

ⓝ 공리주의

022 ★★★ **modification**
[màdəfikéiʃən]

ⓝ 개량, 수정

023 ★★★ **neglected**
[nigléktid]

ⓐ 방치된, 도외시된

024 ★★★ **particular**
[pərtíkjulər]

ⓐ 특정한, 특별한
≡ specific ⓐ 특정한

025 ★★☆ **required**
[rikwáiərd]

ⓐ 필수의

026 ★★★ **nail**
[neil]

ⓝ 못

027 ★★☆ **please**
[pliːz]

ⓥ 기쁘게 하다

028 ★★☆ **destroy**
[distrɔ́i]

ⓥ 망치다, 파괴하다
≡ devastate ⓥ 완전히 파괴하다

029 ★★☆ **interlock**
[ìntərlák]

ⓥ 서로 맞물리다

030 ★★★ **fixed**
[fikst]

ⓐ 고정된

DAY 03 >>>>>>>>>>>

031 ★★★ **sincerely**
[sinsíərli]
ad 진심으로

032 ★★★ **district**
[dístrıkt]
n 구역, 지구

033 ★★★ **vertebrate**
[və́:rtəbrət-brèit]
n 척추동물

034 ★★★ **distract**
[distrǽkt]
v 주의를 분산시키다, 산만하게 하다
⊜ **divert** ⓥ 딴 데로 돌리다

035 ★★★ **dynamics**
[dainǽmiks]
n 역학, 역동성

036 ★★★ **distress**
[distrés]
n 곤경, 괴로움, 고통

037 ★★★ **integrate**
[íntəgrèit]
v 통합하다
⊜ **merge** ⓥ 합병하다

038 ★★★ **exclusion**
[iksklú:ʒən]
n 제외, 배제

039 ★★★ **motivational**
[mòutəvéiʃənl]
a 동기의

040 ★★★ **erosion**
[iróuʒən]
n 침식

041 ★★★ **subsequent**
[sʌ́bsikwənt]
a 연이은, 차후의, 그 다음의
⊜ **prior** ⓐ 이전의

042 ★★★ **canopy**
[kǽnəpi]
n 덮개

043 ★★★ **soothe**
[su:ð]
v 달래다, 진정시키다

044 ★★★ **index**
[índeks]
n 지표, 색인

045 ★★★ **openly**
[óupənli]
ad 공개적으로

DAY 03

046 ★★★ **inescapable** [inéskéipəbl]	a 피할 수 없는	☐☐☐
047 ★★★ **elsewhere** [élshwɛər]	ad 다른 곳으로	☐☐☐
048 ★★★ **knowledgeable** [nálidʒəbl]	a 박식한, 지식이 있는	☐☐☐
049 ★★★ **horrible** [hɔ́:rəbl]	a 무서운, 끔찍한	☐☐☐
050 ★★★ **rural** [rúərəl]	a 시골의, 지방의 ⇔ urban ⓐ 도시의	☐☐☐
051 ★★★ **pleasure** [pléʒər]	n 기쁨, 즐거움	☐☐☐
052 ★★★ **foreign** [fɔ́:rən]	a 외국의, 낯선	☐☐☐
053 ★★★ **accomplished** [əkámpliʃt]	a 숙달된, 기량이 뛰어난	☐☐☐
054 ★★★ **racial** [réiʃəl]	a 인종적인	☐☐☐
055 ★★★ **dismiss** [dismís]	v 1. 해고하다, 내보내다 2. 일축하다 ⊜ banish ⓥ 사라지게 만들다, 없애다	☐☐☐
056 ★★★ **consumer** [kənsú:mər]	n 소비자	☐☐☐
057 ★★★ **inhuman** [inhjú:mən]	a 비인간적인	☐☐☐
058 ★★★ **official** [əfíʃəl]	n 임원, 관리	☐☐☐
059 ★★★ **embattle** [imbǽtl]	v 전쟁 준비를 갖추다	☐☐☐
060 ★★★ **latest** [léitist]	a 최근의, 최신의	☐☐☐

DAY 04 >>>>>>>>>>>

001 ★★★	**debt** [det]	**n** 부채, 빚
002 ★★★	**ecology** [ikáːlədʒi]	**n** 생태
003 ★★★	**metabolic** [mètəbálik]	**a** 신진대사의
004 ★★★	**aggression** [əgréʃən]	**n** 공격(성) ⊜ **hostility** ⓝ 적대감
005 ★★★	**wound** [wuːnd:]	**v** 부상 입히다
006 ★★★	**tough** [tʌf]	**a** 어려운, 힘든
007 ★★★	**exposition** [èkspəzíʃən]	**n** 설명
008 ★★★	**probabilistic** [prὰbəbəlístik]	**a** 확률적인
009 ★★★	**spill** [spil]	**v** 흐르다, 쏟아지다
010 ★★★	**internal** [intə́ːrnl]	**a** 내적인, 내부의 ⊜ **external** ⓐ 외부의
011 ★★★	**rehearse** [rihə́ːrs]	**v** 예행연습을 하다
012 ★★★	**property** [prάpərti]	**n** 1. 재산, 소유물 2. 특성
013 ★★★	**commodity** [kəmάdəti]	**n** 원자재, 상품
014 ★★★	**cease** [siːs]	**v** 중단하다 ⊜ **halt** ⓥ 멈추다, 중단시키다
015 ★★★	**voraciously** [vɔːréiʃəsli]	**ad** 탐욕스럽게

016 ★★★ **monumental**
[mɑ̀njuméntl]

ⓐ 기념비적인, 엄청난

017 ★★★ **profession**
[prəféʃən]

ⓝ 직업
⊜ occupation ⓝ 직업

018 ★★★ **invade**
[invéid]

ⓥ 침입하다, 침략하다

019 ★★★ **randomization**
[ræ̀ndəmə-zéiʃən]

ⓝ 임의 추출

020 ★★★ **prior**
[práiər]

ⓐ 사전의
⊜ previous ⓐ 이전의

021 ★★★ **varying**
[vɛ́ːəriŋ]

ⓐ 다양한, 바뀌는

022 ★★★ **behavior**
[bihéivjər]

ⓝ 행동, 태도

023 ★★★ **disadvantage**
[dìsədvǽntidʒ]

ⓝ 불리한 점, 단점
⊜ drawback ⓝ 문제점, 결점

024 ★★★ **heavily**
[hévili]

ⓐⓓ 심하게, 많이

025 ★★★ **permeate**
[pə́ːrmièit]

ⓥ 스며들다

026 ★★★ **indeed**
[indíːd]

ⓐⓓ 실제로

027 ★★★ **condense**
[kəndéns]

ⓥ 1. 응결되다, 응결시키다 2. 압축하다
⊖ vaporize ⓥ 증발하다

028 ★★★ **correspondence**
[kɔ̀ːrəspándəns]

ⓝ 1. 일치, 상응 2. 관련성

029 ★★★ **barn**
[baːrn]

ⓝ 헛간

030 ★★★ **arouse**
[əráuz]

ⓥ 불러일으키다

DAY 04

DAY 04 >>>>>>>>>>>

031 ★★★ **magnitude**
[mǽgnətjùːd]
n 1. 규모 2. 중요함, 중대성

032 ★★★ **persuasive**
[pərswéisiv]
a 설득력 있는

033 ★★★ **regulatory**
[régjulətɔ̀ːri]
a 규제력을 지닌, 규제의

034 ★★★ **prosaic**
[prouzéiik]
a 평범한

035 ★★★ **charitable**
[ʧǽritəbl]
a 관대한, 자선의
⊜ **benevolent** ⓐ 자비로운, 친절한

036 ★★★ **profitable**
[prɑ́fitəbl]
a 수익성 있는

037 ★★★ **distrustful**
[distrʌ́stfəl]
a 믿기지 않는

038 ★★☆ **formerly**
[fɔ́ːrmərli]
ad 이전에

039 ★★★ **constitute**
[kɑ́nstətjùːt]
v 1. 구성하다 2. 여겨지다
⊜ **comprise** ⓥ 구성하다, 차지하다

040 ★★★ **astronomical**
[æstrənɑ́mikəl]
a 천문학의

041 ★★☆ **pressed**
[prest]
a 압박을 받는

042 ★★☆ **convey**
[kənvéi]
v 전달하다

043 ★☆☆ **fixture**
[fíksʧər]
n 설비

044 ★★☆ **domain**
[douméin]
n 영역, 분야
⊜ **realm** ⓝ 영역, 범위

045 ★★★ **relieve**
[rilíːv]
v (불쾌감·고통 등을) 덜어 주다, 해소하다, 완화하다

DAY 04

046 ★★★ **sociable**
[sóuʃəbl]

ⓐ 사교적인, 사람들과 어울리기 좋아하는

047 ★★★ **psychiatrist**
[saikáiətrist]

ⓝ 정신과 의사

048 ★★★ **automatic**
[ɔ̀:təmǽtik]

ⓐ 1. 자동의 2. 무의식적인
⊖ manual ⓐ 수동의

049 ★★★ **practitioner**
[præktíʃənər]

ⓝ 실무자, 전문직 종사자, 현역

050 ★★★ **exaggeration**
[igzædʒəréiʃən]

ⓝ 과장

051 ★★★ **policy**
[pɑ́ləsi]

ⓝ 정책, 방책

052 ★★★ **locally**
[lóukəli]

ⓐⓓ 국지적으로

053 ★★★ **conform**
[kənfɔ́:rm]

ⓥ 순응하다
⊜ comply ⓥ 순응하다

054 ★★★ **perpendicular**
[pə̀:rpəndíkjulər]

ⓐ 직각을 이루는

055 ★★★ **constitutional**
[kɑ̀nstətjú:ʃənl]

ⓐ 체제상의, 구성상의

056 ★★★ **speciation**
[spì:ʃiéiʃən]

ⓝ 종(種) 분화

057 ★★★ **curriculum**
[kəríkjuləm]

ⓝ 교육과정, 커리큘럼

058 ★★★ **geography**
[dʒiɑ́grəfi]

ⓝ 지리학

059 ★★★ **descendant**
[diséndənt]

ⓝ 후손

060 ★★★ **behavioral**
[bihéivjərəl]

ⓐ 행동의

DAY 05 >>>>>>>>>>>

001 ★★★	**reform** [rifɔ́ːrm]	n 개혁, 개선 v 개혁하다	☐☐☐
002 ★★★	**mediate** [míːdièit]	v 중재하다, (중간에서) 전달하다	☐☐☐
003 ★★★	**puzzling** [pʌ́zliŋ]	a 혼란스러운	☐☐☐
004 ★★★	**indoors** [indɔ́ːrz]	ad 실내에서, 실내로 ⊖ outdoors ad 야외에서	☐☐☐
005 ★★★	**slap** [slæp]	n 철썩 때리기	☐☐☐
006 ★★★	**breed** [briːd]	n 1. 육성 2. 품종 v 사육하다	☐☐☐
007 ★★★	**turbulence** [tə́ːrbjuləns]	n 난기류	☐☐☐
008 ★★★	**suggestion** [səgdʒéstʃən]	n 제안, 제의, 의견 ⊜ proposal n 제안	☐☐☐
009 ★★★	**invariant** [invέəriənt]	a 변함없는	☐☐☐
010 ★★★	**accommodation** [əkὰmədéiʃən]	n 숙소	☐☐☐
011 ★★★	**predator** [prédətər]	n 포식자	☐☐☐
012 ★★★	**quantitative** [kwάntətèitiv]	a 정량적인, 양적인 ⊖ qualitative a 질적인	☐☐☐
013 ★★★	**closely** [klóusli]	ad 밀접하게	☐☐☐
014 ★★★	**material** [mətíəriəl]	n 물질, 자재, 재료 a 물질적인	☐☐☐
015 ★★★	**polarization** [pòulərizéiʃən]	n 양극화	☐☐☐

016 ★★★ **panicky** [pǽniki]	ⓐ 공황상태의	☐☐☐
017 ★★★ **dedicate** [dédikèit]	ⓥ 바치다, 헌신하다 = devote ⓥ 헌신하다	☐☐☐
018 ★★★ **borrowing** [bárouiŋ]	ⓝ 차용	☐☐☐
019 ★★★ **congratulate** [kəngrǽtʃulèit]	ⓥ 축하하다, 기념하다	☐☐☐
020 ★★★ **stage** [steidʒ]	ⓝ 1. 단계 2. 무대 ⓥ 기획하다, 조직하다	☐☐☐
021 ★★★ **sturdy** [stə́:rdi]	ⓐ 튼튼한, 견고한 = robust ⓐ 튼튼한	☐☐☐
022 ★★★ **photosynthesize** [fòutousínθəsàiz]	ⓥ 광합성하다	☐☐☐
023 ★★★ **communal** [kəmjú:nəl]	ⓐ 공동의, 공용의	☐☐☐
024 ★★★ **invalid** [ínvəlid]	ⓐ 무효한, 근거 없는, 타당하지 않은	☐☐☐
025 ★★★ **navigational** [nævəgéiʃənl]	ⓐ 탐색의, 운항의	☐☐☐
026 ★★★ **extent** [ikstént]	ⓝ 규모, 정도 = scale ⓝ 규모(범위)	☐☐☐
027 ★★★ **primacy** [práiməsi]	ⓝ 우선함	☐☐☐
028 ★★★ **protective** [prətéktiv]	ⓐ 보호의, 보호하는	☐☐☐
029 ★★★ **fragmentation** [frægməntéiʃən]	ⓝ 단편화, 분열	☐☐☐
030 ★★★ **rotation** [routéiʃən]	ⓝ 회전	☐☐☐

DAY 05

DAY 05 >>>>>>>>>>>

031 ★★★	**deforestation** [diːfɔ̀ːristéiʃən]	n 삼림벌채
032 ★★★	**secretary** [sékrətèri]	n 비서
033 ★★★	**distance** [dístəns]	n 거리
034 ★★★	**consciousness** [kánʃəsnis]	n 의식, 자각 = awareness n 의식
035 ★☆☆	**profitability** [práfitəbiləti]	n 수익성
036 ★★☆	**neuron** [njúəran]	n 뉴런, 신경 세포
037 ★★☆	**mechanistic** [mèkənístik]	a 기계론적인
038 ★★☆	**grasp** [græsp]	n 이해 v 1. 움켜잡다 2. 이해하다 = comprehend v 이해하다
039 ★★☆	**domesticate** [dəméstikèit]	v 가축화하다, 길들이다
040 ★★★	**habitat** [hǽbitæt]	n 서식지
041 ★★★	**straightforward** [strèitfɔ́ːrwərd]	a 직접적인, 간단한, 솔직한
042 ★★☆	**defendant** [diféndənt]	n 피고(인)
043 ★★★	**spending** [spéndiŋ]	n 공공 지출 = expenditure n 지출
044 ★★☆	**respectively** [rispéktivli]	ad 각각
045 ★★☆	**slang** [slæŋ]	n 속어

046 ★★★ **economy**
[ikάnəmi]
n 경제

047 ★★★ **tissue**
[tíʃuː]
n (생체) 조직

048 ★★★ **pest**
[pest]
n 해충

049 ★★★ **signal**
[sígnəl]
n 신호
v 알리다, 나타내다

050 ★★★ **injury**
[índʒəri]
n 부상, 상해
⊜ wound ⓝ 상처

051 ★★★ **metaphorical**
[mètəfɔ́ːrikəl]
a 비유의, 은유의

052 ★★★ **version**
[və́ːrʒən]
n 버전, 견해, 설명

053 ★★★ **yield**
[jiːld]
n 수확량
v (결과를) 내다, 산출하다

054 ★★★ **diversity**
[divə́ːrsəti]
n 다양성
⊜ variety ⓝ 다양성

055 ★★★ **dedicated**
[dédikèitid]
a 1. 전념하는 2. ~ 전용의

056 ★★★ **refuse**
[rifjúːz]
v 거절하다, 거부하다
⊜ reject ⓥ 거절하다

057 ★★★ **tradition**
[trədíʃən]
n 전통

058 ★★★ **spiked**
[spaikt]
a 스파이크가 박힌

059 ★★★ **agricultural**
[ægrikΛltʃərəl]
a 농업의

060 ★★★ **recognition**
[rèkəgníʃən]
n 인정, 인식

DAY 05

DAY 06 

001 ★★★ **owe** [ou]	**v** 지불할 의무가 있다
002 ★★★ **household** [háushòuld]	**n** 가구, 세대, 가정
003 ★★★ **deliver** [dilívər]	**v** 1. 전달하다 2. (결과를) 내놓다 **=** hand over 건네다
004 ★★★ **release** [rilí:s]	**n** 출시, 발매 **v** 1. 출시하다, 공개하다 2. 배출하다 3. 석방하다
005 ★★★ **fundraiser** [fʌndrèizər]	**n** 모금 행사, 기금 조성자
006 ★★★ **prescribe** [priskráib]	**v** 규정하다, 처방하다
007 ★★★ **readiness** [rédinis]	**n** 1. 준비 2. 기꺼이 ~하려는 마음
008 ★★★ **advantage** [ædvǽntidʒ]	**n** 유리함, 이점 **=** merit **n** 장점, 이점 **↔** disadvantage **n** 단점
009 ★★★ **societal** [səsáiətl]	**a** 사회의
010 ★★★ **donor** [dóunər]	**n** 기부자
011 ★★★ **information** [infərméiʃən]	**n** 정보
012 ★★★ **autonomy** [ɔ:tánəmi]	**n** 자율성
013 ★★★ **bronze** [branz]	**n** 청동, 구리
014 ★★★ **loyal** [lɔ́iəl]	**a** 충성스러운, 충실한
015 ★★★ **excellence** [éksələns]	**n** 탁월함

016 ★★★ **chair** [ʧɛər]
n 의장, (기관)장

017 ★★★ **reappear** [rìːəpíər]
v 다시 나타나다

018 ★★★ **fulfill** [fulfil]
v 충족하다, 이루다

019 ★★★ **stature** [stǽʧər]
n 능력, 위상

020 ★★★ **differ** [dífər]
v 다르다
⊜ vary ⓥ 서로 다르다, 각기 다르다

021 ★★★ **production** [prədʌkʃən]
n 생산, 제조

022 ★★★ **paper** [péipər]
n 논문, 서류

023 ★★★ **deliberation** [dilìbəréiʃən]
n 숙고

024 ★★★ **deplete** [diplíːt]
v 고갈하다
⊜ exhaust ⓥ 고갈시키다

025 ★★★ **psychologist** [saikɑ́lədʒist]
n 심리학자

026 ★★★ **adjust** [ədʒʌ́st]
v 1. 조절하다 2. 적응하다
⊜ adapt ⓥ 적응하다, 적응시키다

027 ★★★ **infection** [infékʃən]
n 감염

028 ★★★ **remove** [rimúːv]
v 치우다, 제거하다
⊜ eliminate ⓥ 제거하다

029 ★★★ **inexperienced** [ìnikspíəriənst]
a 경험이 많지 않은, 미숙한

030 ★★★ **memorable** [mémərəbl]
a 기억에 남는, 인상적인

DAY 06

031 ★★★ **income**
[ínkʌm]
n 소득, 수입

032 ★★★ **benign**
[bináin]
a 1. 상냥한 2. 양성의
⊜ temperate ⓐ 온화한 ⊕ harsh ⓐ 냉혹한

033 ★★★ **carpenter**
[káːrpəntər]
n 목수

034 ★★★ **fracture**
[frǽkʧər]
n 분열, 부러짐, (갈라진) 금
v 분열되다, 골절되다

035 ★★★ **suburban**
[səbə́ːrbən]
a 교외의

036 ★★★ **stir**
[stəːr]
v 젓다, 섞다

037 ★★★ **leveling**
[lévəliŋ]
n (땅을) 고름, 평평하게 함

038 ★★★ **substitute**
[sʌ́bstətjùːt]
n 대체품 v 대체하다
⊜ replace ⓥ 대체하다

039 ★★★ **external**
[ikstə́ːrnl]
a 외부의, 외적인

040 ★★★ **triumph**
[tráiəmf]
n 승리
v 이겨 내다

041 ★★★ **hay**
[hei]
n 건초

042 ★★★ **microbe**
[máikroub]
n 미생물

043 ★★★ **deliberate**
[dilíbərət]
v 심사숙고하다 a 의도적인, 고의의
⊜ intended ⓐ 의도하는

044 ★★★ **nervous**
[nə́ːrvəs]
a 불안해하는, 긴장한, 초조한

045 ★★★ **commonly**
[kámənli]
ad 흔히, 보통, 일반적으로

046 ★★★ **automobile** [ɔ́ːtəməbíːl]
n 자동차

047 ★★★ **tiresome** [táiərsəm]
a 귀찮은

048 ★★★ **embarrass** [imbǽrəs]
v 당황하게 하다, 곤란하게 하다

049 ★★★ **cure** [kjuər]
n 치료, 치료법 v 치유하다, 낫게 하다
⊜ heal ⓥ 치료하다, 낫게 하다

050 ★★★ **hexagon** [héksəgən]
n 육각형

051 ★★★ **payment** [péimənt]
n 지불, 납입

052 ★★☆ **consume** [kənsúːm]
v 1. 소비하다 2. 먹다, 마시다

053 ★★☆ **informal** [infɔ́ːrməl]
a 격식에 얽매이지 않는, 비공식의

054 ★★★ **fluctuate** [flʌ́ktʃuèit]
v 변동하다
⊜ vary ⓥ 달라지다

055 ★☆☆ **poison** [pɔ́izn]
n 독
v 오염시키다

056 ★★☆ **enviable** [énviəbl]
a 부러운, 선망의 대상인

057 ★★★ **regret** [rigrét]
n 후회, 유감
v 후회하다

058 ★★☆ **plastic** [plǽstik]
a 바꾸기 쉬운

059 ★★☆ **gratification** [grætəfikéiʃən]
n 욕구 충족

060 ★★☆ **conceivably** [kənsíːvəbli]
ad 아마도, 생각건대

DAY 07

001 ★★★	**temperate** [témpərət]	ⓐ 온화한	□□□
002 ★★★	**believe** [bilíːv]	ⓥ 믿다 ⟷ doubt ⓥ 의심하다	□□□
003 ★★★	**creator** [kriéitər]	ⓝ 창조자	□□□
004 ★★★	**likely** [láikli]	ⓐ ~ 할 것 같은, 가능성이 있는	□□□
005 ★★★	**pathogen** [pǽθədʒən]	ⓝ 병원균	□□□
006 ★★★	**textile** [tékstail]	ⓝ 직물, 섬유 ⟷ fabric ⓝ 직물	□□□
007 ★★★	**serve** [səːrv]	ⓥ 1. 제공하다 2. 봉사하다 3. 기여하다	□□□
008 ★★★	**section** [sékʃən]	ⓝ 부분, 부문, 구획	□□□
009 ★★★	**enthusiasm** [inθúːziæzm]	ⓝ 열정	□□□
010 ★★★	**accommodate** [əkámədèit]	ⓥ 맞추다, 수용하다 ⟷ house ⓥ 수용하다	□□□
011 ★★★	**cardiovascular** [kàːrdiəvǽskjulər]	ⓐ 심장 혈관의	□□□
012 ★★★	**irreplaceable** [ìripléisəbl]	ⓐ 대체할 수 없는	□□□
013 ★★★	**facial** [féiʃəl]	ⓐ 안면의	□□□
014 ★★★	**equilibrium** [ìːkwəlíbriəm]	ⓝ 평정, 균형	□□□
015 ★★★	**adolescence** [ædəlésns]	ⓝ 청소년기, 사춘기	□□□

016 ★★★	**police** [pəlíːs]	v 감시하다	□□□
017 ★★★	**communicate** [kəmjúːnəkèit]	v 전달하다, 의사소통을 하다 = convey v 전하다	□□□
018 ★★★	**investor** [invéstər]	n 투자자	□□□
019 ★★★	**immerse** [imə́ːrs]	v 1. 몰두하다 2. 담그다	□□□
020 ★★★	**pile** [pail]	n 더미	□□□
021 ★★★	**specifically** [spisífikəli]	ad 특히, 구체적으로 = particularly ad 특히	□□□
022 ★★★	**softening** [sɔ́(ː)fəniŋ]	n 연화	□□□
023 ★★★	**socialization** [sòuʃəlizéiʃən]	n 사회화	□□□
024 ★★★	**aggressive** [əgrésiv]	a 적극적인, 공격적인 = hostile a 적대적인	□□□
025 ★★★	**boredom** [bɔ́ːrdəm]	n 지루함 = weariness n 권태	□□□
026 ★★★	**installation** [instəléiʃən]	n 설치	□□□
027 ★★★	**deal** [diːl]	n 거래 v 처리하다, 다루다	□□□
028 ★★★	**roar** [rɔːr]	n 포효, 함성, 아우성 v 으르렁거리다	□□□
029 ★★★	**involvement** [inválvmənt]	n 1. 몰입, 몰두 2. 개입, 참여	□□□
030 ★★★	**function** [fʌ́ŋkʃən]	n 1. 기능, 작용 2. (수학) 함수 v 기능하다	□□□

DAY 07

DAY 07 >>>>>>>>>>>

031 ★★★ **imperial** [impíəriəl]	ⓐ 제국의	☐☐☐
032 ★★★ **cheer** [ʧiər]	ⓥ 1. 응원하다 2. 환호성을 지르다, 환호하다	☐☐☐
033 ★★☆ **feature** [fíːʧər]	ⓝ 1. 특징 ⓥ ~을 특징으로 하다 ⊜ characteristic ⓝ 특징	☐☐☐
034 ★★★ **viewing** [vjúːiŋ]	ⓝ 전시, 조망, 감상	☐☐☐
035 ★★☆ **nanny** [næni]	ⓝ 유모	☐☐☐
036 ★★☆ **trait** [treit]	ⓝ 특성	☐☐☐
037 ★★☆ **introduction** [ìntrədʌkʃən]	ⓝ 소개, 도입	☐☐☐
038 ★★★ **hostile** [hástl]	ⓐ 적대적인 ⊜ malicious ⓐ 악의있는	☐☐☐
039 ★★☆ **uncontrolled** [ʌnkəntróuld]	ⓐ 통제되지 않은	☐☐☐
040 ★★★ **implementation** [ìmpləməntéiʃən]	ⓝ 실행, 시행	☐☐☐
041 ★☆☆ **tread** [tred]	ⓥ 디디다, 밟다	☐☐☐
042 ★★☆ **virtually** [və́ːrʧuəli]	ⓐⓓ 1. 거의, 사실상 2. 가상으로	☐☐☐
043 ★★★ **characteristic** [kæriktərístik]	ⓝ 특징, 특성 ⊜ attribute ⓝ 자질, 속성	☐☐☐
044 ★★★ **fare** [fɛər]	ⓝ 요금, 운임	☐☐☐
045 ★★★ **pleasantly** [plézəntli]	ⓐⓓ 쾌적하게, 기분 좋게	☐☐☐

046 ★★★ **entirely** [intáiərli]
ad 완전히, 전적으로

047 ★★★ **countable** [káuntəbl]
a 셀 수 있는

048 ★★★ **Latino** [lətí:nou]
n 라틴계 사람

049 ★★★ **sparkle** [spá:rkl]
n 반짝거림, 광채

050 ★★★ **hardness** [há:rdnis]
n 경도(硬度), 단단함

051 ★★★ **thrilling** [θríliŋ]
a 짜릿한, 아주 신나는

052 ★★★ **emergency** [imə́:rdʒənsi]
n 비상 (사태), 돌발 사태, 긴급

053 ★★★ **sacrifice** [sǽkrəfàis]
n 희생
v 희생하다

054 ★★★ **wave** [weiv]
n 1. 파도 2. 급증
v 흔들다

055 ★★★ **accomplish** [əkʌ́mpliʃ]
v 완수하다, 성취하다
= achieve ⓥ 성취하다

056 ★★★ **warning** [wɔ́:rniŋ]
n 경고

057 ★★★ **marketable** [má:rkitəbl]
a 시장성이 있는

058 ★★★ **consultant** [kənsʌ́ltənt]
n 자문위원

059 ★★★ **compass** [kʌ́mpəs]
n 나침반

060 ★★★ **emerging** [imə́:rdʒiŋ]
a 신흥의, 떠오르는

DAY 07

DAY 08 >>>>>>>>>>>

001 ★★★ **historic** [históːrik]	ⓐ 역사적으로 중요한, 역사적인	☐☐☐
002 ★★★ **lower** [lóuər]	ⓥ 낮추다, 줄이다, 내리다 ⓐ 아래쪽의 ⊖ raise ⓥ 올리다	☐☐☐
003 ★★★ **bleaching** [blíːʃiŋ]	ⓝ 표백	☐☐☐
004 ★★★ **step** [step]	ⓝ 1. 걸음 2. 조치 3. 음정	☐☐☐
005 ★★★ **functional** [fʌ́ŋkʃənl]	ⓐ 기능적인	☐☐☐
006 ★★★ **gravitational** [grævətéiʃənl]	ⓐ 중력의	☐☐☐
007 ★★★ **gauge** [geidʒ]	ⓥ 측정하다 ⊜ measure ⓥ 측정하다	☐☐☐
008 ★★★ **testimony** [téstəmòuni]	ⓝ 증언	☐☐☐
009 ★★★ **presence** [prézns]	ⓝ 존재	☐☐☐
010 ★★★ **culinary** [kjúːlənèri]	ⓐ 요리의	☐☐☐
011 ★★★ **abound** [əbáund]	ⓥ 아주 많다	☐☐☐
012 ★★★ **beforehand** [bifɔ́ːrhænd]	ⓐⓓ 미리, 사전에 ⊜ in advance 사전에	☐☐☐
013 ★★★ **folk** [fouk]	ⓐ 민속의	☐☐☐
014 ★★★ **frozen** [fróuzn]	ⓐ 얼어붙은	☐☐☐
015 ★★★ **favourable** [féivərəbl]	ⓐ 유리한, 우호적인	☐☐☐

016 ★★★	**deduction** [didʌkʃən]	n 연역	☐☐☐
017 ★★★	**expertise** [èkspərtíːz]	n 전문 지식 ⊖ incompetence n 무능, 기술 부족	☐☐☐
018 ★★★	**antibacterial** [æntibæktíəriəl]	n 항균제 a 항균성의	☐☐☐
019 ★★★	**formation** [fɔːrméiʃən]	n 형성	☐☐☐
020 ★★★	**above** [əbʌv]	a 위의 ad 위에(서), 앞에(서) prep ~을 넘는, 위에	☐☐☐
021 ★★★	**latitude** [lætətjùːd]	n 위도	☐☐☐
022 ★★★	**typically** [típikəli]	ad 보통, 일반적으로 ⊖ generally ad 일반적으로	☐☐☐
023 ★★★	**diagonally** [daiǽgənəli]	ad 대각선으로	☐☐☐
024 ★★★	**furious** [fjúəriəs]	a 몹시 화가 난	☐☐☐
025 ★★★	**herculean** [hə̀ːrkjulíːən]	a 초인적인	☐☐☐
026 ★★★	**commerce** [kámərːs]	n 무역, 상업 a 상업적인 ⊖ trade n 무역	☐☐☐
027 ★★★	**portrait** [pɔ́ːrtrit]	n 인물 사진, 초상화	☐☐☐
028 ★★★	**blend** [blend]	n 혼합(물)	☐☐☐
029 ★★★	**playback** [pléibæk]	n 재생	☐☐☐
030 ★★★	**detergent** [ditə́ːrdʒənt]	n 세제	☐☐☐

DAY 08

031 ★★★	**utilitarian** [jú:tilətéəriən]	a 실용적인, 공리주의적인	☐☐☐
032 ★★☆	**sculpture** [skʌ́lpʧər]	n 조각(품)	☐☐☐
033 ★★☆	**anchor** [ǽŋkər]	n 닻 v 닻을 내리다, 정박하다	☐☐☐
034 ★★★	**ethical** [éθikəl]	a 도덕적인, 윤리적인	☐☐☐
035 ★★☆	**shamelessly** [ʃéimlisli]	ad 뻔뻔하게	☐☐☐
036 ★★★	**credible** [krédəbl]	a 설득력 있는, 신뢰할 만한 = trustworthy ⓐ 신뢰할 수 있는	☐☐☐
037 ★★☆	**medicine** [´medɪsn]	n 1. 약, 약물 2. 의학	☐☐☐
038 ★★☆	**hold** [hould]	v 1. 개최하다 2. 계속 유지하다 3. 주장하다	☐☐☐
039 ★★★	**enlighten** [inláitn]	v 계몽하다	☐☐☐
040 ★★★	**livelihood** [láivlihùd]	n 생계 (수단)	☐☐☐
041 ★★☆	**alternate** [ɔ́:ltərnèit]	a 교체의, 번갈아 나오는	☐☐☐
042 ★★★	**transmitter** [trænsmítər]	n 송신기	☐☐☐
043 ★★★	**portrayal** [pɔːrtréiəl]	n 묘사	☐☐☐
044 ★★★	**insightful** [ínsàitfəl]	a 통찰력 있는	☐☐☐
045 ★★★	**publicly** [pʌ́blikli]	ad 공공연하게, 공개적으로	☐☐☐

046 ★★★ **unethical**
[ʌnéθikəl]
ⓐ 비윤리적인

047 ★★★ **enzyme**
[énzaim]
ⓝ 효소

048 ★★★ **accessible**
[æksésəbl]
ⓐ 1. 접근 가능한 2. 이해하기 쉬운
⊜ approachable ⓐ 접근가능한

049 ★★★ **schematic**
[skimǽtik]
ⓐ 도식적인

050 ★★★ **thump**
[θʌmp]
ⓝ 쿵 하는 소리
ⓥ 치다

051 ★★★ **physics**
[fíziks]
ⓝ 물리학

052 ★★★ **versatile**
[vɔ́ːrsətl]
ⓐ 다용도의

053 ★★★ **green**
[griːn]
ⓐ 친환경적인

054 ★★★ **classify**
[klǽsəfài]
ⓥ 분류하다
⊜ sort ⓥ 분류하다

055 ★★★ **damaged**
[dǽmidʒd]
ⓐ 손상된

056 ★★★ **pace**
[peis]
ⓝ 속도

057 ★★★ **refer**
[rifɔ́ːr]
ⓥ 1. 참조하다 2. 언급하다

058 ★★★ **specialist**
[spéʃəlist]
ⓝ 전문가, 전공자

059 ★★★ **slide**
[slaid]
ⓝ 미끄럼틀
ⓥ 미끄러지다

060 ★★★ **ripen**
[ráipən]
ⓥ 익다

DAY 08

DAY 09 >>>>>>>>>>>

001 ★★★ **earthshaking**
[ə́:rθʃèikiŋ]
ⓐ 극히 중대한, 세상을 떠들썩하게 하는

002 ★★★ **moth**
[mɔːθ]
ⓝ 나방

003 ★★★ **arena**
[ərí:nə]
ⓝ 경기장, 무대
ⓔ stadium ⓝ 경기장

004 ★★★ **enact**
[inǽkt]
ⓥ 만들다, 제정하다

005 ★★★ **manufacture**
[mæ̀njufǽktʃər]
ⓥ 제조하다, 생산하다

006 ★★★ **evolution**
[èvəlú:ʃən]
ⓝ 진화, 발전

007 ★★★ **publicize**
[pʌ́bləsàiz]
ⓥ 공개하다, 알리다

008 ★★★ **delay**
[diléi]
ⓥ 연기하다, 지연시키다
ⓔ postpone ⓥ 연기하다, 미루다

009 ★★★ **statement**
[stéitmənt]
ⓝ 말, 진술

010 ★★★ **exchange**
[ikstʃéindʒ]
ⓝ 1. 교환 2. 대화
ⓥ 교환하다, 환전하다

011 ★★★ **around**
[əráund]
ⓐⓓ 약, ~쯤, 주위에

012 ★★★ **atomic**
[ətάmik]
ⓐ 원자의

013 ★★★ **arise**
[əráiz]
ⓥ 발생하다, 일어나다
ⓔ occur ⓥ 일어나다

014 ★★★ **torture**
[tɔ́:rtʃər]
ⓥ 괴롭히다, 고문하다

015 ★★★ **individualize**
[ìndə-vídʒuəlàiz]
ⓥ 개인의 요구에 맞추다, 개별화하다

016 ★★★ **spontaneity**
[spɑ̀ntəníːəti]
n 자발성

017 ★★★ **migration**
[maigréiʃən]
n 이주, 이민

018 ★★★ **universality**
[jùːnəvərsǽləti]
n 보편성

019 ★★★ **sure**
[ʃuər]
a 확신하는
= certain ⓐ 확신하는

020 ★★★ **surf**
[səːrf]
v 인터넷을 검색하다

021 ★★★ **mortality**
[mɔːrtǽləti]
n 사망률

022 ★★★ **nerve**
[nəːrv]
n 신경, 긴장, 불안

023 ★★★ **afford**
[əfɔ́ːrd]
v (금전적·시간적) 여유가 있다
= pay for (경제적으로) 여유가 있다

024 ★★★ **hesitation**
[hèzətéiʃən]
n 망설임

025 ★★★ **fleeting**
[flíːtiŋ]
a 순식간의, 잠깐 동안의

026 ★★★ **radical**
[rǽdikəl]
a 근본적인, 급진적인

027 ★★★ **appealing**
[əpíːliŋ]
a 흥미를 끄는, 매력적인
= attractive ⓐ 매력적인

028 ★★★ **guided**
[gáidid]
a 가이드가 있는

029 ★★★ **alarmed**
[əláːrmd]
a 불안한

030 ★★★ **addiction**
[ədíkʃən]
n 중독

DAY 09

DAY 09 >>>>>>>>>>>

| 031 ★★★ | **gadget** [gǽdʒit] | ⓝ 장비, 기기 |

| 032 ★★★ | **prepare** [pripέər] | ⓥ 준비하다, 대비하다 |

| 033 ★★★ | **incorporate** [inkɔ́:rpərèit] | ⓥ 통합하다
⊜ integrate ⓥ 통합시키다 |

| 034 ★★★ | **heighten** [háitn] | ⓥ 고조시키다 |

| 035 ★★★ | **automate** [ɔ́:təmèit] | ⓥ 자동화하다 |

| 036 ★★★ | **telling** [téliŋ] | ⓐ 효과적인, 강력한 |

| 037 ★★★ | **loop** [lu:p] | ⓝ 고리 |

| 038 ★★★ | **stable** [stéibl] | ⓐ 안정적인
⊜ steady ⓐ 안정적인 |

| 039 ★★★ | **marker** [mɑ́:rkər] | ⓝ 표시 |

| 040 ★★★ | **Antarctica** [æntɑ́:rktikə] | ⓝ 남극 |

| 041 ★★★ | **conception** [kənsépʃən] | ⓝ 생각, 개념 |

| 042 ★★★ | **categorize** [kǽtəgəràiz] | ⓥ 분류하다
⊜ classify ⓥ 분류하다 |

| 043 ★★★ | **internalize** [intə́:rnəlàiz] | ⓥ 내면화하다
⊜ externalize ⓐ 표면화하다 |

| 044 ★★★ | **spherical** [sférikəl] | ⓐ (도형) 구의 |

| 045 ★★★ | **imperceptible** [ìmpərséptəbl] | ⓐ 감지할 수 없는 |

046 ★★★ **retain** [ritéin]
Ⓥ 보유하다, 유지하다
🔵 preserve Ⓥ 보존하다

047 ★★☆ **opposable** [əpóuzəbl]
ⓐ 마주볼 수 있는

048 ★★☆ **determinate** [ditə́:rmənət]
ⓐ 확정적인, 확실한

049 ★★★ **retrospect** [rétrəspèkt]
Ⓝ 회상, 회고, 추억

050 ★★★ **own** [oun]
Ⓥ 보유하다, 소유하다

051 ★★☆ **lawful** [lɔ́:fəl]
ⓐ 법칙적인, 합법적인

052 ★★☆ **stuck** [stʌk]
ⓐ 1. 갇힌 2. 막힌

053 ★★☆ **exclude** [iksklú:d]
Ⓥ 배제하다, 제외시키다
🔵 eliminate Ⓥ 제외하다, 삭제하다

054 ★★☆ **costly** [kɔ́:stli]
ⓐ 대가가 큰, 많은 돈이 드는

055 ★★★ **rounding** [ráundiŋ]
Ⓝ 반올림

056 ★★☆ **bare** [bɛər]
Ⓥ (신체의 일부를) 드러내다
ⓐ 맨, 벌거벗은

057 ★★★ **intern** [intə́:rn]
Ⓝ 인턴, 수련의

058 ★★★ **immaturity** [ìmətʃúərəti]
Ⓝ 미성숙

059 ★★☆ **align** [əláin]
Ⓥ 정렬하다

060 ★★★ **compare** [kəmpéər]
Ⓥ 1. 비교하다 2. 비유하다

DAY 10 >>>>>>>>>>>

001 ★★★ **truthfulness**
[trú:θfəlnis]
n 진정성

002 ★★★ **cast**
[kæst]
n 출연자들 **v** 1. 드리우다 2. 던지다
⊜ **throw** ⓥ 던지다

003 ★★★ **ally**
[əlái]
n 동맹(자)

004 ★★★ **plausibly**
[plɔ́:zəbli]
ad 그럴듯하게

005 ★★★ **ornately**
[ɔ:rnéitli]
ad 화려하게

006 ★★★ **immigrant**
[ímigrənt]
n 이민자

007 ★★★ **insist**
[insíst]
v 주장하다

008 ★★★ **threaten**
[θrétn]
v 위협하다
⊜ **endanger** ⓥ 위협에 빠뜨리다

009 ★★★ **highfalutin**
[hàifəlú:tn]
a 허세를 부리는

010 ★★★ **sled**
[sled]
n 썰매

011 ★★★ **mining**
[máiniŋ]
n 채굴

012 ★★★ **funny**
[fʌ́ni]
a 1. 우스운 2. 기이한

013 ★★★ **linger**
[líŋgər]
v 오래 남다, 계속되다

014 ★★★ **trigger**
[trígər]
n 계기, 유인
v 유발하다, 촉발하다

015 ★★★ **sophisticated**
[səfístəkèitid]
a 수준 높은, 정교한, 세련된
⊜ **elaborate** ⓐ 정교한

016 ★★★	**critic** [krítik]	n 비평가, 평론가	□□□
017 ★★★	**attractant** [ətrǽktənt]	n 유인 물질	□□□
018 ★★★	**fallacy** [fǽləsi]	n 오류	□□□
019 ★★★	**fabrication** [fæbrikéiʃən]	n 제작	□□□
020 ★★★	**institute** [ínstətjùːt]	v 도입하다, 시작하다 ⊖ halt ⓥ 중단시키다, 멈추다	□□□
021 ★★★	**admiration** [ædməréiʃən]	n 감탄, 존경	□□□
022 ★★★	**prison** [prízn]	n 교도소, 감옥	□□□
023 ★★★	**hilarious** [hiléəriəs]	a 우스운	□□□
024 ★★★	**feminine** [fémənin]	a 여성의	□□□
025 ★★★	**evoke** [ivóuk]	v 불러일으키다 ⊜ bring to mind ～을 상기하다	□□□
026 ★★★	**justification** [dʒʌstəfikéiʃən]	n 타당한 설명, 명분	□□□
027 ★★★	**fool** [fuːl]	v 속이다	□□□
028 ★★★	**republic** [ripʌ́blik]	n 공화국, 국가	□□□
029 ★★★	**face** [feis]	n 측면 v 마주하다, 직면하다 ⊜ confront ⓥ 맞서다	□□□
030 ★★★	**tangled** [tǽŋgld]	a 복잡한, 뒤엉킨	□□□

DAY 10

DAY 10

031 ★★★ whispering
[wíspəriŋ]
n 속삭임, 소곤거림

032 ★★★ separation
[sèpəréiʃən]
n 떨어짐, 분리

033 ★★★ resource
[rí:sɔ:rs]
n 자원, 재원

034 ★★★ comparable
[kámpərəbl]
a 비슷한

035 ★★★ intimacy
[íntəməsi]
n 친밀함

036 ★★★ announcement
[ənáunsmənt]
n 안내, 알림, 공지
= statement n 성명

037 ★★★ objectively
[əbdʒéktivli]
ad 객관적으로

038 ★★★ pay
[pei]
v 지불하다

039 ★★★ traditionally
[trədíʃənəli]
ad 전통적으로

040 ★★★ progressively
[prəgrésivli]
ad 점진적으로, 계속해서

041 ★★★ standing
[stǽndiŋ]
n 지위, 관점 a 서 있는
= status n 지위

042 ★★★ Antarctic
[æntá:rktik]
a 남극의

043 ★★★ submission
[səbmíʃən]
n 1. 제출 2. 항복

044 ★★★ humanity
[hju:mǽnəti]
n 1. 인류, 인간 2. 인류애

045 ★★★ dominate
[dámənèit]
v 우세하다, 지배하다
= predominate v 우세하다

046 ★★★ **pound** [paund]

ⓥ 1. 치다, 두드리다 2. (심장이) 뛰다

047 ★★★ **logically** [ládʒikəli]

ⓐⓓ 논리적으로

048 ★★★ **spot** [spat]

ⓝ 위치, 장소, 점
ⓥ 파악하다, 발견하다

049 ★★★ **announce** [ənáuns]

ⓥ 발표하다, 공지하다, 안내하다
⊜ state ⓥ 보도하다, 알리다

050 ★★★ **novelty** [návəlti]

ⓝ 참신함, 새로움

051 ★★★ **workable** [wə́:rkəbl]

ⓐ 운용 가능한, 작동 가능한

052 ★★★ **improvisatory** [ìmprəváizətɔ:ri]

ⓐ 즉석의, 즉흥적인

053 ★★★ **pursuit** [pərsú:t]

ⓝ 1. 추구 2. 활동, 취미

054 ★★★ **ultimate** [ʌ́ltəmət]

ⓐ 궁극적인
⊜ final ⓐ 최종적인

055 ★★★ **disconnect** [dìskənékt]

ⓝ 단절

056 ★★★ **prolonged** [prəlɔ́:ŋd]

ⓐ 장기간의

057 ★★★ **invoke** [invóuk]

ⓥ (근거, 이유 등을) 들다, 언급하다

058 ★★★ **split** [split]

ⓥ 쪼개다, 나누다
ⓐ 분리된, 쪼개진

059 ★★★ **disposal** [dispóuzəl]

ⓝ 1. 처리, 처분 2. 배치, 배열

060 ★★★ **remains** [riméinz]

ⓝ 유물, 유적

DAY 10

001 ★★★	**party** [pá:rti]	**n** 1. 정당, 단체 2. (소송·계약 등의) 당사자	☐☐☐
002 ★★★	**sightseeing** [sáitsì:iŋ]	**n** 관광	☐☐☐
003 ★★★	**ordinarily** [ɔ̀:rdənéərəli]	**ad** 보통은, 대개는, 정상적으로 ⊜ **normally** ad 보통, 정상적으로	☐☐☐
004 ★★★	**mineral** [mínərəl]	**n** 미네랄, 무기물, 광물	☐☐☐
005 ★★★	**refuge** [réfju:dʒ]	**n** 피난처, 은신처	☐☐☐
006 ★★★	**groundless** [gráundlis]	**a** 근거가 없는	☐☐☐
007 ★★★	**emphasis** [émfəsis]	**n** 강조, 역점 ⊜ **stress** n 강조	☐☐☐
008 ★★★	**holder** [hóuldər]	**n** 소지자	☐☐☐
009 ★★★	**perfection** [pərfékʃən]	**n** 완벽, 완전	☐☐☐
010 ★★★	**absorbed** [æbsɔ́:rbd]	**a** 몰두한	☐☐☐
011 ★★★	**metropolis** [mitrápəlis]	**n** 대도시	☐☐☐
012 ★★★	**temporarily** [tèmpərérəli]	**ad** 일시적으로 ⊜ **permanently** ad 영구적으로	☐☐☐
013 ★★★	**goods** [gudz]	**n** 물건, 제품, 상품	☐☐☐
014 ★★★	**projected** [prádʒekt]	**a** 예상되는	☐☐☐
015 ★★★	**longevity** [landʒévəti]	**n** 오래 감, 장수	☐☐☐

016 ★★★ **rage**
[reidʒ]

n 분노
v 분노하다

---

017 ★★★ **populate**
[pápjulèit]

v 거주하다

---

018 ★★★ **levy**
[lévi]

v 부과하다
= impose ⓥ 부과하다 charge ⓥ 청구하다

---

019 ★★★ **vertically**
[və́:rtikəli]

ad 수직으로, 세로로
↔ horizontally ⓐ 수평으로, 가로로

---

020 ★★★ **sticky**
[stíki]

a 끈적거리는, 잘 달라붙는

---

021 ★★★ **sociologist**
[sòusiálədʒist]

n 사회학자

---

022 ★★★ **unexplored**
[ʌniksplɔ́:rd]

a 탐구되지 않은

---

023 ★★★ **alert**
[ələ́:rt]

n 경고 **a** 기민한
= caution ⓝ 경고

---

024 ★★★ **booking**
[búkiŋ]

n 예약
= reservation ⓝ 예약

---

025 ★★★ **collaborative**
[kəlǽbərèitiv]

a 협력적인

---

026 ★★★ **harness**
[há:rnis]

v 이용하다

---

027 ★★★ **surprised**
[sərpráizd]

a 놀란

---

028 ★★★ **wheat**
[hwi:t]

n 밀

---

029 ★★★ **allocate**
[ǽləkèit]

v 배분하다, 할당하다
= assign ⓥ 배정하다, 부과하다

---

030 ★★★ **phobia**
[fóubiə]

n 공포증

031 ★★★	**motivate** [móutəvèit]	v 동기 부여하다, 자극하다	□□□
032 ★★★	**cough** [kɔːf]	v 기침하다	□□□
033 ★★★	**tag** [tæg]	n 이름표, 꼬리표 v 태그를 달다, 꼬리표를 붙이다	□□□
034 ★★★	**advancement** [ædvǽnsmənt]	n 1. 전진 2. 승진 ⊜ progress ⓝ 진전	□□□
035 ★★★	**honest** [ɑ́nist]	a 정직한	□□□
036 ★★★	**solution** [səlúːʃən]	n 해결책 ⊜ resolution ⓝ 해결	□□□
037 ★★★	**eastward** [íːstwərd]	ad 동쪽으로	□□□
038 ★★★	**intuitive** [intjúːətiv]	a 직관적인	□□□
039 ★★★	**athletic** [æθlétik]	a 운동의, 육상의	□□□
040 ★★★	**necessary** [nésəsèri]	a 필수적인, 필연적인 ⊜ essential ⓐ 필수적인	□□□
041 ★★★	**strikingly** [stráikiŋli]	ad 놀랄 만큼, 현저히	□□□
042 ★★★	**packaged** [pǽkidʒ]	a 포장된	□□□
043 ★★★	**exclaim** [ikskléim]	v 소리치다, 외치다	□□□
044 ★★★	**displace** [displéis]	v 1. 대체하다 2. (살던 곳에서) 쫓아내다	□□□
045 ★★★	**predation** [pridéiʃən]	n (동물의) 포식	□□□

046 ★★★	**doctrine** [dάktrin]	n 교리, 주의	☐☐☐
047 ★★★	**subjective** [səbdʒéktiv]	a 주관적인 ⊖ **objective** ⓐ 객관적인	☐☐☐
048 ★★★	**reinterpret** [rìːintəˈːrprit]	v 재해석하다	☐☐☐
049 ★★★	**threatening** [θrétniŋ]	a 위협적인	☐☐☐
050 ★★★	**social** [sóuʃəl]	a 사회적인	☐☐☐
051 ★★★	**clergy** [kláːrdʒi]	n 성직자	☐☐☐
052 ★★★	**salient** [séiliənt]	a 두드러진	☐☐☐
053 ★★★	**criticize** [krítəsàiz]	v 비판하다 ⊖ **condemn** ⓥ 비난하다	☐☐☐
054 ★★★	**regenerate** [ridʒénərèit]	v 재생되다	☐☐☐
055 ★★★	**stability** [stəbíləti]	n 안정성	☐☐☐
056 ★★★	**shallowness** [ʃǽlounis]	n 얕음	☐☐☐
057 ★★★	**figure** [fígjər]	n 1. 수치, 숫자 2. 인물, 형체 v 1. 계산하다 2. 생각하다, 판단하다	☐☐☐
058 ★★★	**dilemma** [dilémə]	n 딜레마, 궁지	☐☐☐
059 ★★★	**puzzled** [pΛzld]	a 혼란스러운, 당황한	☐☐☐
060 ★★★	**sack** [sæk]	n 자루	☐☐☐

| 001 ★★★ | **national** [nǽʃənl] | ⓐ 국내의 | ☐☐☐ |

| 002 ★★★ | **match** [mætʃ] | ⓝ 1. 시합, 경기 2. 일치
ⓥ 일치하다, 짝을 이루다 | ☐☐☐ |

| 003 ★★★ | **migrant** [máigrənt] | ⓝ 1. 이주자 2. 철새 | ☐☐☐ |

| 004 ★★★ | **scramble** [skrǽmbl] | ⓥ 뒤죽박죽으로 만들다 | ☐☐☐ |

| 005 ★★★ | **enough** [inʌf] | ⓐ 충분한
ⓐⓓ 충분히 | ☐☐☐ |

| 006 ★★★ | **authority** [əθɔ́:rəti] | ⓝ 권위, 당국 | ☐☐☐ |

| 007 ★★★ | **jealous** [dʒéləs] | ⓐ 질투하는
＝ envious ⓐ 부러워하는 | ☐☐☐ |

| 008 ★★★ | **joint** [dʒɔint] | ⓝ 관절 | ☐☐☐ |

| 009 ★★★ | **regularity** [règjulǽrəti] | ⓝ 규칙성 | ☐☐☐ |

| 010 ★★★ | **prejudiced** [prédʒudist] | ⓐ 고정 관념이 있는 | ☐☐☐ |

| 011 ★★★ | **reliance** [riláiəns] | ⓝ 의존 | ☐☐☐ |

| 012 ★★★ | **distorted** [distɔ́:rtid] | ⓐ 왜곡된
＝ contorted ⓐ 왜곡된 | ☐☐☐ |

| 013 ★★★ | **opponent** [əpóunənt] | ⓝ 적, 상대방
＝ adversary ⓝ 상대방 | ☐☐☐ |

| 014 ★★★ | **repress** [riprés] | ⓥ 참다, 억누르다 | ☐☐☐ |

| 015 ★★★ | **cuisine** [kwizí:n] | ⓝ 요리 | ☐☐☐ |

016 ★★★	**equal** [íːkwəl]	v 같다 a 동등한	☐☐☐
017 ★★★	**livestock** [láivstaːk]	n 가축	☐☐☐
018 ★★★	**tiny** [táini]	a 아주 작은, 미미한 ⊖ huge ⓐ 거대한, 막대한	☐☐☐
019 ★★★	**generous** [dʒénərəs]	a 관대한	☐☐☐
020 ★★★	**thrift** [θrift]	n 절약	☐☐☐
021 ★★★	**composure** [kəmpóuʒər]	n 침착함	☐☐☐
022 ★★★	**drop** [drap]	n 하락 v 1. 하락하다 2. 중단하다	☐☐☐
023 ★★★	**exotic** [igzátik]	a 외국의, 이국적인 ⊜ foreign ⓐ 외국의	☐☐☐
024 ★★★	**bland** [blænd]	a 싱거운, 담백한, 특징 없는	☐☐☐
025 ★★★	**retrace** [riːtréis]	v 되짚어보다	☐☐☐
026 ★★★	**identification** [aidèntifəkéiʃən]	n 1. 신분증 2. (신원) 확인, 식별	☐☐☐
027 ★★★	**opposite** [ápəzit]	n 정반대 a 반대의	☐☐☐
028 ★★★	**confer** [kənfə́ːr]	v 부여하다, 수여하다 ⊖ withhold ⓥ (…을) 주지 않다	☐☐☐
029 ★★★	**miraculously** [mirǽkjuləsli]	ad 기적적으로	☐☐☐
030 ★★★	**suspicion** [səspíʃən]	n 의심	☐☐☐

DAY 12 >>>>>>>>>>>

| 031 ★★★ | **renewable** [rinjúːəbl] | ⓐ 재생 가능한 | ☐☐☐ |

| 032 ★★★ | **troubled** [trʌbld] | ⓐ 힘든, 곤란한, 괴로운 | ☐☐☐ |

| 033 ★★★ | **possessive** [pəzésiv] | ⓐ 소유욕이 강한 | ☐☐☐ |

| 034 ★★★ | **broadcast** [brɔ́ːdkæst] | ⓥ 방송하다
⊜ transmit ⓥ 방송하다 | ☐☐☐ |

| 035 ★★★ | **nightmare** [náitmɛ̀ər] | ⓝ 악몽 | ☐☐☐ |

| 036 ★★★ | **race** [reis] | ⓝ 1. 경주, 선거전 2. 인종
ⓥ 뛰다 | ☐☐☐ |

| 037 ★★★ | **indicator** [índikèitər] | ⓝ 표시, 장치, 지표 | ☐☐☐ |

| 038 ★★★ | **intimidate** [intímədèit] | ⓥ 위협하다
⊜ threaten ⓥ 위협하다 | ☐☐☐ |

| 039 ★★★ | **fearless** [fíərlis] | ⓐ 두려움을 모르는 | ☐☐☐ |

| 040 ★★★ | **suffice** [səfáis] | ⓥ 충분하다 | ☐☐☐ |

| 041 ★★★ | **incredible** [inkrédəbl] | ⓐ 믿을 수 없는, 놀라운 | ☐☐☐ |

| 042 ★★★ | **condition** [kəndíʃən] | ⓝ 상태, 상황, 조건
⊜ requirement ⓝ 필요조건, 요건 | ☐☐☐ |

| 043 ★★★ | **optimistically** [àptəmístikəli] | ⓐⓓ 낙관적으로 | ☐☐☐ |

| 044 ★★★ | **downstairs** [dáunstɛ̀ərz] | ⓝ 아래층
ⓐⓓ 아래층에 | ☐☐☐ |

| 045 ★★★ | **enlightened** [inláitnd] | ⓐ 계몽된, 깨우친 | ☐☐☐ |

DAY 12

046 ★★★	**engineering** [èndʒiníəriŋ]	n 공학
047 ★★★	**disastrous** [dizǽstrəs]	a 처참한, 피해가 막심한 ⊜ devastating ⓐ 엄청난 손상을 가하는
048 ★★★	**echo** [ékou]	n 메아리
049 ★★★	**sharply** [ʃɑ́ːrpli]	ad 1. 날카롭게 2. 재빨리, 급격히
050 ★★★	**moderate** [mɑ́dərət]	a 온건한, 중간의, 적당한
051 ★★★	**round** [raund]	v 돌다 a 원형의, 둥근
052 ★★★	**dedication** [dèdikéiʃən]	n 헌신 ⊜ commitment ⓝ 전념, 헌신
053 ★★★	**persistent** [pərsístənt]	a 지속력 있는, 끈질긴
054 ★★★	**analytic** [ænəlítik]	a 분석적인 ⊜ rational ⓐ 추리의, 추론의
055 ★★★	**indirect** [ìndərékt]	a 간접적인
056 ★★★	**whatever** [hwʌtévər]	pron ～한 어떤 것
057 ★★★	**odds** [adz]	n 공산, 가능성
058 ★★★	**algorithm** [ǽlgəriðm]	n 알고리즘
059 ★★★	**functionally** [fʌ́ŋkʃənəli]	ad 기능상
060 ★★★	**attendee** [ətèndíː]	n 참가자

001 ★★★ **chat**
[tʃæt]
v 이야기하다
= chatter ⓥ 수다를 떨다

002 ★★★ **abundance**
[əbʌndəns]
n 풍부, 풍부함
= preofusion ⓝ 풍부 ↔ scarcity ⓝ 부족

003 ★★★ **nonstick**
[nɑ̀nstík]
a (음식 등이) 눌어붙지 않는

004 ★★★ **unjustified**
[ʌndʒʌstəfàid]
a 정당하지 않은

005 ★★★ **inhabitant**
[inhǽbətənt]
n 정착 주민, 서식자, 원주민

006 ★★★ **advanced**
[ædvǽnst]
a 진보된, 고급의
↔ primitive ⓐ 초기의, 원시적인 단계의

007 ★★★ **master**
[mǽstər]
n 달인, 고수, 대가
v 숙달하다, 통달하다

008 ★★★ **precedent**
[présədənt]
n 관례, 선례

009 ★★★ **earnings**
[ə́ːrniŋz]
n 수입, 소득

010 ★★★ **resistance**
[rizístəns]
n 저항, 저항력

011 ★★★ **order**
[ɔ́ːrdər]
n 1. 순서 2. 질서 **v** 명령하다
= command ⓥ 명령하다

012 ★★★ **incident**
[ínsədənt]
n 사건, 일

013 ★★★ **materialize**
[mətíəriəlàiz]
v 1. 구체화되다 2. (갑자기) 나타나다

014 ★★★ **prescriptive**
[priskríptiv]
a 권위적인

015 ★★★ **editorial**
[èdətɔ́ːriəl]
n 사설

DAY 13

016 ★★★ **ancient**
[éinʃənt]
ⓐ 고대의
⟷ modern ⓐ 현대의, 근대의

017 ★★★ **habitual**
[həbítʃuəl]
ⓐ 늘상 하는, 관례적인

018 ★★★ **gallop**
[gǽləp]
ⓝ 질주
ⓥ 질주하다

019 ★★★ **husbandry**
[hʌ́zbəndri]
ⓝ 1. 농사 2. 절약

020 ★★★ **friction**
[fríkʃən]
ⓝ 마찰, 저항, 갈등

021 ★★★ **dialect**
[dáiəlèkt]
ⓝ 방언

022 ★★★ **install**
[instɔ́ːl]
ⓥ 설치하다
⊜ position ⓥ 두다, 배치하다

023 ★★★ **scream**
[skriːm]
ⓥ 비명지르다

024 ★★★ **foundation**
[faundéiʃən]
ⓝ 1. 기반, 기초 2. 재단

025 ★★★ **chimney**
[tʃímni]
ⓝ 굴뚝

026 ★★★ **quit**
[kwit]
ⓝ 단념, 포기
ⓥ 그만두다, 중단하다

027 ★★★ **commuter**
[kəmjúːtər]
ⓝ 통근자

028 ★★★ **attain**
[ətéin]
ⓥ 달성하다, 얻다
⊜ accomplish ⓥ 달성하다

029 ★★★ **flat**
[flæt]
ⓐ 평평한, 평지인

030 ★★★ **equality**
[ikwάləti]
ⓝ 평등

031 ★★★ **damaging** [dǽmidʒiŋ]	ⓐ 해로운	☐☐☐
032 ★★★ **essentially** [isénʃəli]	ⓐd 본질적으로	☐☐☐
033 ★★★ **trial** [tráiəl]	ⓝ 1. 재판 2. 시험 3. 시련	☐☐☐
034 ★★★ **private** [práivət]	ⓐ 개인적인, 사적인 ⟳ public ⓐ 대중의	☐☐☐
035 ★★★ **distraction** [distrǽkʃən]	ⓝ 집중을 방해하는 것	☐☐☐
036 ★★★ **thirst** [θəːrst]	ⓝ 갈망, 갈증	☐☐☐
037 ★★★ **pretension** [priténʃən]	ⓝ 허세, 가식	☐☐☐
038 ★★★ **majority** [mədʒɔ́ːrəti]	ⓝ 다수, 대부분 ⟳ minority ⓝ 소수집단	☐☐☐
039 ★★★ **overly** [óuvərli]	ⓐd 너무, 몹시, 지나치게	☐☐☐
040 ★★★ **underarm** [ʌ́ndərɑ̀ːrm]	ⓐ (투구 시) 팔을 내려서 하는	☐☐☐
041 ★★★ **sodium** [sóudiəm]	ⓝ 나트륨	☐☐☐
042 ★★★ **isolated** [áisəlèitid]	ⓐ 1. 외떨어진, 외딴 2. 고립된	☐☐☐
043 ★★★ **forum** [fɔ́ːrəm]	ⓝ (토론의) 장, 토론회	☐☐☐
044 ★★★ **enterprise** [éntərpràiz]	ⓝ 기업 ⊜ firm ⓝ 기업 corporation ⓝ 기업	☐☐☐
045 ★★★ **lasting** [lǽstiŋ]	ⓐ 지속적인, 오래 가는	☐☐☐

DAY 13

046 ★★★ **lattice** [lǽtis]	n 격자 (모양)	☐☐☐
047 ★★★ **sovereignty** [sávərənti]	n 주권, 통치권	☐☐☐
048 ★★★ **license** [láisəns]	n 면허증, 자격증 v 허가하다, 면허를 주다	☐☐☐
049 ★★★ **develop** [divéləp]	v 발달하다, 성장하다 ● **evolve** ⓥ 발달하다, 진전되다	☐☐☐
050 ★★★ **occupy** [ákjupài]	v 점유하다, 차지하다	☐☐☐
051 ★★★ **liberty** [líbərti]	n 자유	☐☐☐
052 ★★★ **colony** [káləni]	n 1. 식민지 2. (개미·벌·새 따위의) 집단	☐☐☐
053 ★★★ **passenger** [pǽsəndʒər]	n 승객	☐☐☐
054 ★★★ **upbeat** [ʌpbìːt]	a 낙관적인	☐☐☐
055 ★★★ **attainable** [ətéinəbl]	a 달성 가능한 ● **achievable** ⓐ 성취할 수 있는	☐☐☐
056 ★★★ **detest** [ditést]	v 혐오하다	☐☐☐
057 ★★★ **lockable** [lákəbl]	a 잠글 수 있는	☐☐☐
058 ★★★ **deliberately** [dilíbərətli]	ad 의도적으로, 일부러	☐☐☐
059 ★★★ **authorship** [ɔ́ːθərʃip]	n (원)저자	☐☐☐
060 ★★★ **objectivity** [àbdʒiktívəti]	n 객관성	☐☐☐

001 ★★★	**reasoning** [rí:zniŋ]	n 추론 (능력)	☐☐☐
002 ★★★	**various** [vέəriəs]	a 다양한, 여러 가지이 ⊜ diverse ⓐ 다양한	☐☐☐
003 ★★★	**stimulant** [stímjulənt]	n 자극제, 흥분제	☐☐☐
004 ★★★	**genetics** [dʒənétiks]	n 유전적 특징	☐☐☐
005 ★★★	**argue** [ɑ́:rgju:]	v 1. 언쟁을 하다, 다투다 2. 주장하다 ⊜ quarrel ⓥ 다투다, 언쟁을 벌이다	☐☐☐
006 ★★★	**recommendation** [rèkəməndéiʃən]	n 추천, 권장	☐☐☐
007 ★★★	**respiration** [rèspəréiʃən]	n 호흡	☐☐☐
008 ★★★	**tackle** [tǽkl]	v 1. (힘든 문제상황과) 씨름하다 2. 솔직하게 말하다	☐☐☐
009 ★★★	**journal** [dʒə́:rnl]	n 학술지	☐☐☐
010 ★★★	**validity** [vəlídəti]	n 타당성	☐☐☐
011 ★★★	**prestigious** [prestídʒəs]	a 명망 있는 ⊜ renowned ⓐ 유명한, 명성있는	☐☐☐
012 ★★★	**inevitably** [inévitəbli]	ad 불가피하게, 필연적으로	☐☐☐
013 ★★★	**sealed** [si:ld]	a 밀봉한	☐☐☐
014 ★★★	**differential** [dìfərénʃəl]	n 차이, 격차 a 차등을 두는	☐☐☐
015 ★★★	**device** [diváis]	n 기기, 장치	☐☐☐

| 016 ★★★ | **reluctantly** [rilʌ́ktəntli] | ad 마지못해 | □□□ |

017 ★★★ **gear** [giər]
n 장비, 장치
⊜ equipment ⓝ 장비

018 ★★★ **perishable** [périʃəbl]
a 상하기 쉬운

019 ★★★ **continent** [kántənənt]
n 대륙

020 ★★★ **physiological** [fìziəládʒikəl]
a 생리적인, 생리학의

021 ★★★ **equipment** [ikwípmənt]
n 기기, 장비

022 ★★★ **ultimately** [ʌ́ltəmətli]
ad 궁극적으로
⊜ eventually ad 결국

023 ★★★ **relaying** [riléiŋ]
n (정보나 뉴스 등의) 전달

024 ★★★ **gathering** [gǽðəriŋ]
n 1. 수집, 수확 2. 모임

025 ★★★ **equalize** [í:kwəlàiz]
v 동등하게 하다

026 ★★★ **enormous** [inɔ́:rməs]
a 거대한, 막대한
⊜ vast ⓐ 막대한

027 ★★★ **throughout** [θru:áut]
prep ~을 통하여, ~동안 쭉, 내내

028 ★★★ **shore** [ʃɔ:r]
n 해변, 해안가

029 ★★★ **female** [fí:meil]
n 여성
a 여성의

030 ★★★ **comfortable** [kʌ́mfərtəbl]
a 편안한
⊜ cozy ⓐ 아늑한

031 ★★★ **lawn** [lɔːn]
n 잔디

032 ★★★ **affair** [əféər]
n 일, 사건
= concern n 일

033 ★★★ **geologic** [dʒìːəládʒik]
a 지질의

034 ★★★ **steal** [stiːl]
v 훔치다, 도둑질하다

035 ★★★ **intuitively** [intjúːətivli]
ad 직관적으로

036 ★★★ **howling** [háuliŋ]
a 울부짖는

037 ★★★ **impose** [impóuz]
v 강요하다, (의무나 책임을) 부과하다
= force v 강요하다

038 ★★★ **improper** [imprápər]
a 부적절한

039 ★★★ **fuel** [fjúːəl]
n 연료
v 부추기다

040 ★★★ **analyze** [ǽnəlàiz]
v 분석하다

041 ★★★ **politician** [pàlitíʃən]
n 정치인

042 ★★★ **salvation** [sælvéiʃən]
n 구원

043 ★★★ **blindly** [bláindli]
ad 무턱대고, 맹목적으로
= uncritically ad 비판 없이

044 ★★★ **biologist** [baiálədʒist]
n 생물학자

045 ★★★ **egregious** [igríːdʒəs]
a 매우 나쁜, 지독한

046 ★★★ **regulation**
[règjuléiʃən]
n 규정, 규제

047 ★★★ **shorten**
[ʃɔ́:rtn]
v (길이를) 줄이다

048 ★★☆ **assurance**
[əʃúərəns]
n 1. 확언, 장담 2. 자신감
＝ confidence n 자신(감), 확신

049 ★☆☆ **wildly**
[wáildli]
ad 크게, 몹시

050 ★★★ **provocative**
[prəvákətiv]
a 자극적인, 도발적인

051 ★★★ **protocol**
[próutəkɔ̀:l]
n 프로토콜, 규약

052 ★★☆ **importantly**
[impɔ́:rtəntli]
ad 중요한 것으로는

053 ★★☆ **gradually**
[grǽdʒuəli]
ad 점차, 점점

054 ★★☆ **civil**
[sívəl]
a 1. 시민의 2. 정중한, 예의 바른

055 ★★★ **crucial**
[krú:ʃəl]
a 아주 중요한, 중대한
＝ essential a 극히 중요한 vital a 필수적인

056 ★★☆ **unapproved**
[ʌnəprú:vd]
a 승인되지 않은

057 ★★★ **unsustainable**
[ʌnsəstéinəbl]
a 지속 불가능한

058 ★★★ **early**
[ə́:rli]
a (어떤 기간·사건 등의) 초창기의

059 ★★☆ **counseling**
[káunsəliŋ]
n 상담

060 ★★★ **preparedness**
[pripɛ́əridnis]
n 준비성

DAY 15 >>>>>>>>>>>

001 ★★★ **scenic** [síːnik]	ⓐ 경치 좋은	☐☐☐
002 ★★★ **universal** [jùːnəvə́ːrsəl]	ⓐ 보편적인	☐☐☐
003 ★★★ **direct** [dirékt]	ⓥ 인도하다, 감독하다 ⓐ 직접적인 ⊖ indirect ⓐ 간접적인	☐☐☐
004 ★★★ **friendly** [fréndli]	ⓐ 친근한, 다정한	☐☐☐
005 ★★★ **origin** [ɔ́ːrədʒin]	ⓝ 기원, 출처	☐☐☐
006 ★★★ **awake** [əwéik]	ⓐ 깨어 있는	☐☐☐
007 ★★★ **save** [séiv]	ⓥ 절약하다, (낭비하지 않고) 아끼다 ⊜ conserve ⓥ 아끼다	☐☐☐
008 ★★★ **reassuring** [rìːəʃúəriŋ]	ⓐ 안심시키는, 걱정을 덜어주는	☐☐☐
009 ★★★ **ceiling** [síːliŋ]	ⓝ 천장	☐☐☐
010 ★★★ **organ** [ɔ́ːrgən]	ⓝ (신체) 기관	☐☐☐
011 ★★★ **inaccessible** [inəksésəbl]	ⓐ 접근 불가한, 접근하기 어려운	☐☐☐
012 ★★★ **standardize** [stǽndərdàiz]	ⓥ 표준화하다, 규격화하다	☐☐☐
013 ★★★ **traumatic** [trəmǽtik]	ⓐ 대단히 충격적인	☐☐☐
014 ★★★ **attract** [ətrǽkt]	ⓥ 끌다, 유인하다, 매혹시키다 ⊜ draw ⓥ 끌어당기다	☐☐☐
015 ★★★ **bounce** [bauns]	ⓥ 튀어오르다	☐☐☐

016 ★★★ **legislative**
[lédʒisléitiv]
ⓐ 입법의

017 ★★★ **instruction**
[instrʌ́kʃən]
ⓝ 1. 지침, 가르침 2. 강습

018 ★★★ **astonished**
[əstániʃt]
ⓐ 놀란

019 ★★★ **expend**
[ikspénd]
ⓥ (돈·시간·에너지를) 쏟다, 들이다
⊜ spend ⓥ 소비하다

020 ★★★ **faith**
[feiθ]
ⓝ 믿음, 신뢰

021 ★★★ **redistribute**
[riːdistríbjuːt]
ⓥ 재분배하다

022 ★★★ **adventurous**
[ædvéntʃərəs]
ⓐ 모험적인

023 ★★★ **normalize**
[nɔ́ːrməlàiz]
ⓥ 정상화하다

024 ★★★ **aptitude**
[ǽptətjùːd]
ⓝ 소질, 적성
⊜ talent ⓝ 소질, 재능

025 ★★★ **parameter**
[pərǽmətər]
ⓝ 한도, 기준

026 ★★★ **approval**
[əprúːvəl]
ⓝ 승인

027 ★★★ **aviation**
[èiviéiʃən]
ⓝ 항공

028 ★★★ **overwhelm**
[òuvərhwélm]
ⓥ 압도하다, 제압하다

029 ★★★ **urgent**
[ə́ːrdʒənt]
ⓐ 긴박한, 시급한
⊜ pressing ⓐ 긴급한

030 ★★★ **alternative**
[ɔːltə́ːrnətiv]
ⓝ 대안
ⓐ 대안의

DAY 15 >>>>>>>>>>

031 ★★★ **exclusive**
[iksklú:siv]
ⓐ 1. 배타적인 2. 독점적인

032 ★★★ **adversarial**
[ædvə:rséəriəl]
ⓐ 적대적인

033 ★★☆ **agency**
[éidʒənsi]
ⓝ 1. 주체성 2. 기관, 주체

034 ★★☆ **convenience**
[kənví:njəns]
ⓝ 편의, 편리함
⊜ expedience ⓝ 편의

035 ★★☆ **technology**
[teknálədʒi]
ⓝ 과학기술

036 ★★☆ **professor**
[prəfésər]
ⓝ 교수

037 ★☆☆ **openhearted**
[óupənhá:rtid]
ⓐ 솔직한, 숨김없는

038 ★★☆ **constituent**
[kənstítʃuənt]
ⓝ 구성원, 구성 요소 ⓐ 구성하는
⊜ component ⓝ 요소

039 ★☆☆ **fair**
[fɛər]
ⓝ 박람회, 설명회
ⓐ 공평한

040 ★★★ **obtain**
[əbtéin]
ⓥ 얻다, 획득하다
⊜ acquire ⓥ 얻다

041 ★☆☆ **reexamine**
[rì:igzǽmin]
ⓥ 재점검하다

042 ★☆☆ **upstairs**
[ʌpstéərz]
ⓝ 위층, 2층
ⓐⓓ 위층으로, 위층에서

043 ★★★ **crime**
[kraim]
ⓝ 범죄

044 ★★★ **reduce**
[ridjú:s]
ⓥ 줄이다, 감소시키다
⊜ decrease ⓥ 감소시키다

045 ★★☆ **joyful**
[dʒɔ́ifəl]
ⓐ 아주 기뻐하는, 행복한

046 ★★★ **chain**
[tʃein]
ⓝ 사슬

047 ★★★ **perspiration**
[pə̀:rspəréiʃən]
ⓝ 땀

048 ★★★ **equivalent**
[ikwívələnt]
ⓐ 같은, 동등한

049 ★★★ **complain**
[kəmpléin]
ⓥ 불평하다
⊜ protest ⓥ 항의하다, 이의를 제기하다

050 ★★★ **ignition**
[igníʃən]
ⓝ 발화

051 ★★★ **loiter**
[lɔ́itər]
ⓥ 어슬렁어슬렁 걷다

052 ★★★ **down**
[daun]
ⓐ 우울한, (기분이) 처진

053 ★★★ **respectable**
[rispéktəbl]
ⓐ 훌륭한, 존경할 만한

054 ★★★ **process**
[práses]
ⓝ 절차, 과정
ⓥ 가공하다, 처리하다

055 ★★★ **accuracy**
[ǽkjurəsi]
ⓝ 정확성
⊜ precision ⓝ 정확(성), 정밀(성)

056 ★★★ **fright**
[frait]
ⓝ 공포

057 ★★★ **tense**
[tens]
ⓥ 긴장시키다
ⓐ 긴장된

058 ★★★ **chronicler**
[krániklər]
ⓝ 연대기 작가, 기록가

059 ★★★ **pleasant**
[plézənt]
ⓐ 쾌적한, 유쾌한, 즐거운

060 ★★★ **sociality**
[sòuʃiǽləti]
ⓝ 사회성

DAY 15

001 ★★★ **discrepancy**
[diskrépənsi]
n 불일치

002 ★★★ **externality**
[èkstəːrnǽləti]
n 외부 효과

003 ★★★ **designation**
[dèzignéiʃən]
n 지정, 내정
⊜ appointment ⓝ 지정

004 ★★★ **greenwash**
[gríːnwwaʃ]
n 1. 위장 친환경 2. 돈세탁

005 ★★★ **interval**
[íntərvəl]
n 간격

006 ★★★ **rough**
[rʌf]
a 거친

007 ★★★ **skeleton**
[skélətn]
n 골격

008 ★★★ **along**
[əlɔ́ːŋ]
prep ~을 따라
⊜ down prep ~을 따라

009 ★★★ **disseminate**
[disémənèit]
v 퍼뜨리다

010 ★★★ **readability**
[rìːdəbíləti]
n 가독성

011 ★★★ **speech**
[spiːʃ]
n 연설, 말하기

012 ★★★ **excavation**
[èkskəvéiʃən]
n 발굴

013 ★★★ **potential**
[pəténʃəl]
n 가능성, 잠재력
a 잠재적인

014 ★★★ **abandon**
[əbǽndən]
v 1. 버리다 2. 포기하다
⊜ desert ⓥ 버리다, 떠나다

015 ★★★ **object**
[ábdʒikt]
n 물체, 사물

016 ★★☆ **bind**
[baind]

v 속박하다, 묶다

017 ★★★ **mitigate**
[mítəgèit]

v 완화하다, 줄이다

018 ★★★ **obedient**
[oubí:diənt]

a 복종하는

019 ★★☆ **beside**
[bisáid]

prep 1. 옆에 2. ~에 비해
⊜ alongside prep ~을 따라, ~곁에

020 ★☆☆ **game**
[geim]

n 사냥감

021 ★★★ **rumination**
[rù:mənéiʃən]

n 심사 숙고

022 ★★☆ **microscopic**
[màikrəskápik]

a 미세한, 현미경으로 봐야만 보이는

023 ★★☆ **repeat**
[ripí:t]

v 되풀이하다, 반복하다

024 ★★★ **sufficient**
[səfíʃənt]

a 충분한
⊜ enough ⓐ 충분한

025 ★★☆ **taxation**
[tækséiʃən]

n 과세, 조세

026 ★★☆ **put**
[put]

v 1. 놓다, 두다 2. 표현하다

027 ★★★ **endangered**
[indéindʒərd]

a 멸종 위기에 처한

028 ★☆☆ **moisten**
[mɔ́isn]

v 적시다

029 ★★★ **coincide**
[kòuinsáid]

v 일치하다
⊜ correspond ⓥ 일치하다, 부합하다

030 ★★★ **sequential**
[sikwénʃəl]

a 일련의, 연속적인, 순차적인

031 ★★★ **niece**
[ni:s]

n 여자 조카

032 ★★★ **childhood**
[ʧáildhùd]

n 어린 시절

033 ★★★ **hydrogen**
[háidrədʒən]

n 수소

034 ★★★ **calm**
[ka:m]

v 진정시키다 a 차분한, 침착한
⊜ soothe ⓥ 달래다, 진정시키다

035 ★★★ **customization**
[kʌstəmə-zéiʃən]

n 맞춤화

036 ★★★ **jolt**
[dʒoult]

n 충격

037 ★★★ **neurobiology**
[njùəroubaiálədʒi]

n 신경 생물학

038 ★★★ **suitable**
[sú:təbl]

a 적합한, 적절한
⊜ fit ⓐ 적합한, 알맞은

039 ★★★ **verbal**
[və́:rbəl]

a 언어적인, 구두의

040 ★★★ **discriminatory**
[diskrímənətɔ̀:ri]

a 차별적인

041 ★★★ **abstraction**
[æbstrǽkʃən]

n 추상, 추상화

042 ★★★ **weird**
[wiərd]

a 이상한

043 ★★★ **sustainable**
[səstéinəbl]

a 지속 가능한

044 ★★★ **evaluate**
[ivǽljuèit]

v 평가하다
⊜ assess ⓥ 평가하다

045 ★★★ **staple**
[stéipl]

v 스테이플러로 고정하다
a 주된, 주요한

046 ★★★	**impress** [imprés]	v 깊은 인상을 주다	□□□
047 ★★★	**joy** [dʒɔi]	n 기쁨, 즐거움	□□□
048 ★★★	**thrill** [θril]	n 전율, 흥분	□□□
049 ★★★	**essential** [isénʃəl]	a 1. 필수적인, 아주 중요한 2. 본질적인 ⊜ vital ⓐ 필수적인 crucial ⓐ 중대한	□□□
050 ★★★	**inconsistency** [ìnkənsístənsi]	n 불일치, 모순 ⊜ dissimilarity ⓝ 다름, 상이함	□□□
051 ★★★	**flesh** [fleʃ]	n (사람, 동물의) 살	□□□
052 ★★★	**grip** [grip]	v 붙잡다	□□□
053 ★★★	**thorough** [θə́ːrou]	a 철저한	□□□
054 ★★★	**linguistic** [liŋgwístik]	a 언어적인	□□□
055 ★★★	**stress** [stres]	v 강조하다 ⊜ emphasize ⓥ 강조하다	□□□
056 ★★★	**herd** [həːrd]	n 무리	□□□
057 ★★★	**supervision** [sùːpərvíʒən]	n 감독	□□□
058 ★★★	**anonymity** [ænəníməti]	n 익명(성)	□□□
059 ★★★	**overemphasis** [òuvərémfəsis]	n 과도한 강조	□□□
060 ★★★	**widen** [wáidn]	v 넓히다	□□□

DAY 16

001 ★★★ **relieved** [rilí:vd]	ⓐ 안심한, 안도한	☐☐☐
002 ★★★ **nonliterate** [nɑnlítərit]	ⓐ 읽고 쓸 수 없는	☐☐☐
003 ★★★ **maximize** [mǽksəmàiz]	ⓥ 최대화하다 ⊜ minimize ⓥ 최소화하다	☐☐☐
004 ★★★ **retailer** [rí:teilər]	ⓝ 소매업자	☐☐☐
005 ★★★ **summarily** [səmérəli]	ⓐⓓ 즉석에서, 즉결로	☐☐☐
006 ★★★ **generalization** [dʒènərəlizéiʃən]	ⓝ 일반화	☐☐☐
007 ★★☆ **bulky** [bʌlki]	ⓐ (부피가) 큰	☐☐☐
008 ★★★ **thought** [θɔ:t]	ⓝ 생각, 사고	☐☐☐
009 ★★☆ **compassion** [kəmpǽʃən]	ⓝ 연민, 동정 ⊜ pity ⓝ 동정심	☐☐☐
010 ★★★ **insight** [ínsàit]	ⓝ 통찰(력)	☐☐☐
011 ★★★ **spiritual** [spíriʧuəl]	ⓐ 정신적인	☐☐☐
012 ★★★ **fluid** [flú:id]	ⓝ 액체 ⓐ 유동적인	☐☐☐
013 ★★☆ **limited** [límitid]	ⓐ 제한된, 한정된	☐☐☐
014 ★★★ **mimic** [mímik]	ⓥ 모방하다, 흉내를 내다 ⊜ imitate ⓥ 모방하다	☐☐☐
015 ★★★ **intercept** [intərsépt]	ⓥ 가로채다	☐☐☐

016 ★★★ **wallow** [wɑ́lou]
v 뒹굴다

017 ★★★ **patient** [péiʃənt]
n 환자
a 인내심 있는

018 ★★★ **biology** [baiɑ́lədʒi]
n 생물학

019 ★★★ **destructive** [distrʌ́ktiv]
a 파괴적인
⊜ devastating @ 대단히 파괴적인

020 ★★★ **ideology** [àidiɑ́lədʒi]
n 이데올로기, 이념

021 ★★★ **combat** [kəmbǽt]
n 전투, 싸움
v 퇴치하다, 싸우다

022 ★★★ **pronounce** [prənáuns]
v 1. 발음하다 2. 선언하다

023 ★★★ **legal** [líːgəl]
a 법적인, 법률과 관련된

024 ★★★ **aid** [eid]
n 도움, 원조 v 돕다, 원조하다
⊜ charity n 자선

025 ★★★ **legally** [líːgəli]
ad 법적으로

026 ★★★ **mechanics** [məkǽniks]
n 역학, 기계학

027 ★★★ **potent** [póutnt]
a 강한, 센

028 ★★★ **systematic** [sìstəmǽtik]
a 체계적인, 조직적인

029 ★★★ **consider** [kənsídər]
v 1. 생각하다 2. 고려하다 3. 여기다
⊜ deliberate ⓥ 숙고하다

030 ★★★ **threatened** [θrétənd]
a 위협감을 느끼는

031	★★★	**eerie**	[íəri]	ⓐ 오싹한
032	★★★	**wetland**	[wétlænd]	ⓝ 습지
033	★★★	**literate**	[lítərət]	ⓐ 글을 읽고 쓸 줄 아는
034	★★★	**obesity**	[oubí:səti]	ⓝ 비만
035	★★★	**prevent**	[privént]	ⓥ 예방하다, 막다 ➊ prohibit ⓥ ~하지 못하게 하다
036	★★★	**detective**	[ditéktiv]	ⓝ 탐정, 형사
037	★★★	**premise**	[prémis]	ⓝ (주장의) 전제
038	★★★	**protrusion**	[proutrú:ʒən]	ⓝ 내밀기, 돌출
039	★★★	**spend**	[spend]	ⓥ (돈, 시간을) 쓰다, 소비하다
040	★★★	**characterize**	[kǽriktəràiz]	ⓥ ~을 특징으로 하다 ➊ distinguish ⓥ 구별하다
041	★★★	**heroine**	[hérouin]	ⓝ 여주인공
042	★★★	**neighborhood**	[néibərhùd]	ⓝ 근방, 이웃, 지역
043	★★★	**mope**	[moup]	ⓥ 울적해하다, 맥이 빠져 지내다
044	★★★	**abuse**	[əbjú:z]	ⓥ 남용하다 ➊ misuse ⓥ 남용하다
045	★★★	**logic**	[ládʒik]	ⓝ 논리, 타당성

046 ★★★ **carbon**
[káːrbən]
n 탄소

047 ★★★ **aroused**
[əráuzd]
a 자극된, 흥분한

048 ★★★ **dependable**
[dipéndəbl]
a 믿을 만한, 의지할 만한

049 ★★★ **chronic**
[kránik]
a 만성의, 만성적인
⊜ persistent ⓐ 지속적인 ⊖ acute ⓐ 급성의

050 ★★★ **trap**
[træp]
n 함정
v 가두다

051 ★★★ **organize**
[ɔ́ːrgənàiz]
v 1. 조직하다, 구성하다 2. 정리하다

052 ★★★ **pilot**
[páilət]
n 조종사
v 조종하다

053 ★★★ **hierarchical**
[hàiərɑ́ːrkikəl]
a 위계적인

054 ★★★ **immorality**
[ìmərǽləti]
n 부도덕함
⊖ morality ⓝ 도덕성

055 ★★★ **department**
[dipɑ́ːrtmənt]
n 학과, 부서

056 ★★★ **inequality**
[inikwáləti]
n 불평등, 불균형

057 ★★★ **population**
[pàpjuléiʃən]
n 인구(수), 개체수, 주민

058 ★★★ **intelligent**
[intélədʒənt]
a 지적인, 현명한, 똑똑한

059 ★★★ **pupil**
[pjúːpl]
n 학생, 제자

060 ★★★ **reap**
[riːp]
v (농작물을) 베어들이다, 수확하다

DAY 18 >>>>>>>>>>>>

001 ★★★ **crowded** [kráudid]
ⓐ 어수선한, 붐비는, 혼잡한

002 ★★★ **loose** [lu:s]
ⓐ 느슨한
↔ tight ⓐ 꽉 조이는

003 ★★★ **received** [risí:vd]
ⓐ 일반적으로 인정되는

004 ★★★ **fill** [fil]
ⓥ 채우다

005 ★★★ **independent** [indipéndənt]
ⓐ 독립적인

006 ★★★ **humankind** [hjú:mənkàind]
ⓝ 인류, 인간

007 ★★★ **core** [kɔ:r]
ⓝ 핵심, 중심부 ⓐ 핵심적인
= hear ⓝ 핵심 essence ⓝ 본질

008 ★★★ **orbit** [ɔ́:rbit]
ⓝ 궤도

009 ★★★ **operation** [àpəréiʃən]
ⓝ 1. 작동, 작용 2. 수술

010 ★★★ **each** [i:tʃ]
ⓝ 각각
ⓐ 각각의

011 ★★★ **activate** [ǽktəvèit]
ⓥ 활성화하다
= trigger ⓥ 촉발시키다

012 ★★★ **germ** [dʒə:rm]
ⓝ 세균

013 ★★★ **sympathy** [símpəθi]
ⓝ 1. 연민, 동정 2. 공감
= compassion ⓝ 동정심

014 ★★★ **centralize** [séntrəlàiz]
ⓥ 중앙 집권화하다

015 ★★★ **machinery** [məʃí:nəri]
ⓝ 조직, 기계, 시스템

016 ★★★	**precipitate** [prisípitèit]	v 촉발하다	☐☐☐
017 ★★★	**ingredient** [ingrí:diənt]	n 성분, 재료	☐☐☐
018 ★★★	**clearly** [klíərli]	ad 명확하게, 분명히 = obviously ad 분명히	☐☐☐
019 ★★★	**lid** [lid]	n 뚜껑	☐☐☐
020 ★★★	**saw** [sɔː]	n 톱 v 톱질하다	☐☐☐
021 ★★★	**restrain** [ristréin]	v 저지하다, 제지하다	☐☐☐
022 ★★★	**rationality** [ræʃənǽləti]	n 합리성	☐☐☐
023 ★★★	**ratio** [réiʃou]	n 비율 = rate n 비율	☐☐☐
024 ★★★	**settler** [sétlər]	n 정착민	☐☐☐
025 ★★★	**genetically** [dʒənétikəli]	ad 유전(학)적으로	☐☐☐
026 ★★★	**psychological** [sàikəládʒikəl]	a 심리적인	☐☐☐
027 ★★★	**deceit** [disí:t]	n 기만, 사기 = fraud n 사기, 허위, 거짓	☐☐☐
028 ★★★	**frenzy** [frénzi]	n 격분	☐☐☐
029 ★★★	**enduring** [indjúəriŋ]	a 지속되는, 오래가는	☐☐☐
030 ★★★	**expedition** [èkspədíʃən]	n 원정(대), 탐험	☐☐☐

DAY 18

031 ★★★ **annoyed** [ənɔ́id]	ⓐ 짜증이 난, 약이 오른	☐☐☐
032 ★★★ **precisely** [prisáisli]	🆖 정확히, 정밀하게 🟰 exactly ⓐ 정확히, 꼭, 틀림없이	☐☐☐
033 ★★★ **naughty** [nɔ́:ti]	ⓐ 개구쟁이인, 장난꾸러기인	☐☐☐
034 ★★★ **disrespectful** [dìsrispéktfl]	ⓐ 존중하지 않는	☐☐☐
035 ★★★ **reason** [rí:zn]	ⓝ 이성, 근거 ⓥ 추론하다	☐☐☐
036 ★★★ **applicable** [ǽplikəbl]	ⓐ 적용 가능한	☐☐☐
037 ★★★ **cite** [sait]	ⓥ 언급하다, 인용하다 🟰 quote ⓥ 인용하다	☐☐☐
038 ★★★ **quantify** [kwɑ́ntəfài]	ⓥ 수량화하다, 정량화하다	☐☐☐
039 ★★★ **religious** [rilídʒəs]	ⓐ 종교적인	☐☐☐
040 ★★★ **caveman** [kéiv-mæn]	ⓝ 원시인	☐☐☐
041 ★★★ **reality** [riǽləti]	ⓝ 현실, 사실, 실체	☐☐☐
042 ★★★ **regretful** [rigrétfəl]	ⓐ 후회하는, 유감스러운	☐☐☐
043 ★★★ **thus** [ðʌs]	🆖 따라서, 그러므로 🟰 therefore 🆖 그러므로	☐☐☐
044 ★★★ **bargain** [bɑ́:rgən]	ⓝ (정상가보다) 싸게 사는 물건	☐☐☐
045 ★★★ **restricted** [ristríktid]	ⓐ 제한된	☐☐☐

046	★★★	**monument** [mɑ́njumənt]	n 기념비	☐☐☐
047	★★★	**superiority** [səpiəriɔ́ːrəti]	n 우월함	☐☐☐
048	★★★	**pronounced** [prənáunst]	a 확연한, 단호한	☐☐☐
049	★★★	**grief** [griːf]	n 슬픔	☐☐☐
050	★★★	**base** [beis]	v ~에 근거를 두다, 기반으로 하다 = site v 위치시키다	☐☐☐
051	★★★	**medieval** [mìːdiíːvəl]	a 중세의	☐☐☐
052	★★★	**format** [fɔ́ːrmæt]	n 형식, 서식, 구성 방식	☐☐☐
053	★★★	**cope** [koup]	v 대처하다	☐☐☐
054	★★★	**interrelated** [ìntərriléitid]	a 상호 연관된	☐☐☐
055	★★★	**confirm** [kənfə́ːrm]	v (맞다고) 확인하다 = validate v 입증하다	☐☐☐
056	★★★	**communicative** [kəmjúːnəkèitiv]	a 의사 전달의	☐☐☐
057	★★★	**inspect** [inspékt]	v 조사하다 = investigate v 조사하다	☐☐☐
058	★★★	**clown** [klaun]	n 광대	☐☐☐
059	★★★	**elevate** [éləvèit]	v 증가하다, 높이다	☐☐☐
060	★★★	**fulfillment** [fulfílmənt]	n 만족, 충족	☐☐☐

DAY 18

DAY 19 >>>>>>>>>>>>

001 ★★★ **profiling** [próufailiŋ]	**n** 프로파일링, 자료 수집	☐☐☐
002 ★★★ **impact** [ímpækt]	**n** 영향, 여파 **v** 영향을 미치다	☐☐☐
003 ★★★ **corridor** [kɔ́ːridər]	**n** 복도 = **hallway** n 복도	☐☐☐
004 ★★★ **optional** [ápʃənl]	**a** 선택적인	☐☐☐
005 ★★★ **resonate** [rézənèit]	**v** 울려 퍼지다	☐☐☐
006 ★★★ **archaeologist** [àːrkiálədʒist]	**n** 고고학자	☐☐☐
007 ★★★ **poetic** [pouétik]	**a** 시적인	☐☐☐
008 ★★★ **instigate** [ínstəgèit]	**v** 부추기다 = **incite** v 부추기다, 선동하다	☐☐☐
009 ★★★ **unsolved** [ʌnsálvd]	**a** 해결되지 않은	☐☐☐
010 ★★★ **complementary** [kàmpləméntəri]	**a** 보완하는	☐☐☐
011 ★★★ **depressed** [diprést]	**a** 우울한, 침체된	☐☐☐
012 ★★★ **inaudible** [inɔ́ːdəbl]	**a** 들리지 않는	☐☐☐
013 ★★★ **novel** [návəl]	**n** 소설 **a** 새로운, 참신한	☐☐☐
014 ★★★ **concerning** [kənsə́ːrniŋ]	**prep** ~에 관하여 = **regarding** prep ~에 관하여	☐☐☐
015 ★★★ **availability** [əvèiləbíləti]	**n** 이용 가능성	☐☐☐

016 ★★★	**hierarchy** [háiərɑ̀ːrki]		n 위계질서
017 ★★★	**organism** [ɔ́ːrgənìzm]		n 유기체, 생물
018 ★★★	**manifest** [mǽnəfèst]		v 1. 나타내다 2. 나타나다 a 나타나는, 분명한
019 ★★★	**discover** [diskʌ́vər]		v 찾아내다, 발견하다 ⊜ find out 알아내다
020 ★★★	**chaotic** [keiɑ́tik]		a 혼돈의
021 ★★★	**expansion** [ikspǽnʃən]		n 확장, 팽창
022 ★★★	**setting** [sétiŋ]		n 환경, 장소
023 ★★★	**biography** [baiɑ́grəfi]		n (인물의) 전기
024 ★★★	**formulation** [fɔ̀ːrmjuléiʃən]		n 1. 공식화 2. (특정 방식으로의) 표현
025 ★★★	**elaborate** [ilǽbərət]		v 자세히 말하다 a 정교한 ⊜ intricate ⓐ 복잡한
026 ★★★	**unlit** [ʌnlít]		a 불이 켜지지 않은
027 ★★★	**mean** [miːn]		a 못된, 심술궂은, 비열한
028 ★★★	**unit** [júːnit]		n 구성 단위
029 ★★★	**aching** [éikiŋ]		a 쑤시는
030 ★★★	**careful** [kέərfəl]		a 신중한, 조심하는, 주의 깊은 ⊜ cautious ⓐ 조심하는 ⊜ careless ⓐ 부주의한

DAY 19

DAY 19

031 ★★★ **valuable** [vǽljuəbl]	ⓝ 귀중품 ⓐ 귀한, 가치 있는	
032 ★★★ **grocery** [gróusəri]	ⓝ 식료품	
033 ★★★ **costume** [kástjuːm]	ⓝ (연극·영화 등에서) 분장, 의상	
034 ★★★ **unique** [juːníːk]	ⓐ 독특한, 고유한	
035 ★★★ **discrimination** [diskrìmənéiʃən]	ⓝ 차이, 구별, 차별 ⊜ prejudice ⓝ 편견 bias ⓝ 편견	
036 ★★★ **incompetence** [inkámpətəns]	ⓝ 무능	
037 ★★★ **warn** [wɔːrn]	ⓥ 경고하다	
038 ★★★ **similar** [símələr]	ⓐ 비슷한, 유사한	
039 ★★★ **integration** [intəgréiʃən]	ⓝ 통합	
040 ★★★ **label** [léibəl]	ⓥ 1. 이름을 붙이다, 명명하다 2. 분류하다	
041 ★★★ **deadly** [dédli]	ⓐ 치명적인 ⊜ fatal ⓐ 치명적인	
042 ★★★ **passersby** [pǽsərbái]	ⓝ 지나가는 사람들	
043 ★★★ **performance** [pərfɔ́ːrməns]	ⓝ 1. 공연 2. 성과 3. 수행	
044 ★★★ **intense** [inténs]	ⓐ 강렬한, 격렬한 ⊜ fierce ⓐ 극심한, 맹렬한	
045 ★★★ **derive** [diráiv]	ⓥ 1. 유래하다, 파생하다 2. 끌어내다 ⊜ originate in ~에서 유래하다	

| 046 ★★★ | **mistaken** [mistéikən] | ⓐ 잘못된, 틀린 | ☐☐☐ |

| 047 ★★★ | **fluency** [flúːənsi] | ⓝ 능숙함, 유창성 | ☐☐☐ |

| 048 ★★★ | **prize** [praiz] | ⓝ 상, 상품
ⓥ 높이 평가하다, 존중하다 | ☐☐☐ |

| 049 ★★★ | **shade** [ʃeid] | ⓝ 1. 그늘, 응달 2. (전등의) 갓
　 3. 색조 | ☐☐☐ |

| 050 ★★★ | **board** [bɔːrd] | ⓝ 1. 게시판 2. 이사회 ⓥ 탑승하다
⊜ committee ⓝ 위원회 | ☐☐☐ |

| 051 ★★★ | **proportion** [prəpɔ́ːrʃən] | ⓝ 비율
ⓥ 적절한 비율로 조화시키다 | ☐☐☐ |

| 052 ★★★ | **directive** [diréktiv] | ⓝ 지시, 명령
ⓐ 지시하는 | ☐☐☐ |

| 053 ★★★ | **strike** [straik] | ⓝ 1. 때리기 2. 파업
ⓥ 때리다 | ☐☐☐ |

| 054 ★★★ | **scare** [skɛər] | ⓝ 놀람, 공포
ⓥ 겁먹게 하다 | ☐☐☐ |

| 055 ★★★ | **since** [sins] | conj ~ 때문에
⊜ because conj 왜냐하면 | ☐☐☐ |

| 056 ★★★ | **poorly** [púərli] | ad 형편없이 | ☐☐☐ |

| 057 ★★★ | **electricity** [ilektrísəti] | ⓝ 전기
ⓥ 발생시키다, 만들어 내다 | ☐☐☐ |

| 058 ★★★ | **instantly** [ínstəntli] | ad 즉시, 즉각 | ☐☐☐ |

| 059 ★★★ | **imbalance** [imbǽləns] | ⓝ 불균형 | ☐☐☐ |

| 060 ★★★ | **victorious** [viktɔ́ːriəs] | ⓐ 승리한, 우세한 | ☐☐☐ |

DAY 19

DAY 20 >>>>>>>>>>

001 ★★★	**intimidating** [intímədèitiŋ]	ⓐ 위협적인
002 ★★★	**cheerful** [tʃíərfəl]	ⓐ 쾌활한 ↔ gloomy ⓐ 우울한, 침울한
003 ★★★	**expose** [ikspóuz]	ⓥ 1. 폭로하다 2. 드러내다 3. 노출시키다
004 ★★★	**decoding** [di:kóudiŋ]	ⓝ 해독
005 ★★★	**smoothly** [smú:ðli]	ⓐⓓ 순조롭게, 부드럽게, 원활히
006 ★★★	**supremacy** [səpréməsi]	ⓝ 우월성
007 ★★★	**major** [méidʒər]	ⓝ (대학생의) 전공 ⓐ 주요한, 큰 ↔ minor ⓐ 사소한
008 ★★★	**comparison** [kəmpǽrisn]	ⓝ 비교
009 ★★★	**marvelously** [má:rvələsli]	ⓐⓓ 놀랍도록
010 ★★★	**praise** [preiz]	ⓝ 칭찬 ⓥ 칭찬하다
011 ★★★	**colonization** [kùlənizéiʃən]	ⓝ 식민지화
012 ★★★	**constrain** [kənstréin]	ⓥ 1. 강요하다 2. 제약하다 = compel ⓥ 강요하다
013 ★★★	**security** [sikjúərəti]	ⓝ 안정, 보안
014 ★★★	**prevailing** [privéiliŋ]	ⓐ 지배적인, 만연한
015 ★★★	**architecture** [á:rkitèktʃər]	ⓝ 1. 건축 2. 구성

016 ★★★ **favorably** [féivərəbli]	**ad** 호의적으로	☐☐☐
017 ★★★ **recent** [ríːsnt]	**a** 최근의 ⊜ **latest** ⓐ 최근의	☐☐☐
018 ★★★ **practice** [præktis]	**n** 1. 연습, 실습 2. 관례, 관행 **v** 연습하다	☐☐☐
019 ★★★ **necessitate** [nəsésətèit]	**v** ~을 필요하게 만들다, 필연적으로 동반하다	☐☐☐
020 ★★★ **creation** [kriéiʃən]	**n** 창조	☐☐☐
021 ★★★ **messy** [mési]	**a** 어수선한, 지저분한	☐☐☐
022 ★★★ **facilitate** [fəsílətèit]	**v** 1. 촉진하다 2. 용이하게 하다 ⊖ **impede** ⓥ 지연시키다, 방해하다	☐☐☐
023 ★★★ **refugee** [rèfjudʒíː]	**n** 난민	☐☐☐
024 ★★★ **durable** [djúərəbl]	**a** 내구성 있는	☐☐☐
025 ★★★ **spectrum** [spéktrəm]	**n** 1. 스펙트럼, 빛 띠 2. 영역	☐☐☐
026 ★★★ **funeral** [fjúːnərəl]	**n** 장례식	☐☐☐
027 ★★★ **dishwasher** [díʃwàʃər]	**n** 식기세척기	☐☐☐
028 ★★★ **conspicuous** [kənspíkjuəs]	**a** 눈에 잘 띄는 ⊜ **noticeable** ⓐ 뚜렷한, 분명한	☐☐☐
029 ★★★ **drawer** [drɔːr]	**n** 서랍	☐☐☐
030 ★★★ **reasonably** [ríːzənəbli]	**ad** 합리적으로, 적당하게	☐☐☐

DAY 20

031 ★★★	tsunami [tsunáːmi]	n 쓰나미, 해일	☐☐☐
032 ★★★	conclude [kənklúːd]	v 1. 결론을 내리다 2. 끝내다, 마치다 = infer v 추론하다	☐☐☐
033 ★★★	grammatical [grəmǽtikəl]	a 문법적인	☐☐☐
034 ★★★	serious [síəriəs]	a 진지한, 심각한	☐☐☐
035 ★★★	unpleasantry [ʌnplézntri]	n 불쾌한 언동	☐☐☐
036 ★★★	lane [lein]	n 1. 도로 2. 차선	☐☐☐
037 ★★★	encouraging [inkə́ːridʒiŋ]	a 용기를 주는	☐☐☐
038 ★★★	therefore [ðéərfɔ̀ːr]	ad 따라서, 그러므로 = thus ad 그러므로	☐☐☐
039 ★★★	trousers [tráuzərz]	n 바지	☐☐☐
040 ★★★	popularity [pɑ̀pjulǽrəti]	n 인기	☐☐☐
041 ★★★	source [sɔːrs]	n 원천, 근원	☐☐☐
042 ★★★	staircase [stéərkèis]	n 계단, 층계	☐☐☐
043 ★★★	statistically [stətístikəli]	ad 통계적으로	☐☐☐
044 ★★★	dwell [dwel]	v 거주하다, 살다 = reside v 살다, 거주하다	☐☐☐
045 ★★★	befrind [bifrénd]	v 친구가 되어 주다	☐☐☐

046 ★★★ **prospect** [práspekt]
n 예상, 전망, 가능성

047 ★★★ **route** [ru:t]
n 노선, 길

048 ★★☆ **rationalization** [ræʃənəlizéiʃən]
n 합리화

049 ★★☆ **broaden** [brɔ́:dn]
v 넓히다, 확장하다
⊜ expand ⓥ 확대하다

050 ★★☆ **summarize** [sʌ́məràiz]
v 요약하다

051 ★★★ **replication** [rèpləkéiʃən]
n 반복

052 ★★★ **cohesion** [kouhí:ʒən]
n 응집성

053 ★☆☆ **muscle** [mʌsl]
n 근육

054 ★★☆ **seal** [si:l]
v 봉인하다

055 ★★★ **certainty** [sə́:rtnti]
n 확실성
⊜ inevitability ⓝ 불가피함, 필연성

056 ★★☆ **coordination** [kouɔ̀:rdənéiʃən]
n 조화, 조직(화)

057 ★★★ **cohesive** [kouhí:siv]
a 응집력 있는, 단결된

058 ★★★ **ignorance** [ígnərəns]
n 무지

059 ★★☆ **normally** [nɔ́:rməli]
ad 보통

060 ★★☆ **invader** [invéidər]
n 침입자

001 ★★★	**intuition** [intjuːíʃən]	n 직관	☐☐☐
002 ★★★	**reservation** [rèzərvéiʃən]	n 예약	☐☐☐
003 ★★★	**volume** [váljuːm]	n 부피, 양 = capacity n 용량	☐☐☐
004 ★★★	**wakeful** [wéikfəl]	a 잠이 안 든	☐☐☐
005 ★★★	**extra** [ékstrə]	a 여분의, 추가의	☐☐☐
006 ★★★	**reunion** [rijúːnjən]	n 1. 모임 2. 재결합, 재회	☐☐☐
007 ★★★	**administrative** [ædmínəstrèitiv]	a 행정의, 관리의	☐☐☐
008 ★★★	**decision** [disíʒən]	n 결정, 판단 = determination n 결정	☐☐☐
009 ★★★	**reposition** [rìːpəzíʃən]	v …의 위치를 바꾸다	☐☐☐
010 ★★★	**hunt** [hʌnt]	v ~을 사냥하다	☐☐☐
011 ★★★	**gym** [dʒim]	n 체육관	☐☐☐
012 ★★★	**endeavor** [indévər]	n 노력	☐☐☐
013 ★★★	**certain** [sə́ːrtn]	a 1. 확실한, 틀림없는 2. 특정한, 어떤 = definite a 확실한, 확고한, 분명한	☐☐☐
014 ★★★	**temple** [témpl]	n 사원, 절	☐☐☐
015 ★★★	**tangible** [tǽndʒəbl]	a 유형의, 분명히 실재하는	☐☐☐

016 ★★★ **unsystematic** [ʌnsistəmǽtik]
ⓐ 비체계적인

017 ★★★ **typical** [típikəl]
ⓐ 전형적인, 일반적인

018 ★★★ **hasty** [héisti]
ⓐ 성급한, 서두른
● considered ⓐ 신중한

019 ★★★ **caregiver** [kɛ́ərgivər]
ⓝ 양육자, 간병인

020 ★★★ **developmental** [divèləpméntl]
ⓐ 개발 중인

021 ★★★ **dietary** [dáiətèri]
ⓐ 식사의, 음식의

022 ★★★ **masculine** [mǽskjulin]
ⓐ 남성의

023 ★★★ **endure** [indjúər]
ⓥ 견디다, 참다, 인내하다
● tolerate ⓥ 견디다

024 ★★★ **modernity** [madə́ːrnəti]
ⓝ 근대성, 현대성

025 ★★★ **react** [riǽkt]
ⓥ 작용하다

026 ★★★ **per** [pər:]
prep ～마다, ～당

027 ★★★ **editor** [édətər]
ⓝ 편집자

028 ★★★ **imaginative** [imǽdʒənətiv]
ⓐ 상상력이 풍부한

029 ★★★ **emulate** [émjulèit]
ⓥ 모방하다
● imitate ⓥ 모방하다

030 ★★★ **niche** [niʧ]
ⓝ 1. 적합한 장소, 적합한 지위 2. 틈새

DAY 21 >>>>>>>>>>>>

031 ★★★ **surgeon** [sə́ːrdʒən]
n 외과 의사

032 ★★★ **inspire** [inspáiər]
v 영감을 주다, 고무시키다

033 ★★★ **emerge** [imə́ːrdʒ]
v 나타나다, 출현하다

034 ★★★ **competitive** [kəmpétətiv]
a 경쟁적인, 경쟁력있는

035 ★★★ **choose** [tʃuːz]
v 고르다
⊜ select ⓥ 선발하다, 선정하다, 선택하다

036 ★★★ **glory** [glɔ́ːri]
n 영광, 영예

037 ★★★ **neglect** [niglékt]
n 방치, 태만
v 소홀히 하다, 방치하다

038 ★★★ **onto** [ántə]
prep 위에, 쪽으로, …을 향하여

039 ★★★ **assume** [əsúːm]
v 가정하다, 추정하다
⊜ presume ⓥ 추정하다 suppose ⓥ 추정하다

040 ★★★ **monetary** [mánətèri]
a 금전적인

041 ★★★ **fabricate** [fǽbrikèit]
v 날조하다, 조작하다

042 ★★★ **multiplicity** [mʌltəplísəti]
n 1. 다수 2. 다양성

043 ★★★ **flyer** [fláiər]
n (광고·안내용) 전단

044 ★★★ **station** [stéiʃən]
n 방송국

045 ★★★ **consensus** [kənsénsəs]
n 일치, 합의
⊜ consent ⓝ 합의, 동의

046 ★★★ **irrelevant**
[iréləvənt]
ⓐ 부적절한, 관련이 없는

047 ★★★ **insecurity**
[ìnsikjúərəti]
ⓝ 불안정

048 ★★★ **darken**
[dá:rkən]
ⓥ 1. 어두워지다 2. 우울하게 만들다

049 ★★★ **climb**
[klaim]
ⓥ 오르다
⊜ ascend ⓥ 오르다

050 ★★★ **adulthood**
[ədʌlthùd]
ⓝ 성체, 성인

051 ★★★ **needlessly**
[ní:dlisli]
ⓐⓓ 불필요하게

052 ★★★ **spawn**
[spɔ:n]
ⓥ 낳다

053 ★★☆ **commander**
[kəmǽndər]
ⓝ 지휘관

054 ★★★ **profound**
[prəfáund]
ⓐ 심오한, 깊은

055 ★★★ **capability**
[kèipəbíləti]
ⓝ 역량, 능력
⊜ ability ⓝ 능력 capacity ⓝ 능력

056 ★★★ **pressure**
[préʃər]
ⓝ 압박, 압력

057 ★★★ **nutritious**
[nju:tríʃəs]
ⓐ 영양분이 많은, 영양가가 풍부한

058 ★★☆ **beginner**
[bigínər]
ⓝ 초심자, 초보자

059 ★★☆ **last**
[læst]
ⓥ 지속하다, 지속되다
ⓐ 마지막의, 지난

060 ★★★ **recognizable**
[rékəgnàizəbl]
ⓐ 알아보기 쉬운

001 ★★★ **compose**
[kəmpóuz]

v 1. 구성하다 2. 작곡하다

002 ★★★ **momentarily**
[mòuməntèrəli]

ad 잠시, 일시적으로
= briefly ad 잠시

003 ★★★ **manuscript**
[mǽnjuskrìpt]

n 원고

004 ★★★ **development**
[divéləpmənt]

n 1. 개발 2. 발전

005 ★★★ **mumble**
[mʌmbl]

v 우물거리다, 중얼거리다

006 ★★★ **composer**
[kəmpóuzər]

n 작곡가

007 ★★★ **dilate**
[dailéit]

v 확장하다, 팽창하다
= enlarge v 확대하다

008 ★★★ **impatient**
[impéiʃənt]

a 조바심 내는, 성급한

009 ★★★ **protect**
[prətékt]

v 보호하다, 지키다

010 ★★★ **socialism**
[sóuʃəlìzm]

n 사회주의

011 ★★★ **flawless**
[flɔ́:lis]

a 흠 없는

012 ★★★ **aggregate**
[ǽgrigət]

v 모으다

013 ★★★ **considerate**
[kənsídərət]

a 사려 깊은, 배려심 있는, 신중한
= attentive a 배려심 있는

014 ★★★ **incorrect**
[ìnkərékt]

a 부정확한, 옳지 않은

015 ★★★ **idiom**
[ídiəm]

n 어법, 표현 양식

DAY 22

016 ★★★	**primarily** [praimérəli]	**ad** 주로	☐☐☐
017 ★★★	**somewhat** [sʌmhwʌt]	**ad** 다소	☐☐☐
018 ★★★	**washable** [wáʃəbl]	**a** 세탁해도 되는	☐☐☐
019 ★★★	**sorrow** [sárou]	**n** 슬픔	☐☐☐
020 ★★★	**enforcement** [infɔ́:rsmənt]	**n** 시행, 집행 = imposition ⓝ 시행	☐☐☐
021 ★★★	**lifetime** [laiftaim]	**n** 일생, 평생	☐☐☐
022 ★★★	**notable** [nóutəbl]	**a** 유명한, 저명한, 눈에 띄는	☐☐☐
023 ★★★	**mold** [mould]	**v** (틀에 맞추어) 만들다, 형성하다, 빚다	☐☐☐
024 ★★★	**diversify** [divə́:rsəfài]	**v** 다양화하다	☐☐☐
025 ★★★	**ecstasy** [ékstəsi]	**n** 황홀감	☐☐☐
026 ★★★	**require** [rikwáiər]	**v** 요구하다, 필요로 하다 = request ⓥ 요구하다	☐☐☐
027 ★★★	**wire** [waiər]	**v** 연결하다, 장착하다	☐☐☐
028 ★★★	**terrestrial** [təréstriəl]	**a** 1. 육생의 2. 지구의	☐☐☐
029 ★★★	**reminder** [rimáindər]	**n** 상기시키는 것	☐☐☐
030 ★★★	**minority** [minɔ́:rəti]	**n** 소수집단 ↔ majority ⓝ 다수	☐☐☐

031 ★★★	**skillfully** [skílfəli]	ad 능숙하게	□□□
032 ★★★	**pursue** [pərsú:]	v 추구하다	□□□
033 ★★★	**unglamorous** [ʌnglǽmərəs]	a 매력 없는	□□□
034 ★★★	**dismissal** [dismísəl]	n 무시, 묵살	□□□
035 ★★★	**ambassador** [æmbǽsədər]	n (외교 시 나라를 대표하는) 대사, 사절 ⊖ envoy ⓝ 사절	□□□
036 ★★★	**mourning** [mɔ́:rniŋ]	n 슬픔, 애도	□□□
037 ★★★	**tempo** [témpou]	n 박자, 속도	□□□
038 ★★★	**cafeteria** [kæfətíəriə]	n 구내식당	□□□
039 ★★★	**whole** [houl]	n 전체 a 온전한, 전체의	□□□
040 ★★★	**recreational** [rèkriéiʃənəl]	a 오락의, 여가의	□□□
041 ★★★	**defeat** [difí:t]	v 무너뜨리다, 패배시키다 ⊖ beat ⓥ 이기다	□□□
042 ★★★	**footprint** [fútprìnt]	n 발자국	□□□
043 ★★★	**earthquake** [ə́:rθkweik]	n 지진	□□□
044 ★★★	**predictable** [pridíktəbl]	a 예측 가능한	□□□
045 ★★★	**startling** [stá:rtliŋ]	a 놀라운 ⊖ astonishing ⓐ 놀라운	□□□

046 ★★★ **existing**
[igzístiŋ]
ⓐ 현존하는, 현재의, 기존의

047 ★★★ **largely**
[lá:rdʒli]
ⓐ𝐝 대부분, 거의, 주로

048 ★★★ **definite**
[défənit]
ⓐ 명확한, 분명한

049 ★★★ **reduction**
[ridʌkʃən]
ⓝ 감소
⊜ decrease ⓝ 감소

050 ★☆☆ **marine**
[mərí:n]
ⓐ 바다의, 해양의

051 ★★★ **thoughtful**
[θɔ́:tfəl]
ⓐ 사려 깊은

052 ★★☆ **vitally**
[váitəli]
ⓐ𝐝 극도로, 지극히

053 ★☆☆ **bolt**
[boult]
ⓝ 나사못

054 ★★★ **criterion**
[kraitíəriən]
ⓝ 기준 (*pl.* criteria)
⊜ standard ⓝ 기준 norm ⓝ 표준, 기준

055 ★★☆ **unity**
[jú:nəti]
ⓝ 통합, 통일

056 ★☆☆ **fabulous**
[fǽbjuləs]
ⓐ 기막히게 좋은

057 ★★☆ **trail**
[treil]
ⓝ 오솔길, 시골길, 산길

058 ★★☆ **idealized**
[aidí:əlàizd]
ⓐ 이상화된

059 ★★★ **negate**
[nigéit]
ⓥ 무효화하다

060 ★★☆ **retention**
[riténʃən]
ⓝ 보유

DAY 23

>>>>>>>>>>>

001 ★★★ **debris** [dəbríː]	ⓝ 잔해, 파편	☐☐☐
002 ★★★ **nontariff** [nɑntǽrif]	ⓐ 비관세의	☐☐☐
003 ★★★ **stunning** [stʌniŋ]	ⓐ 굉장히 아름다운, 멋진 ⊜ beautiful ⓐ 아름다운	☐☐☐
004 ★★★ **skull** [skʌl]	ⓝ 두개골	☐☐☐
005 ★★★ **pick** [pik]	ⓥ 고르다, 선택하다, 뽑다	☐☐☐
006 ★★★ **unfolded** [ʌnfóuldid]	ⓐ 접히지 않은, 펼쳐진	☐☐☐
007 ★★★ **relaxation** [riːlækséiʃən]	ⓝ 휴식, 기분 전환, 오락	☐☐☐
008 ★★★ **deplore** [diplɔ́ːr]	ⓥ 한탄하다	☐☐☐
009 ★★★ **attachment** [ətǽtʃmənt]	ⓝ (유아와 부모의) 애착 ⊜ bond ⓝ 유대	☐☐☐
010 ★★★ **astronomy** [əstrɑ́nəmi]	ⓝ 천문학	☐☐☐
011 ★★★ **metrics** [métriks]	ⓝ 수량적 분석	☐☐☐
012 ★★★ **certificate** [sərtífikeit]	ⓝ 수료증, 자격증	☐☐☐
013 ★★★ **disown** [disóun]	ⓥ 의절하다	☐☐☐
014 ★★★ **central** [séntrəl]	ⓐ 1. 핵심적인 2. 중추 신경의 ⊜ main ⓐ 주된 primary ⓐ 주된	☐☐☐
015 ★★★ **launch** [lɔːntʃ]	ⓝ 개시, 출시 ⓥ 1. 시작하다 2. 출시하다	☐☐☐

016 ★★★ **pair**
[pɛər]

🄝 (두 개로 된) 한 쌍
🅥 짝짓다

017 ★★★ **stalk**
[stɔːk]

🅥 1. 몰래 접근하다 2. 스토킹하다

018 ★★★ **doctoral**
[dάktərəl]

🄐 박사의

019 ★★★ **circumstance**
[sə́ːrkəmstæns]

🄝 상황, 환경
🟰 condition 🄝 상태, 상황

020 ★★★ **antibiotic**
[æntibaiάtik]

🄝 항생제

021 ★★★ **intended**
[inténdid]

🄐 의도된

022 ★★★ **paranoid**
[pǽrənɔ̀id]

🄐 편집성의

023 ★★★ **fundamental**
[fʌndəméntl]

🄐 기본적인, 근본적인
🟰 underlying 🄐 근본적인, 근원적인

024 ★★★ **fungus**
[fʌ́ŋgəs]

🄝 균류 (*pl*. fungi)

025 ★★★ **forget**
[fərgét]

🅥 잊다

026 ★★★ **terrifically**
[tərífikli]

🄰🄳 엄청나게

027 ★★★ **commonality**
[kὰmənǽləti]

🄝 공통성

028 ★★★ **infuse**
[infjúːz]

🅥 1. 불어넣다 2. 스미다
🟰 pervade 🅥 만연하다, 스며들다

029 ★★★ **determine**
[ditə́ːrmin]

🅥 1. 알아내다, 밝히다 2. 결정하다

030 ★★★ **synonym**
[sínənim]

🄝 동의어

031	★★★	**instructional** [instrʌkʃənl]	ⓐ 교육의
032	★★★	**archive** [áːrkɑiv]	ⓝ 기록 보관소
033	★★★	**contemporary** [kəntémpərèri]	ⓐ 1. 동시대의 2. 현대의, 당대의 ⟷ out of date 구식이 된
034	★★★	**inexpensive** [ìnikspénsiv]	ⓐ 값싼
035	★★★	**receipt** [risíːt]	ⓝ 영수증
036	★★★	**globe** [gloub]	ⓝ 1. 지구본 2. 세계
037	★★★	**promote** [prəmóut]	ⓥ 1. 촉진하다 2. 홍보하다 3. 승진시키다
038	★★★	**accumulate** [əkjúːmjulèit]	ⓥ 축적하다, 모으다 ⟷ dissipate ⓥ 낭비하다, 축내다
039	★★★	**lung** [lʌŋ]	ⓝ 폐
040	★★★	**renewed** [rinjúːd]	ⓐ 재개된, 새로워진
041	★★★	**hardwired** [háːrdwáiərd]	ⓐ 타고난
042	★★★	**psychology** [saikálədʒi]	ⓝ 심리학
043	★★★	**detect** [ditékt]	ⓥ 감지하다, 알아차리다 = notice ⓥ 알아차리다
044	★★★	**rational** [ræʃənl]	ⓐ 이성적인, 합리적인
045	★★★	**officially** [əfíʃəli]	ⓐⓓ 공식적으로

046 ★★★ **rule** [ru:l]	**n** 규칙 **v** 지배하다	☐☐☐
047 ★★★ **application** [æpləkéiʃən]	**n** 1. 신청(서) 2. 적용, 응용 **implementation** ⓝ 이행, 수행	☐☐☐
048 ★★★ **endurance** [indjúərəns]	**n** 인내심, 참을성 **toleration** ⓝ 인내	☐☐☐
049 ★★★ **continuum** [kəntínjuəm]	**n** 연속체	☐☐☐
050 ★★★ **apologetic** [əpɑ̀lədʒétik]	**a** 사과하는	☐☐☐
051 ★★★ **archeological** [ɑ̀:rkiəlɑ́dʒikəl]	**a** 고고학의	☐☐☐
052 ★★★ **foggy** [fɔ́:gi]	**a** 안개가 낀	☐☐☐
053 ★★★ **evolve** [ivɑ́lv]	**v** 1. 진화하다 2. 발달하다	☐☐☐
054 ★★★ **keen** [ki:n]	**a** 1. 열정적인 2. 간절히 ~하고 싶은	☐☐☐
055 ★★★ **devastating** [dévəstèitiŋ]	**a** 파괴적인, 참담한 **destructive** ⓐ 파괴적인	☐☐☐
056 ★★★ **enthusiastic** [inθù:ziǽstik]	**a** 열띤, 열정적인, 열렬한	☐☐☐
057 ★★★ **integrity** [intégrəti]	**n** 진실성, 청렴	☐☐☐
058 ★★★ **related** [riléitid]	**a** 관련된, 관계가 있는	☐☐☐
059 ★★★ **stabilize** [stéibəlàiz]	**v** 안정시키다	☐☐☐
060 ★★★ **troublesome** [trʌ́blsəm]	**a** 골치 아픈	☐☐☐

| 001 ★★★ | **helplessness** [hélplisnis] | n 무력함 | ☐☐☐ |

| 002 ★★★ | **disposition** [dìspəzíʃən] | n 성향, 기질 | ☐☐☐ |

| 003 ★★★ | **rap** [ræp] | n 두드림
v (빠르게) 톡톡 두드리다 | ☐☐☐ |

| 004 ★★★ | **gasoline** [gǽsəlìːn] | n 휘발유 | ☐☐☐ |

| 005 ★★★ | **recommend** [rèkəménd] | v 추천하다, 권장하다 | ☐☐☐ |

| 006 ★★★ | **question** [kwéstʃən] | n 의문
v 의문을 제기하다 | ☐☐☐ |

| 007 ★★★ | **electronic** [ilektránik] | a 전자의 | ☐☐☐ |

| 008 ★★★ | **attractive** [ətrǽktiv] | a 매력적인
= appealing ⓐ 매력적인 | ☐☐☐ |

| 009 ★★★ | **structure** [strʌ́ktʃər] | n 1. 구조 2. 체계
v 구조화하다, 조직하다 | ☐☐☐ |

| 010 ★★★ | **philosopher** [filásəfər] | n 철학자 | ☐☐☐ |

| 011 ★★★ | **dual** [djúːəl] | a 이중의 | ☐☐☐ |

| 012 ★★★ | **definition** [dèfəníʃən] | n 정의, 의미 | ☐☐☐ |

| 013 ★★★ | **popularize** [pápjuləràiz] | v 1. 보급하다 2. 대중화하다 | ☐☐☐ |

| 014 ★★★ | **interact** [íntərækt] | v 상호작용하다 | ☐☐☐ |

| 015 ★★★ | **inevitable** [inévətəbl] | a 피할 수 없는, 불가피한, 필연적인
= necessary ⓐ 필연적인, 불가피한 | ☐☐☐ |

016 ★★★ **honored** [ánərd]
ⓐ 명예로운

017 ★★★ **welfare** [wélfɛər]
ⓝ 1. 복지 2. 행복

018 ★★★ **lordly** [lɔ́:rdli]
ⓐ 잘난 체하는, 으스대는

019 ★★★ **remarkably** [rimá:rkəbli]
ⓐⓓ 현저하게
= noticeably ⓐⓓ 눈에 띄게

020 ★★★ **diet** [dáiət]
ⓝ 식사, 식단

021 ★★★ **intelligible** [intélədʒəbl]
ⓐ 이해할 수 있는

022 ★★★ **entrant** [éntrənt]
ⓝ 1. 갓 들어온 사람 2. 출전자

023 ★★★ **navigate** [nǽvəgèit]
ⓥ 1. 항해하다 2. 길을 찾다

024 ★★★ **swear** [swɛər]
ⓥ 장담하다, 맹세하다
= vow ⓥ 맹세하다

025 ★★★ **warfare** [wɔ́:rfɛər]
ⓝ 전쟁, 싸움

026 ★★★ **pitch** [pitʃ]
ⓝ 음높이

027 ★★★ **piece** [pi:s]
ⓝ 조각

028 ★★★ **substrate** [sʌ́bstreit]
ⓝ 기질(基質)

029 ★★★ **famine** [fǽmin]
ⓝ 기근
= shortage ⓝ 부족, 결핍 scarcity ⓝ 부족, 결핍

030 ★★★ **mention** [ménʃən]
ⓥ 말하다, 언급하다

031 ★★★ **optimal** [ɑ́ptəməl]
ⓐ 최적의

032 ★★★ **collage** [kəlɑ́ːʒ]
ⓝ 콜라주

033 ★★★ **resistant** [rizístənt]
ⓐ 저항하는

034 ★★★ **conquer** [kɑ́ŋkər]
ⓥ 정복하다, 이기다
⊜ defeat ⓥ 이기다

035 ★★★ **limitation** [limətéiʃən]
ⓝ 한계

036 ★★★ **donation** [dounéiʃən]
ⓝ 기부, 모금

037 ★★★ **dietetic** [dàiətétik]
ⓐ 식이(성)의

038 ★★★ **double** [dʌbl]
ⓥ 두 배로 만들다, 두 배가 되다

039 ★★★ **distaste** [distéist]
ⓝ 불쾌감, 혐오
⊜ dislike ⓝ 반감

040 ★★★ **transcendent** [trænséndənt]
ⓐ 뛰어난, 탁월한

041 ★★★ **acting** [ǽktiŋ]
ⓝ 1. 연기 2. 행동, 조치

042 ★★★ **relevant** [réləvənt]
ⓐ 1. 적절한, 관련 있는 2. 유의미한

043 ★★★ **mount** [maunt]
ⓥ 1. 시작하다 2. 증가하다 3. 올라가다

044 ★★★ **contaminate** [kəntǽmənèit]
ⓥ 오염시키다
⊜ pollute ⓥ 오염시키다 ⊖ purify ⓥ 정화시키다

045 ★★★ **describe** [diskráib]
ⓥ 설명하다, 서술하다, 묘사하다

046 ★★★	**aspirational** [æspəréiʃənl]	a 열망의
047 ★★★	**sensitive** [sénsətiv]	a 민감한, 예민한
048 ★★★	**lyrics** [lírik]	n 노랫말, 가사
049 ★★★	**flatten** [flǽtn]	v 평평하게 하다
050 ★★★	**clinical** [klínikəl]	a 임상적인
051 ★★★	**annoy** [ənɔ́i]	v 짜증나게 하다
052 ★★★	**philosophy** [filásəfi]	n 철학
053 ★★★	**simplify** [símpləfài]	v 간소화하다
054 ★★★	**radiation** [rèidiéiʃən]	n (열, 에너지 등의) 복사
055 ★★★	**nuclear** [njú:kliər]	a 핵의
056 ★★★	**fierce** [fiərs]	a 맹렬한 = **savage** ⓐ 맹렬한, 사나운
057 ★★★	**imperative** [impérətiv]	n 불가피한 것
058 ★★★	**high** [hai]	a 1. 높은 2. 고귀한
059 ★★★	**realm** [relm]	n 영역
060 ★★★	**stimulate** [stímjulèit]	v 자극하다, 촉진하다

001 ★★★ **desperate** [déspərət]	ⓐ 간절한, 절박한	☐☐☐
002 ★★★ **belonging** [bilɔ́ːŋiŋ]	ⓝ 소지품, 소유물 ⊜ possessions ⓝ 소지품	☐☐☐
003 ★★★ **cultural** [kʌ́ltʃərəl]	ⓐ 문화적인	☐☐☐
004 ★★★ **tremendous** [triméndəs]	ⓐ 엄청난, 굉장한 ⊜ huge ⓐ 엄청난	☐☐☐
005 ★★★ **aural** [ɔ́ːrəl]	ⓐ 청각적인	☐☐☐
006 ★★★ **buyer** [báiər]	ⓝ 구매자	☐☐☐
007 ★★★ **persuade** [pərswéid]	ⓥ 설득하다 ⊜ convince ⓥ 납득시키다	☐☐☐
008 ★★★ **inconvenient** [inkənvíːnjənt]	ⓐ 불편한	☐☐☐
009 ★★★ **saying** [séiiŋ]	ⓝ 속담	☐☐☐
010 ★★★ **naturalistic** [nætʃərəlístik]	ⓐ 자연적인	☐☐☐
011 ★★★ **salience** [séiliəns]	ⓝ 특징, 중요점	☐☐☐
012 ★★★ **regarding** [rigɑ́ːrdiŋ]	prep ~에 관하여 ⊜ concerning prep ~에 관한	☐☐☐
013 ★★★ **applause** [əplɔ́ːz]	ⓝ 박수갈채	☐☐☐
014 ★★★ **experience** [ikspíəriəns]	ⓝ 경험 ⓥ 1. 겪다 2. 느끼다	☐☐☐
015 ★★★ **borrow** [bárou]	ⓥ 빌리다	☐☐☐

016 ★★★ **aggregation**
[ǽgrigéiʃən]

ⓝ 집합

017 ★★★ **offender**
[əféndər]

ⓝ 범죄자

018 ★★★ **childish**
[tʃáildiʃ]

ⓐ 유치한
⊜ immature ⓐ 미성숙한

019 ★★★ **acquaintance**
[əkwéintəns]

ⓝ 아는 사람, 지인

020 ★★★ **gut**
[gʌt]

ⓝ 내장, 소화관

021 ★★★ **total**
[tóutl]

ⓐ 전체의

022 ★★★ **overvalue**
[òuvərvǽljuː]

ⓥ 과대평가하다

023 ★★★ **full**
[ful]

ⓐ 1. 배부른 2. 완전한, 모든

024 ★★★ **profit**
[práfit]

ⓝ 이익, 수익
⊜ revenue ⓝ 수익

025 ★★★ **prioritize**
[praióːrətàiz]

ⓥ 우선순위를 정하다

026 ★★★ **simultaneously**
[sàiməltéiniəsli]

ⓐⓓ 동시에

027 ★★★ **recreation**
[rèkriéiʃən]

ⓝ 재창조

028 ★★★ **coordinate**
[kouóːrdənət]

ⓥ 1. 조직화하다, 통합하다
　 2. 조정하다, 편성하다

029 ★★★ **attraction**
[ətrǽkʃən]

ⓝ 1. 명소, 명물 2. 매력
⊜ appeal ⓝ 매력

030 ★★★ **variant**
[véəriənt]

ⓝ 변형

DAY 25 >>>>>>>>>>>

031 ★★★ **comprehend**
[kàmprihénd]
Ⅴ 이해하다

032 ★★★ **scholarship**
[skάlərʃìp]
ⓝ 장학금

033 ★★☆ **sparingly**
[spέəriŋli]
ad 드물게

034 ★★★ **refusal**
[rifʤú:zəl]
ⓝ 거부, 거절

035 ★★★ **abstract**
[æbstrǽkt]
ⓝ 초록 Ⅴ 추출하다 ⓐ 추상적인
⊕ concrete ⓐ 구체적인

036 ★★★ **clue**
[klu:]
ⓝ 단서, 실마리

037 ★☆☆ **nickname**
[níknèim]
Ⅴ 별명 짓다

038 ★★★ **receive**
[risí:v]
Ⅴ 받다, 받아들이다

039 ★★★ **spectacle**
[spéktəkl]
ⓝ 구경거리, 장관

040 ★★★ **renewal**
[rinjú:əl]
ⓝ 1. 재생, 부활 2. 재개발

041 ★★★ **regular**
[régjulər]
ⓐ 규칙적인

042 ★★☆ **efficiency**
[ifíʃənsi]
ⓝ 효율, 능률

043 ★★★ **latter**
[lǽtər]
ⓐ (둘 중의) 후자의

044 ★★☆ **materialism**
[mətíəriəlìzm]
ⓝ 물질주의

045 ★★★ **excel**
[iksél]
Ⅴ 탁월하다, 능가하다
⊜ surpass Ⅴ 능가하다

046 ★★★	**pharmaceutical** [fàːrməsjúːtikəl]	**a** 약학의	☐☐☐
047 ★★★	**embody** [imbάdi]	**v** 구현하다	☐☐☐
048 ★★★	**supposedly** [səpóuzidli]	**ad** 추정상, 아마	☐☐☐
049 ★★★	**inspiration** [ìnspəréiʃən]	**n** 영감	☐☐☐
050 ★★★	**professional** [prəféʃənl]	**n** 전문가 **a** 전문적인	☐☐☐
051 ★★★	**discrete** [diskríːt]	**a** 별개의 ⊜ separate ⓐ 분리된 distinct ⓐ 별개의	☐☐☐
052 ★★★	**settle** [sétl]	**v** 1. 해결하다, 합의하다 2. 정착하다	☐☐☐
053 ★★★	**empty** [émpti]	**v** 비우다 **a** 비어 있는, 빈	☐☐☐
054 ★★★	**wed** [wed]	**v** 결혼하다	☐☐☐
055 ★★★	**quicken** [kwíkən]	**v** 빨라지다	☐☐☐
056 ★★★	**approve** [əprúːv]	**v** 승인하다, 허가하다 ⊜ confirm ⓥ 확정하다, 공식화하다	☐☐☐
057 ★★★	**formula** [fɔ́ːrmjulə]	**n** 공식, 제조법	☐☐☐
058 ★★★	**commonsense** [kάmənséns]	**a** 상식적인	☐☐☐
059 ★★★	**gravity** [grǽvəti]	**n** 중력	☐☐☐
060 ★★★	**factor** [fǽktər]	**n** 요인, 요소	☐☐☐

DAY 26 >>>>>>>>>>

001 ★★★ **massive**
[mǽsiv]
ⓐ 엄청나게 큰, 거대한

002 ★★★ **negative**
[négətiv]
ⓐ 부정적인
⊖ positive ⓐ 긍정적인

003 ★★★ **isolation**
[àisəléiʃən]
ⓝ 고립

004 ★★★ **smooth**
[smuːð]
ⓐ 순조로운, 원활히 진행되는

005 ★★★ **illusion**
[ilúːʒən]
ⓝ 1. 환상 2. 착각, 오해

006 ★★★ **follower**
[fάlouər]
ⓝ 추종자, 신도, 신봉자

007 ★★★ **response**
[rispάns]
ⓝ 응답, 답변
⊖ reply ⓝ 대답

008 ★★★ **follow**
[fάlou]
ⓥ 1. 따르다 2. 뒤를 잇다

009 ★★★ **wobble**
[wάbl]
ⓥ 떨리다

010 ★★★ **fluent**
[flúːənt]
ⓐ 유창한

011 ★★★ **very**
[véri]
ⓐ 매우, 아주, 정말

012 ★★★ **servant**
[sə́ːrvənt]
ⓝ 신하, 하인

013 ★★★ **routinize**
[ruːtíːnaiz]
ⓥ 일상화하다, 습관화하다

014 ★★★ **demanding**
[dimǽndiŋ]
ⓐ 까다로운, 힘든
⊖ challenging ⓐ 아주 힘든

015 ★★★ **already**
[ɔːlrédi]
ⓐⓓ 이미

DAY 26

| 016 ★★★ | **counselor** [káunsələr] | n 상담가 | ☐☐☐ |

| 017 ★★★ | **sensational** [senséiʃənl] | a 선풍적인 | ☐☐☐ |

| 018 ★★★ | **soak** [souk] | v 적시다 | ☐☐☐ |

| 019 ★★★ | **conservative** [kənsə́:rvətiv] | a 보수적인 ↔ radical ⓐ 급진적인 | ☐☐☐ |

| 020 ★★★ | **literary** [litərèri] | a 문학의 | ☐☐☐ |

| 021 ★★★ | **suspension** [səspénʃən] | n 1. 정학, 정직 2. 연기, 보류 | ☐☐☐ |

| 022 ★★★ | **instructor** [instrʌ́ktər] | n 교사, 교관, 강사 | ☐☐☐ |

| 023 ★★★ | **appreciation** [əprì:ʃiéiʃən] | n 1. 공감, 감탄 2. 감사 | ☐☐☐ |

| 024 ★★★ | **conscious** [kánʃəs] | a 의식적인 ⊜ aware ⓐ 알고 있는, 자각하고 있는 | ☐☐☐ |

| 025 ★★★ | **sewage** [sú:idʒ] | n 오물 | ☐☐☐ |

| 026 ★★★ | **entertaining** [èntərtéiniŋ] | a 재미있는, 즐거움을 주는 | ☐☐☐ |

| 027 ★★★ | **flush** [flʌʃ] | v 1. 상기되다 2. 변기물을 내리다 | ☐☐☐ |

| 028 ★★★ | **norm** [nɔ:rm] | n 규범, 표준 | ☐☐☐ |

| 029 ★★★ | **assemble** [əsémbl] | v 1. 모으다 2. 조립하다 ⊜ gather ⓥ 모으다, 모이다 | ☐☐☐ |

| 030 ★★★ | **retirement** [ritáiərmənt] | n 퇴직, 은퇴 | ☐☐☐ |

DAY 26 >>>>>>>>>>>

| 031 ★★★ | **energetic** [ènərdʒétik] | ⓐ 에너지가 넘치는, 활기 있는 | □□□ |

032 ★★★ **junction** [dʒʌ́ŋkʃən]
ⓝ 분기점

033 ★★★ **aquarium** [əkwéəriəm]
ⓝ 수족관

034 ★★★ **challenging** [tʃǽlindʒiŋ]
ⓐ 1. 도전적인 2. 어려운
⊜ demanding ⓐ 고된

035 ★★★ **reciprocal** [risíprəkəl]
ⓐ 상호간의

036 ★★★ **statistical** [stətístikəl]
ⓐ 통계적인

037 ★★★ **collapse** [kəlǽps]
ⓝ 붕괴
ⓥ 붕괴하다, 무너지다

038 ★★★ **compensation** [kàmpənséiʃən]
ⓝ 보상(금)

039 ★★★ **terrific** [tərífik]
ⓐ 근사한, 훌륭한, 대단한
⊜ excellent ⓐ 훌륭한

040 ★★★ **flail** [fleil]
ⓥ 마구 움직이다, 마구 흔들다

041 ★★★ **extension** [iksténʃən]
ⓝ 확장, 연장

042 ★★★ **disabled** [diséibld]
ⓐ 장애가 있는

043 ★★★ **prosper** [práspər]
ⓥ 번영하다

044 ★★★ **clearance** [klíərəns]
ⓝ 없애기, 정리
⊜ removal ⓝ 제거

045 ★★★ **surplus** [sə́:rplʌs]
ⓝ 잉여, 흑자 ⓐ 잉여의, 남는
⊖ deficit ⓝ 적자

046 ★★★	**therapy** [θérəpi]	n 요법	☐☐☐
047 ★★★	**delete** [dilíːt]	v 지우다, 삭제하다	☐☐☐
048 ★★★	**increment** [ínkrəmənt]	n 증가	☐☐☐
049 ★★★	**uniquely** [juːníːkli]	ad 독특하게	☐☐☐
050 ★★★	**granted** [grǽntid]	conj ~이므로	☐☐☐
051 ★★★	**replace** [ripléis]	v 대신하다, 대체하다 = substitute ⓥ 대신하다	☐☐☐
052 ★★★	**spread** [spred]	n 확산 v 퍼뜨리다	☐☐☐
053 ★★★	**inhabit** [inhǽbit]	v 거주하다	☐☐☐
054 ★★★	**reddish** [rédiʃ]	a 불그스름한	☐☐☐
055 ★★★	**foster** [fɔ́ːstər]	v 기르다, 키우다, 양성하다	☐☐☐
056 ★★★	**assertion** [əsə́ːrʃən]	n 주장	☐☐☐
057 ★★★	**pessimistic** [pèsəmístik]	a 염세적인, 비관적인 ↔ optimistic ⓐ 낙관적인	☐☐☐
058 ★★★	**unconditional** [ʌnkəndíʃənl]	a 무조건적인	☐☐☐
059 ★★★	**outsider** [àutsáidər]	n 외부자	☐☐☐
060 ★★★	**contain** [kəntéin]	v 1. 포함하다 2. 수용하다 = include ⓥ 포함하다	☐☐☐

DAY 26

001 ★★★	**imposition** [ìmpəzíʃən]	n 부과	☐☐☐
002 ★★★	**solely** [sóulli]	ad 오로지	☐☐☐
003 ★★★	**healthy** [hélθi]	a 1. 건강한 2. 건강에 좋은	☐☐☐
004 ★★★	**herbivore** [ə́:rbəvɔ̀:r]	n 초식동물	☐☐☐
005 ★★★	**conclusion** [kənklú:ʒən]	n 결론, 판단	☐☐☐
006 ★★★	**scornful** [skɔ́:rnfəl]	a 경멸하는	☐☐☐
007 ★★★	**saver** [séivər]	n 절약가	☐☐☐
008 ★★★	**surrounding** [səráundiŋ]	a 주변의 ⊜ nearby ⓐ 인근의	☐☐☐
009 ★★★	**contrasting** [kəntrǽstiŋ]	a 대비되는	☐☐☐
010 ★★★	**adjective** [ǽdʒiktiv]	n 형용사	☐☐☐
011 ★★★	**starvation** [sta:rvéiʃən]	n 기아, 굶주림	☐☐☐
012 ★★★	**random** [rǽndəm]	a 무작위의	☐☐☐
013 ★★★	**committed** [kəmítid]	a 헌신적인	☐☐☐
014 ★★★	**quite** [kwait]	ad 꽤, 상당히, 아주 ⊜ fairly ad 상당히	☐☐☐
015 ★★★	**genuinely** [dʒénjuinli]	ad 진짜로, 진정으로	☐☐☐

016 ★★★ **shin**
[ʃin]

n 정강이

017 ★★★ **shallow**
[ʃǽlou]

a 얕은

018 ★★★ **underneath**
[ʌndərníːθ]

n 아래
prep ~ 밑에서

019 ★★★ **apply**
[əplái]

v 1. 지원하다 2. 적용하다 3. 바르다
⊜ impose ⓥ 도입하다, 시행하다

020 ★★★ **tide**
[taid]

n 조수, 밀물과 썰물

021 ★★★ **renovation**
[renəvéiʃən]

n 수리, 개조, 보수

022 ★★★ **interior**
[intíəriər]

n 내부
a 내부의

023 ★★★ **keep**
[kiːp]

v 유지하다, 유지하게 하다

024 ★★★ **affordable**
[əfɔ́ːrdəbl]

a (가격 등이) 적당한, 감당 가능한
⊜ inexpensive ⓐ 비싸지 않은

025 ★★★ **invisible**
[invízəbl]

a 보이지 않는

026 ★★★ **fad**
[fæd]

n (일시적) 유행

027 ★★★ **withhold**
[wiðhóuld]

v 보류하다

028 ★★★ **gaze**
[geiz]

n 응시, 바라봄
v 응시하다

029 ★★★ **blur**
[bləːr]

n 흐릿한 형체 v 흐릿해지다
⊜ sharpen ⓥ 선명해지다, 분명해지다

030 ★★★ **envy**
[énvi]

n 질투, 선망
v 부러워하다

DAY 27

031 ★★★ **immature**
[ìmətʃúər]
ⓐ 미숙한

032 ★★★ **etiquette**
[étikit]
ⓝ 예의, 에티켓

033 ★★★ **lift**
[lift]
ⓥ 들어올리다

034 ★★★ **shrink**
[ʃriŋk]
ⓥ 줄어들다, 감소하다

035 ★★★ **average**
[ǽvəridʒ]
ⓝ 평균 ⓐ 평균의
ⓔ ordinary ⓐ 평범한

036 ★★★ **questionable**
[kwéstʃənəbl]
ⓐ 의심스러운

037 ★★★ **hardly**
[háːrdli]
ⓐⓓ 거의 ~않다

038 ★★★ **irregular**
[irégjulər]
ⓐ 불규칙한, 비정기적인

039 ★★★ **systematize**
[sístəmətàiz]
ⓥ 조직화하다

040 ★★★ **depict**
[dipíkt]
ⓥ 1. 묘사하다, 설명하다 2. 그리다
ⓔ portray ⓥ 묘사하다

041 ★★★ **prejudice**
[prédʒudis]
ⓝ 편견
ⓥ 편견을 갖게 하다

042 ★★★ **stadium**
[stéidiəm]
ⓝ 경기장

043 ★★★ **preventive**
[privéntiv]
ⓐ 예방적인

044 ★★★ **wealthy**
[wélθi]
ⓐ 부유한

045 ★★★ **enhance**
[inhǽns]
ⓥ 강화하다, 향상시키다
ⓔ strengthen ⓥ 강화하다, 강화시키다

046 ★★★ **livable**
[lívəbl]
ⓐ 살만한, 살기 적합한

047 ★★★ **fatten**
[fǽtn]
ⓥ 살찌게 하다

048 ★★★ **restrict**
[ristríkt]
ⓥ 국한시키다, 제한하다

049 ★★★ **difference**
[dífərəns]
ⓝ 차이, 차이점

050 ★★★ **brighten**
[bráitn]
ⓥ 밝히다, 밝아지다

051 ★★★ **advance**
[ædvǽns]
ⓝ 발전, 진보 ⓥ 발전시키다 ⓐ 사전의
● progress ⓝ 진전

052 ★★★ **translator**
[trænsléitər]
ⓝ 번역가

053 ★★★ **adjacent**
[ədʒéisnt]
ⓐ 인접한

054 ★★★ **rising**
[ráiziŋ]
ⓐ 증가하는

055 ★★★ **trick**
[trik]
ⓝ 속임수, 요령
ⓥ 속이다

056 ★★★ **embed**
[imbéd]
ⓥ 1. 깊이 새겨 두다 2. 끼워 넣다
● implant ⓥ 심다

057 ★★★ **deposit**
[dipázit]
ⓝ 1. 예금 2. 축적물, 퇴적물
ⓥ 입금하다

058 ★★★ **adaptability**
[ədæptəbíləti]
ⓝ 적응력

059 ★★★ **enemy**
[énəmi]
ⓝ 적

060 ★★★ **adequate**
[ǽdikwət]
ⓐ 적절한, 충분한
● reasonable ⓐ 적정한

DAY 27

001 ★★★ **occasional** [əkéiʒənəl]	a 가끔씩의, 이따금씩 일어나는	☐☐☐
002 ★★★ **eternal** [itə́ːrnəl]	a 영원한 ⊖ intermittent ⓐ 간헐적인	☐☐☐
003 ★★★ **hassle** [hǽsl]	n 성가신 일	☐☐☐
004 ★★★ **indivisibility** [indivìzəbíləti]	n 불가분성, 나눌 수 없음	☐☐☐
005 ★★★ **laboratory** [lǽbərətɔ̀ːri]	n 실험실 a 실험(실)의	☐☐☐
006 ★★★ **contract** [kənˈtrækt]	n 계약, 계약서 v 수축하다	☐☐☐
007 ★★★ **reliable** [riláiəbl]	a 신뢰할 만한 ⊜ dependable ⓐ 믿을 수 있는	☐☐☐
008 ★★★ **entertainment** [èntərtéinmənt]	n 오락	☐☐☐
009 ★★★ **eventually** [ivénʧuəli]	ad 결국	☐☐☐
010 ★★★ **sustained** [səstéind]	a 지속된	☐☐☐
011 ★★★ **analyst** [ǽnəlist]	n 분석가	☐☐☐
012 ★★★ **precise** [prisáis]	a 정확한, 정밀한 ⊜ accurate ⓐ 정확한 exact ⓐ 정확한	☐☐☐
013 ★★★ **refocus** [riːfóukəs]	v 다시 집중하다	☐☐☐
014 ★★★ **perhaps** [pərhǽps]	ad 아마, 어쩌면	☐☐☐
015 ★★★ **march** [maːrʧ]	v 나아가다, 행진하다	☐☐☐

016 ★★★ **ingenuity**
[ìndʒənjúːəti]

n 창의력

017 ★★★ **caution**
[kɔ́ːʃən]

n 경고
= warning ⓝ 경고

018 ★★☆ **preferentially**
[prèfərénʃəli]

ad 우선적으로

019 ★★★ **involuntary**
[inváləntèri]

a 비자발적인, 자기도 모르게 하는

020 ★★★ **visibility**
[vìzəbíləti]

n 가시성

021 ★★★ **wrist**
[rist]

n 손목

022 ★★★ **unwilling**
[ʌnwíliŋ]

a 꺼리는, 마지못해 하는
= reluctant ⓐ 꺼리는

023 ★☆☆ **grave**
[greiv]

n 무덤

024 ★★☆ **greatly**
[gréitli]

ad 대단히

025 ★★★ **judgment**
[dʒʌ́dʒmənt]

n 1. 판단(력) 2. 비난

026 ★★★ **hesitate**
[hézətèit]

v 주저하다, 망설이다

027 ★★☆ **publicity**
[pʌblísəti]

n 홍보

028 ★★★ **coherent**
[kouhíərənt]

a 일관성 있는, 논리 정연한
= reasonable ⓐ 타당한, 합리적인

029 ★☆☆ **unable**
[ʌnéibl]

a 할 수 없는

030 ★★★ **close**
[klouz]

a 친밀한, 가까운

DAY 28 >>>>>>>>>>>>

031 ★★★	**dirt** [dəːrt]	n 먼지, 때
032 ★★★	**contradict** [kὰntrədíkt]	v ~와 모순되다 = conflict with ~와 모순되다
033 ★★★	**predominate** [pridάmənèit]	v 우위를 차지하다, 지배하다
034 ★★★	**symptom** [símptəm]	n 증상
035 ★★★	**conserve** [kənsə́ːrv]	v 보존하다, 보호하다 = preserve ⓥ 보존하다
036 ★★☆	**politely** [pəláitli]	ad 정중하게, 예의 바르게
037 ★★★	**throughput** [θrúːpùt]	n 처리량
038 ★★★	**doorway** [dɔ́ːrwèi]	n 현관, 출입구
039 ★★★	**rooted** [rúːtid]	a 1. 고정되어 있는 2. 근원을 둔
040 ★★★	**political** [pəlítikəl]	a 정치적인
041 ★★☆	**general** [dʒénərəl]	a 전반적인 = universal ⓐ 일반적인, 보편적인
042 ★★☆	**invention** [invénʃən]	n 1. 발명(품) 2. 꾸며 낸 이야기, 창작
043 ★★★	**self** [self]	n 자아
044 ★★☆	**untamed** [ʌntéimd]	a 길들여지지 않은
045 ★★★	**plentiful** [pléntifəl]	a 많은 = abundant ⓐ 풍부한

046 ★★★ **consistently**
[kənsístəntli]

ad 지속적으로

047 ★★★ **populous**
[pápjuləs]

a 인구가 많은

048 ★★★ **lease**
[li:s]

n 임대차 계약
v 임대하다, 세놓다

049 ★★★ **punish**
[pʌniʃ]

v 처벌하다

050 ★★☆ **concentration**
[kɑ̀nsəntréiʃən]

n 1. 집중 2. 농도, 농축

051 ★★★ **countless**
[káuntlis]

a 헤아릴 수 없는, 무수한
⊜ innumerable ⓐ 무수한 numerous ⓐ 수많은

052 ★★☆ **merchant**
[mə́:rtʃənt]

n 상인

053 ★★☆ **translate**
[trænsléit]

v 번역하다, 통역하다

054 ★★☆ **southward**
[sáuθwərd]

ad 남쪽으로

055 ★★★ **acknowledgment**
[æknálidʒmənt]

n 인정

056 ★★★ **formulate**
[fɔ́:rmjulèit]

v 1. 만들어내다 2. 표현하다
⊜ articulate ⓥ 분명히 표현하다

057 ★★☆ **mythology**
[miθálədʒi]

n 신화

058 ★★☆ **lay**
[lei]

v (알을) 낳다
a 전문 지식이 없는

059 ★★☆ **correction**
[kərékʃən]

n 보정, 수정

060 ★★★ **hence**
[hens]

ad 이런 이유로
⊜ consequently ad 결과적으로

| 001 ★★★ | **metabolism** [mətǽbəlìzm] | n 신진대사 |

n 신진대사

001 ★★★ **metabolism** [mətǽbəlìzm]
n 신진대사

002 ★★★ **audience** [ɔ́:diəns]
n 관객, 청중, 독자
≒ spectator ⓝ (특히 스포츠 행사의) 관중

003 ★★★ **alternating** [ɔ́:ltərnèitiŋ]
a 교차의

004 ★★★ **eager** [í:gər]
a 열의에 찬, 열망하는

005 ★★★ **preference** [préfərəns]
n 선호, 애호

006 ★★★ **distrust** [distrʌst]
n 불신 v 불신하다
≒ suspicion ⓝ 의심

007 ★★★ **nutritional** [nju:tríʃənl]
a 영양의

008 ★★★ **secondary** [sékəndèri]
a 1. 부차적인 2. 중등 교육의

009 ★★★ **flourishing** [flə́:riʃiŋ]
a 무성한, 번영하는

010 ★★★ **stream** [stri:m]
n 1. 흐름 2. 개울

011 ★★★ **hurdle** [hə́:rdl]
n 난관, 허들

012 ★★★ **contagion** [kəntéidʒən]
n 오염
≒ contamination ⓝ 오염, 전염

013 ★★★ **attic** [ǽtik]
n 다락방

014 ★★★ **regularly** [régjulərli]
ad 규칙적으로, 정기적으로

015 ★★★ **usefulness** [jú:sfəlnis]
n 유용성

016 ★★★	**meanwhile** [míːnwàil]	ad 1. 그 동안에 2. 반면에	☐☐☐
017 ★★★	**favorite** [féivərit]	a 마음에 드는, 좋아하는	☐☐☐
018 ★★★	**sway** [swei]	n 영향, 지배, 장악 v 흔들다, 흔들리다 ⊜ **swing** ⓥ 흔들리다	☐☐☐
019 ★★★	**complement** [kámpləmənt]	v 보완하다, 보충하다	☐☐☐
020 ★★★	**sweaty** [swéti]	a 땀에 젖은	☐☐☐
021 ★★★	**somewhere** [sʌmhwɛər]	ad 어딘가에, 어딘가로	☐☐☐
022 ★★★	**driven** [drívən]	a 투지가 넘치는, 주도적인	☐☐☐
023 ★★★	**improvement** [imprúːvmənt]	n 개선, 향상	☐☐☐
024 ★★★	**permanent** [pə́ːrmənənt]	a 영구적인, 지속성있는 ⊜ **temporary** ⓐ 일시적인	☐☐☐
025 ★★★	**treasury** [tréʒəri]	n 1. 재무부 2. 금고	☐☐☐
026 ★★★	**respondent** [rispándənt]	n 응답자	☐☐☐
027 ★★★	**rival** [ráivəl]	n 경쟁자, 경쟁 상대	☐☐☐
028 ★★★	**stiff** [stif]	a 단단한	☐☐☐
029 ★★★	**cause** [kɔːz]	n 원인 v 일으키다, 야기하다 ⊜ **bring about** 가져오다, 유발하다, 초래하다	☐☐☐
030 ★★★	**substantially** [səbstǽnʃəli]	ad 상당히	☐☐☐

DAY 29

031 ★★★ **pioneering** [paiəniəriŋ]
ⓐ 선구적인

032 ★★★ **neuronal** [njúərənl]
ⓐ 뉴런의

033 ★★★ **spoiled** [spɔild]
ⓐ 상한
= rotten ⓐ 썩은

034 ★★★ **orient** [ɔ́:riənt]
ⓥ 1. 지향하게 하다 2. 적응하다

035 ★★★ **alteration** [ɔ̀:ltəréiʃən]
ⓝ 변형
= modification ⓝ 수정, 변경

036 ★★★ **feat** [fi:t]
ⓝ 1. 능력, 기술 2. 위업, 공적

037 ★★★ **negotiate** [nigóuʃièit]
ⓥ 협상하다

038 ★★★ **scope** [skoup]
ⓝ 범위

039 ★★★ **drift** [drift]
ⓝ 표류, 부유

040 ★★★ **explosive** [iksplóusiv]
ⓝ 폭발물
ⓐ 폭발적인

041 ★★★ **interpret** [intə́:rprit]
ⓥ 해석하다, 이해하다
= construe ⓥ 이해하다, 해석하다

042 ★★★ **intention** [inténʃən]
ⓝ 의도, 목적

043 ★★★ **mortgage** [mɔ́:rgidʒ]
ⓝ (담보) 대출
ⓥ 저당잡히다

044 ★★★ **manual** [mǽnjuəl]
ⓝ 매뉴얼, 설명서
ⓐ 1. 수동의 2. 육체 노동의

045 ★★★ **changeable** [tʃéindʒəbl]
ⓐ 바꿀 수 있는
= variable ⓐ 가변적인 ↔ constant ⓐ 변함없는

046 ★★★	**superstitious** [sù:pərstíʃəs]	ⓐ 미신적인	□□□
047 ★★☆	**helpful** [hélpfəl]	ⓐ 도움이 되는, 유용한	□□□
048 ★☆☆	**sadly** [sǽdli]	ⓐⓓ 슬프게, 애석하게도, 불행히	□□□
049 ★★☆	**available** [əvéiləbl]	ⓐ 이용할 수 있는	□□□
050 ★★☆	**destruction** [distrʌ́kʃən]	ⓝ 파괴	□□□
051 ★★☆	**individual** [indəvídʒuəl]	ⓝ 개인 ⓐ 개인의, 개별적인 ⊖ collective ⓐ 집단의	□□□
052 ★★★	**telecommute** [tèləkəmjú:t]	ⓥ (컴퓨터로) 재택 근무하다	□□□
053 ★★☆	**industrial** [indʌ́striəl]	ⓐ 산업의	□□□
054 ★★☆	**ecological** [ìkəládʒikəl]	ⓐ 생태학의	□□□
055 ★★★	**newly** [njú:li]	ⓐⓓ 최근에, 새로	□□□
056 ★★★	**beg** [beg]	ⓥ 바라다, 부탁하다 ⊖ plead ⓥ 애원하다	□□□
057 ★★☆	**ecotourism** [èkoutùərizm]	ⓝ 생태 관광	□□□
058 ★☆☆	**hill** [hil]	ⓝ 언덕	□□□
059 ★☆☆	**escapism** [iskéipizm]	ⓝ 현실 도피	□□□
060 ★★★	**substantial** [səbstǽnʃəl]	ⓐ 1. 상당한 2. 실질적인 ⊖ considerable ⓐ 상당한	□□□

DAY 30

001 ★★★ **dock** [dak]	n 부두 v 정박하다	☐☐☐
002 ★★★ **decoration** [dèkəréiʃən]	n 장식 ⊜ ornament n 장식	☐☐☐
003 ★★★ **pour** [pɔːr]	v 쏟다, 붓다	☐☐☐
004 ★★★ **alumni** [əlʌmnai]	n 졸업생들	☐☐☐
005 ★★★ **surprisingly** [sərpráiziŋli]	ad 당연히	☐☐☐
006 ★★★ **analogy** [ənǽlədʒi]	n 비유, 유추	☐☐☐
007 ★★★ **decrease** [dikríːs]	n 감소 v 줄다, 감소하다 ⊜ lessen v 줄다	☐☐☐
008 ★★★ **accumulation** [əkjùːmjuléiʃən]	n 축적	☐☐☐
009 ★★★ **conformity** [kənfɔ́ːrməti]	n 순응	☐☐☐
010 ★★★ **ancestral** [ænséstrəl]	a 조상의, 선조의	☐☐☐
011 ★★★ **situational** [sìtʃuéiʃəni]	a 상황적인	☐☐☐
012 ★★★ **incentive** [inséntiv]	n 동기	☐☐☐
013 ★★★ **correlate** [kɔ́ːrəlèit]	v 상호 관련시키다 ⊜ correspond v 상응하다	☐☐☐
014 ★★★ **law** [lɔː]	n 법	☐☐☐
015 ★★★ **calculator** [kǽlkjulèitər]	n 계산기	☐☐☐

016 ★★★ **obscure** [əbskjúər]	ⓥ 모호하게 하다 ⓐ 1. 무명의 2. 모호한	☐☐☐
017 ★★★ **purify** [pjúərəfài]	ⓥ 정화하다	☐☐☐
018 ★★★ **convincing** [kənvínsiŋ]	ⓐ 설득력 있는 = compelling ⓐ 매우 설득력 있는	☐☐☐
019 ★★★ **arguable** [ɑ́:rgjuəbl]	ⓐ 논쟁의 소지가 있는	☐☐☐
020 ★★★ **representational** [rèprizentéiʃənl]	ⓐ 구상주의적인	☐☐☐
021 ★★★ **disposable** [dispóuzəbl]	ⓐ 일회용의	☐☐☐
022 ★★★ **simulate** [símjulèit]	ⓥ 모의 실험하다, 가장하다	☐☐☐
023 ★★★ **cognition** [kagníʃən]	ⓝ 인지, 인식 = perception ⓝ 지각	☐☐☐
024 ★★★ **stubborn** [stʌ́bərn]	ⓐ 고집 센, 완고한	☐☐☐
025 ★★★ **autographic** [ɔ̀:təgrǽfik]	ⓐ 자필의	☐☐☐
026 ★★★ **discipline** [dísəplin]	ⓝ 1. 훈육, 징계 2. 분야 ⓥ 훈육하다	☐☐☐
027 ★★★ **whenever** [hwenévər]	conj ~할 때마다	☐☐☐
028 ★★★ **freezing** [frí:ziŋ]	ⓐ 몹시 추운	☐☐☐
029 ★★★ **mastery** [mǽstəri]	ⓝ 숙달, 통달	☐☐☐
030 ★★★ **intelligence** [intélədʒəns]	ⓝ 1. 지능 2. 정보, 기밀	☐☐☐

DAY 30 >>>>>>>>>>>

031 ★★★ **mandate** [mǽndeit]	**n** 1. 명령 2. 권한 **v** 1. 명령하다 2. 권한을 주다	☐☐☐
032 ★★★ **worst** [wəːrst]	**a** 최악의, 가장 나쁜	☐☐☐
033 ★★★ **competitor** [kəmpétətər]	**n** 경쟁자, 경쟁 상대	☐☐☐
034 ★★★ **concise** [kənsáis]	**a** 간결한 ↔ wordy ⓐ 장황한	☐☐☐
035 ★★★ **revenue** [révənjùː]	**n** 수입, 수익 ➡ profit ⓝ 이익	☐☐☐
036 ★★★ **misinformation** [mìsinfərméiʃən]	**n** 오보, 잘못된 정보	☐☐☐
037 ★★★ **reaction** [riǽkʃən]	**n** 반응	☐☐☐
038 ★★★ **valueless** [vǽljuːlis]	**a** 가치 없는	☐☐☐
039 ★★★ **vagueness** [véignis]	**n** 모호함 ➡ ambiguity ⓝ 애매모호함	☐☐☐
040 ★★★ **happily** [hǽpili]	**ad** 1. 행복하게 2. 적절하게	☐☐☐
041 ★★★ **handout** [hǽndàut]	**n** 유인물, 인쇄물	☐☐☐
042 ★★★ **salinity** [səlínəti]	**n** 염도	☐☐☐
043 ★★★ **inspirational** [ìnspəréiʃənl]	**a** 영감을 주는	☐☐☐
044 ★★★ **counterparty** [káuntərpɑ̀ːrti]	**n** 한쪽 당사자	☐☐☐
045 ★★★ **dispute** [dispjúːt]	**n** 논쟁 ➡ debate ⓝ 논쟁	☐☐☐

| 046 ★★★ | **tender** [téndər] | n 감시인, 관리자 | ☐☐☐ |

| 047 ★★★ | **demonstrative** [dəmánstrətiv] | a 감정을 드러내는 | ☐☐☐ |

| 048 ★☆☆ | **primate** [práimeit] | n 영장류 | ☐☐☐ |

| 049 ★★★ | **poisoning** [pɔ́izəniŋ] | n 중독 | ☐☐☐ |

| 050 ★★★ | **optimism** [áptəmìzm] | n 낙관주의
⊖ pessimism n 비관주의 | ☐☐☐ |

| 051 ★★★ | **solitude** [sálətjùːd] | n 고독 | ☐☐☐ |

| 052 ★★★ | **option** [ápʃən] | n 선택(사항), 선택권 | ☐☐☐ |

| 053 ★★★ | **habituated** [həbítʃuèitid] | a 익숙한 | ☐☐☐ |

| 054 ★☆☆ | **scratch** [skrætʃ] | n 긁힌 자국
v 긁다 | ☐☐☐ |

| 055 ★★★ | **skepticism** [sképtəsìzm] | n 회의론 | ☐☐☐ |

| 056 ★★★ | **handle** [hǽndl] | v 다루다, 처리하다, 해결하다
⊜ deal with 다루다 cope with 다루다 | ☐☐☐ |

| 057 ★★★ | **firm** [fəːrm] | n 회사
a 확고한 | ☐☐☐ |

| 058 ★★☆ | **invisibility** [invìzəbíləti] | n 보이지 않음, 비가시성 | ☐☐☐ |

| 059 ★☆☆ | **military** [mílitèri] | n 군대
a 군사적인 | ☐☐☐ |

| 060 ★★★ | **custom** [kʌ́stəm] | n 풍습, 관습
⊜ practice n 관행 | ☐☐☐ |

DAY 30

001 ★★★ **contaminant**
[kəntǽmənənt]
n 오염 물질

002 ★★★ **anxiety**
[æŋzáiəti]
n 불안(감), 염려
= concern **n** 걱정, 우려

003 ★★★ **conference**
[kánfərəns]
n 학회, 회담, 회의

004 ★★★ **worthless**
[wə́:rθlis]
a 가치가 없는

005 ★★★ **probably**
[prábəbli]
ad 아마

006 ★★★ **finance**
[finǽns]
n 재정, 재무

007 ★★★ **scenery**
[sí:nəri]
n 경치, 풍경
= landscape **n** 풍경

008 ★★★ **preferably**
[préfərəbli]
ad 가급적, 되도록

009 ★★★ **gratify**
[grǽtəfài]
v 기쁘게 하다, 충족시키다

010 ★★★ **colleague**
[káli:g]
n (관직·직업상의) 동료

011 ★★★ **chest**
[tʃest]
n 가슴, 흉부

012 ★★★ **visible**
[vízəbl]
a 보이는, 가시적인, 눈에 띄는

013 ★★★ **converse**
[kənvə́:rs]
n 반대, 역
= reverse **n** 반대

014 ★★★ **experiment**
[ikspérəmənt]
n 실험
v 실험하다

015 ★★★ **spouse**
[spaus]
n 배우자

016 ★★★ **range** [reindʒ]
- **n** 범주, 범위, 폭

017 ★★★ **participant** [pa:rtisəpənt]
- **n** 참가자

018 ★★★ **qualified** [kwάləfàid]
- **a** 자격이 있는, 자격을 갖춘

019 ★★★ **trim** [trim]
- **v** 다듬다, 손질하다
- ⊜ polish ⓥ 다듬다

020 ★★★ **liquor** [likər]
- **n** 독한 술, 독주

021 ★★★ **psychosocial** [sàikousóuʃəl]
- **a** 심리사회적인

022 ★★★ **indiscernible** [indisə́:rnəbl]
- **a** 식별하기 어려운

023 ★★★ **amnesia** [æmní:ʒə]
- **n** 기억상실

024 ★★★ **idealize** [aidí:əlàiz]
- **v** 이상화하다
- ⊜ romanticize ⓥ 낭만화하다

025 ★★★ **creativity** [krì:eitívəti]
- **n** 창의성, 독창성

026 ★★★ **ranking** [rǽŋkiŋ]
- **n** 순위, 등위

027 ★★★ **phenomenon** [finάmənàn]
- **n** 현상

028 ★★★ **dull** [dʌl]
- **a** 따분한, 재미없는

029 ★★★ **benefit** [bénəfit]
- **n** 이득, 이점 **v** 이득을 보다, 유익하다
- ⊜ advantage ⓝ 이점 ⊖ disadvantage ⓝ 단점

030 ★★★ **tend** [tend]
- **v** 경향이 있다

031 ★★★	**overcautious** [òuvərkɔ́:ʃəs]	ⓐ 지나치게 조심하는
032 ★★★	**entrepreneur** [à:ntrəprənə́:r]	ⓝ 기업가, 사업가
033 ★★★	**objective** [əbdʒéktiv]	ⓝ 목적, 목표 ⓐ 객관적인 ⊖ subjective ⓐ 주관적인
034 ★☆☆	**liver** [lívər]	ⓝ 간
035 ★★★	**convert** [kənvə́:rt]	ⓥ 바꾸다, 전환하다, 개조하다 ⊜ transform ⓥ 변형시키다, 개조하다
036 ★★★	**legitimacy** [lidʒítəməsi]	ⓝ 정당성, 타당성
037 ★★☆	**optical** [áptikəl]	ⓐ 시각적인
038 ★★☆	**community** [kəmjú:nəti]	ⓝ 1. 공동체, 지역사회 2. (생물의) 군집
039 ★★☆	**selfless** [sélflis]	ⓐ 이타적인 ⊖ selfish ⓐ 이기적인
040 ★★☆	**share** [ʃɛər]	ⓝ 몫 ⓥ 공유하다
041 ★★★	**poverty** [pávərti]	ⓝ 가난, 빈곤
042 ★☆☆	**antioxidant** [æntiáksidənt]	ⓝ 항산화제 ⓐ 산화를 억제하는
043 ★★☆	**refund** [rifʌnd]	ⓝ 환불 ⓥ 환불하다
044 ★★★	**longing** [lɔ́:ŋiŋ]	ⓝ 열망, 동경, 갈망 ⓐ 갈망하는 ⊜ yearning ⓝ 갈망, 동경
045 ★★★	**swamp** [swamp]	ⓝ 늪, 습지 ⓥ 넘쳐 나다

046 ★★★	**incubation** [iŋkjubéiʃən]	n 배양	□□□
047 ★★★	**experimental** [ikspèrəméntl]	a 실험에 근거한	□□□
048 ★★★	**forge** [fɔːrdʒ]	v 위조하다	□□□
049 ★★★	**technique** [tekníːk]	n 기술 ⊜ skill n 기술	□□□
050 ★★★	**industry** [índəstri]	n 업계, 산업	□□□
051 ★★★	**mark** [maːrk]	v 특징짓다, 표시하다	□□□
052 ★★★	**involuntarily** [inváləntèrəli]	ad 모르는 사이에, 본의 아니게	□□□
053 ★★★	**cliche** [kliːʃéi]	n 상투적인 말	□□□
054 ★★★	**creeping** [kríːpiŋ]	a 서서히 진행되는	□□□
055 ★★★	**inclination** [inklənéiʃən]	n 성향, 경향 ⊜ tendency n 성향, 경향	□□□
056 ★★★	**relevance** [réləvəns]	n 적합성, 적절성, 관련성	□□□
057 ★★★	**elongation** [iːlɔːŋɡéiʃən]	n 연장	□□□
058 ★★★	**chunk** [tʃʌŋk]	n 토막, 덩어리	□□□
059 ★★★	**flick** [flik]	v 튀기다, 털다	□□□
060 ★★★	**reputation** [rèpjutéiʃən]	n 평판, 명성 ⊜ fame n 명성	□□□

001	★★★	**biosphere** [báiəsfiər]	n 생물권
002	★★★	**swiftly** [swíftli]	ad 빠르게, 신속하게 ⊜ rapidly ad 빠르게
003	★★★	**consist** [kənsíst]	v 이루어져 있다 ⊜ comprise v 구성하다, 차지하다
004	★★★	**pliant** [pláiənt]	a 유순한
005	★★★	**firmly** [fə́:rmli]	ad 확실히, 단호히
006	★★★	**qualifier** [kwάləfàiər]	n 수식어
007	★★★	**billion** [bíljən]	n 십 억
008	★★★	**belief** [bilí:f]	n 믿음, 신념 ⊜ faith n 믿음, 신뢰
009	★★★	**detail** [ditéil]	n 세부 사항
010	★★★	**remain** [riméin]	v 1. 계속(여전히) ~이다 2. 남아있다
011	★★★	**render** [réndər]	v 만들다
012	★★★	**enrollment** [inróulmənt]	n 등록
013	★★★	**flexible** [fléksəbl]	a 융통성 있는, 유연한 ⊜ adjustable a 조정가능한
014	★★★	**reprocess** [ri:práses]	v 재처리하다
015	★★★	**movement** [mú:vmənt]	n 1. 움직임 2. (정치적·사회적) 운동

DAY 32

016 ★★★ **teen**
[tiːn]
n 십 대

017 ★★★ **landing**
[lǽndiŋ]
n 착륙

018 ★★★ **vertical**
[vɔ́ːrtikəl]
a 수직의
⊖ horizontal ⓐ 수평의, 가로의

019 ★★★ **alchemy**
[ǽlkəmi]
n 연금술

020 ★★★ **alley**
[ǽli]
n 골목길

021 ★★★ **thereby**
[ðɛərbái]
ad 그렇게 함으로써

022 ★★★ **apology**
[əpάlədʒi]
n 사과

023 ★★★ **corporate**
[kɔ́ːrpərət]
a 1. 기업의 2. 공동의

024 ★★★ **attribute**
[ətríbjuːt]
n 특성 v 결과로 보다
⊜ characteristic ⓝ 특징, ascribe ⓥ ~에 돌리다

025 ★★★ **correlation**
[kɔ̀ːrəléiʃən]
n 상관관계

026 ★★★ **substance**
[sʌ́bstəns]
n 실체, 본질, 물질

027 ★★★ **highly**
[háili]
ad 고도로, 매우

028 ★★★ **suffer**
[sʌ́fər]
v 1. 시달리다, 고통받다 2. 겪다

029 ★★★ **allow**
[əláu]
v 허락하다, 가능하게 하다

030 ★★★ **sympathetic**
[simpəθétik]
a 연민 어린

DAY 32 >>>>>>>>>>>>>

031 ★★★ **ophthalmology**
[àfθælmάlədʒi]
n 안과학

032 ★★★ **mutation**
[mjuːtéiʃən]
n 돌연변이

033 ★★★ **distribute**
[distríbjuːt]
v 나누어 주다, 배부하다
= dispense ⓥ 나누어 주다

034 ★★★ **implantable**
[implǽntəbl]
a 심을 수 있는

035 ★★★ **respectfully**
[rispéktfəli]
ad 공손히, 정중하게

036 ★★★ **recount**
[rikáunt]
v 자세히 이야기하다

037 ★★★ **status**
[stéitəs]
n 지위, 상태, 입지

038 ★★★ **reluctance**
[rilʌ́ktəns]
n 꺼림, 마지못해 함
= unwillingness ⓝ 꺼림

039 ★★★ **reception**
[risépʃən]
n 1. 받아들임, 수용 2. 연회

040 ★★★ **bite**
[bait]
n 한 입
v 베어 물다

041 ★★★ **postmodernism**
[poustmάdərnizm]
n 포스트모더니즘

042 ★★★ **ticklish**
[tíkliʃ]
a 간지럼을 잘 타는

043 ★★★ **acrobatics**
[ækrəbǽtiks]
n 곡예

044 ★★★ **drastic**
[drǽstik]
a 급격한, 과감한
= extreme ⓐ 극단적인

045 ★★★ **commute**
[kəmjúːt]
n 통근(길)
v 통근하다

046 ★★★ **burdensome**
[bə́:rdnsəm]
ⓐ 부담스러운

047 ★★★ **lazy**
[léizi]
ⓐ 나태한, 게으른

048 ★★★ **nominate**
[námənèit]
ⓥ 지명하다, 추천하다

049 ★★★ **illustration**
[ìləstréiʃən]
ⓝ 예

050 ★★★ **adaptation**
[ædəptéiʃən]
ⓝ 1. 적응 2. 각색
= adjustment ⓝ 적응

051 ★★★ **focus**
[fóukəs]
ⓝ 초점
ⓥ 집중하다

052 ★★★ **inflate**
[infléit]
ⓥ 부풀리다

053 ★★★ **affective**
[əféktiv]
ⓐ 감정의, 정서적인

054 ★★★ **monotony**
[mənátəni]
ⓝ 단조로움

055 ★★★ **referent**
[réfərənt]
ⓐ 관계있는, 언급한

056 ★★★ **innate**
[inéit]
ⓐ 타고난, 선천적인
= inborn ⓐ 선천적인 inherent ⓐ 타고난

057 ★★★ **spare**
[spɛər]
ⓐ 여분의

058 ★★★ **viewer**
[vjú:ər]
ⓝ 관객

059 ★★★ **agriculture**
[ǽgrəkʌ̀ltʃər]
ⓝ 농업

060 ★★★ **pretty**
[príti]
ⓐⓓ 꽤, 상당히, 매우
= quite ⓐⓓ 꽤

DAY 33 >>>>>>>>>>>>

001 ★★★ **exterior** [ikstíəriər]
- **n** 겉모습, 외부
- **a** 외부의

002 ★★★ **freeze** [fri:z]
- **v** 얼어붙다

003 ★★★ **broker** [bróukər]
- **n** 중개인
- **=** dealer ⓝ 중개인

004 ★★★ **entire** [intáiər]
- **a** 온, 전체의

005 ★★★ **juncture** [dʒʌ́ŋktʃər]
- **n** 접합점

006 ★★★ **leakage** [lí:kidʒ]
- **n** 누수, 누출, 유출

007 ★★★ **calculate** [kǽlkjulèit]
- **v** 계산하다
- **=** compute ⓥ 계산하다, 산출하다

008 ★★★ **improbable** [imprábəbl]
- **a** 있을 법하지 않은

009 ★★★ **westward** [wéstwərd]
- **ad** 서쪽으로

010 ★★★ **threat** [θret]
- **n** 위협

011 ★★★ **geographical** [dʒì:əgrǽfikəl]
- **a** 지리적인

012 ★★★ **neurologist** [njuərálədʒist]
- **n** 신경학자

013 ★★★ **confine** [kənfáin]
- **v** 1. 국한시키다 2. 가두다
- **⇔** release ⓥ 놓아주다, 보내다

014 ★★★ **work** [wə:rk]
- **n** 작품
- **v** 1. 효과가 있다 2. 작동시키다

015 ★★★ **hurry** [hə́:ri]
- **v** 서두르다

016 ★★★ distortion
[distɔ́:rʃən]

n 왜곡

017 ★★★ repeatedly
[ripí:tidli]

ad 반복해서, 되풀이하여

018 ★★★ hollow
[hálou]

a 빈
= empty ⓐ 빈

019 ★★★ strongly
[strɔ́:ŋli]

ad 강력히

020 ★★★ atypical
[eitípikəl]

a 이례적인

021 ★★★ indifferent
[indífərənt]

a 무관심한

022 ★★★ manure
[mənjúər]

n 거름, 천연 비료

023 ★★★ stressed
[strest]

a 스트레스 받은

024 ★★★ imply
[implái]

v 암시하다, 함축하다
= insinuate ⓥ 암시하다

025 ★★★ engage
[ingéidʒ]

v 사로잡다, 끌어들이다, 참여시키다

026 ★★★ rediscover
[ri:diskʌ́vər]

v 재발견하다

027 ★★★ appliance
[əpláiəns]

n 가전 (제품)

028 ★★★ hemisphere
[hémisfiər]

n 1. (지구의) 반구 2. (뇌의) 반구
   3. 반구체

029 ★★★ assistance
[əsístəns]

n 도움, 원조
= aid ⓝ 도움 ↔ hindrance ⓝ 방해

030 ★★★ certification
[sə̀:rtəfikéiʃən]

n 자격, 증명

DAY 33 >>>>>>>>>>

031 ★★★ **confirmable**
[kənfə́:rməbl]
a 확인할 수 있는

032 ★★★ **half**
[hæf]
n 절반

033 ★★★ **broke**
[brouk]
a 빈털터리의, 무일푼의
⊜ **bankrupt** ⓐ 파산한

034 ★★★ **altered**
[ɔ́:ltərd]
a 변화된

035 ★★★ **moralist**
[mɔ́:rəlist]
n 도덕주의자

036 ★★★ **witness**
[wítnis]
n 증인, 목격자
v 목격하다

037 ★★★ **apparent**
[əpǽrənt]
a 명백한, 겉보기의
⊜ **obvious** ⓐ 분명한

038 ★★★ **measure**
[méʒər]
n 1. 대책, 조치 2. 척도, 기준
v 측정하다, 재다

039 ★★★ **resolution**
[rèzəlú:ʃən]
n 다짐, 결심, 결의

040 ★★★ **anticipate**
[æntísəpèit]
v 기대하다, 예상하다

041 ★★★ **sympathizer**
[símpə-θàizər]
n 동조자

042 ★★★ **suddenly**
[sʌ́dnli]
ad 문득, 갑자기
⊜ **abruptly** ⓐⓓ 갑자기

043 ★★★ **propose**
[prəpóuz]
v 1. 제안하다 2. 작정하다
⊜ **suggest** ⓥ 제안하다

044 ★★★ **gaseous**
[gǽsiəs]
a 기체의, 가스의

045 ★★★ **toughness**
[tʌ́fnis]
n 질김, 억셈

DAY 33

046 ★★★ **vastly** [vǽstli]	**ad** 대단히, 엄청나게	☐☐☐
047 ★★★ **meteorologist** [mì:tiərάlədʒist]	**n** 기상학자	☐☐☐
048 ★★★ **significantly** [signífikəntli]	**ad** 상당히, 현저히	☐☐☐
049 ★★★ **humble** [hʌ́mbl]	**v** 겸손하게 만들다 **a** 겸손한 ● modest ⓐ 겸손한	☐☐☐
050 ★★★ **repetition** [rèpətíʃən]	**n** 반복, 되풀이	☐☐☐
051 ★★★ **coercive** [kouə́:rsiv]	**a** 강압적인	☐☐☐
052 ★★★ **undoubtedly** [ʌndάutidli]	**ad** 의심의 여지 없이	☐☐☐
053 ★★★ **microscope** [máikrəskòup]	**n** 현미경	☐☐☐
054 ★★★ **splitting** [splítiŋ]	**n** 분리	☐☐☐
055 ★★★ **absence** [ǽbsəns]	**n** 부재, 결석 ● presence ⓝ 존재	☐☐☐
056 ★★★ **organization** [ɔ̀rgən-izéiʃən]	**n** 1. 조직, 단체 2. 정돈, 준비	☐☐☐
057 ★★★ **territory** [térətɔ̀:ri]	**n** 영역, 영토	☐☐☐
058 ★★★ **endorsement** [indɔ́:rsmənt]	**n** 1. 지지 2. 보증 선전	☐☐☐
059 ★★★ **restrictive** [ristríktiv]	**a** 제한적인	☐☐☐
060 ★★★ **accountability** [əkàuntəbíləti]	**n** 책임, 의무 ● responsibility ⓝ 책임	☐☐☐

DAY 34 >>>>>>>>>>>>

001 ★★★	**competition** [kàmpətíʃən]	n (경연) 대회, 시합, 경쟁 ⊜ contest n 대회, 시합	☐☐☐
002 ★★★	**bay** [bei]	n 만(灣)	☐☐☐
003 ★★★	**shape** [ʃeip]	n 모양, 형태 v 형성하다 ⊜ form v 형성하다	☐☐☐
004 ★★★	**occasionally** [əkéiʒənəli]	ad 가끔, 때때로	☐☐☐
005 ★★★	**participation** [pa:rtisəpéiʃən]	n 참가, 참여	☐☐☐
006 ★★★	**humorous** [hjú:mərəs]	a 익살스러운	☐☐☐
007 ★★★	**stretch** [stretʃ]	v 1. 늘이다, 늘어나다 2. 계속되다 ⊜ lengthen v 늘이다, 길어지다	☐☐☐
008 ★★★	**selectively** [siléktivli]	ad 선택적으로	☐☐☐
009 ★★★	**attainment** [ətéinmənt]	n 성취, 성과	☐☐☐
010 ★★★	**scholarly** [skàlərli]	a 학술의, 학구적인	☐☐☐
011 ★★★	**scribble** [skríbl]	v 갈겨쓰다, 휘갈기다	☐☐☐
012 ★★★	**lately** [léitli]	ad 최근에, 요즘	☐☐☐
013 ★★★	**emphasize** [émfəsàiz]	v 강조하다 ⊜ highlight v 강조하다	☐☐☐
014 ★★★	**acidic** [əsídik]	a 산성의	☐☐☐
015 ★★★	**tension** [ténʃən]	n 긴장	☐☐☐

016 ★★★ **stimulus** [stímjuləs]	n 자극 (*pl.* stimuli)	☐☐☐
017 ★★★ **spent** [spent]	a 소모된, 낭비된	☐☐☐
018 ★★★ **advise** [ædváiz]	v 조언하다, 충고하다 = counsel ⓥ 조언하다	☐☐☐
019 ★★★ **instance** [ínstəns]	n 예시, 사례	☐☐☐
020 ★★★ **perspective** [pərspéktiv]	n 1. 관점, 시각 2. 원근법	☐☐☐
021 ★★★ **manager** [mǽnidʒər]	n 관리자	☐☐☐
022 ★★★ **inherent** [inhíərənt]	a 내재된 = innate ⓐ 타고난 inborn ⓐ 선천적인	☐☐☐
023 ★★★ **form** [fɔːrm]	n 서식, 양식 v 형성하다, 구성하다	☐☐☐
024 ★★★ **creature** [kríːtʃər]	n 생명이 있는 존재, 생물	☐☐☐
025 ★★★ **stressful** [strésfəl]	a 스트레스가 되는	☐☐☐
026 ★★★ **adjustment** [ədʒʌ́stmənt]	n 1. 조정, 수정 2. 적응	☐☐☐
027 ★★★ **principal** [prínsəpəl]	n 교장 a 주요한, 주된	☐☐☐
028 ★★★ **rest** [rest]	n 1. 나머지 2. 휴식 v 놓다, 놓여 있다 = remainder ⓝ 나머지	☐☐☐
029 ★★★ **priority** [praiɔ́ːrəti]	n 우선순위	☐☐☐
030 ★★★ **snorkeling** [snɔ́ːrkliŋ]	n 스노클링	☐☐☐

DAY 34

DAY 34 >>>>>>>>>>

| 031 ★★★ | **usage** [júːsidʒ] | n 사용 | ☐☐☐ |

031 ★★★ **usage** [júːsidʒ]
n 사용

032 ★★★ **prune** [pruːn]
v 가지치기하다, 잘라내다

033 ★★★ **apparently** [əpǽrəntli]
ad 겉으로 보기에, 분명히

034 ★★★ **ago** [əgóu]
ad 전에

035 ★★★ **manufacturing** [mænjufǽktʃəriŋ]
n 제조(업)

036 ★★★ **suppress** [səprés]
v 참다, 억누르다, 억제하다

037 ★★★ **governance** [gʌ́vərnəns]
n 지배, 관리

038 ★★★ **willingly** [wíliŋli]
ad 기꺼이

039 ★★★ **ethics** [éθiks]
n 윤리학, 도덕

040 ★★★ **creed** [kriːd]
n 신조

041 ★★★ **suggestive** [səgdʒéstiv]
a 암시하는

042 ★★★ **learn** [ləːrn]
v ~을 알게 되다

043 ★★★ **motif** [moutíːf]
n 주제

044 ★★★ **affirm** [əfə́ːrm]
v 단언하다
= declare ⓥ 선언하다, 발표하다

045 ★★★ **daring** [déəriŋ]
a 과감한, 대담한

DAY 34

046 ★★★ **orderly** [ɔ́:rdərli]
ⓐ 질서 있는

047 ★★★ **arctic** [á:rktik]
ⓐ 북극의

048 ★★★ **timber** [tímbər]
ⓝ 목재

049 ★★★ **reconcile** [rékənsàil]
ⓥ 1. 조화시키다 2. 화해시키다

050 ★★★ **choice** [tʃɔis]
ⓝ 선택
⊖ selection ⓝ 선정, 선택

051 ★★★ **entitle** [intáitl]
ⓥ 제목을 붙이다

052 ★★★ **salary** [sǽləri]
ⓝ 급여, 봉급

053 ★★★ **likewise** [láikwàiz]
ⓐⓓ 마찬가지로, 또한

054 ★★★ **earthworm** [ə́:rθwə̀:rm]
ⓝ 지렁이

055 ★★★ **mileage** [máilidʒ]
ⓝ 이익

056 ★★★ **remote** [rimóut]
ⓐ 멀리 떨어진, 외진, 외딴
⊖ isolated ⓐ 외진, 외딴

057 ★★★ **disturb** [distə́:rb]
ⓥ 방해하다, 지장을 주다
⊖ interrupt ⓥ 방해하다

058 ★★★ **design** [dizáin]
ⓝ 설계
ⓥ 설계하다

059 ★★★ **hatch** [hætʃ]
ⓥ 부화하다, 부화시키다

060 ★★★ **definitive** [difínətiv]
ⓐ 확정적인
⊖ conclusive ⓐ 확실한

DAY 35 >>>>>>>>>>>>

001 ★★★	**clone** [kloun]	Ⅴ 복제하다

002 ★★★	**botany** [bátəni]	⋒ 식물학

003 ★★★	**appointment** [əpɔ́intmənt]	⋒ 약속, 예약 ⊜ engagement ⋒ 약속, 계약

004 ★★★	**administration** [ədmìnistréiʃən]	⋒ 행정, 집행

005 ★★★	**measurable** [méʒərəbl]	ⓐ 측정 가능한

006 ★★★	**impressive** [imprésiv]	ⓐ 인상적인

007 ★★★	**wisdom** [wízdəm]	⋒ 지혜, 현명함

008 ★★★	**revelation** [rèvəléiʃən]	⋒ 발견, 폭로

009 ★★★	**filter** [fíltər]	Ⅴ 거르다 ⊜ purify Ⅴ 정화하다

010 ★★★	**macroscopic** [mækrəskápik]	ⓐ 육안으로 보이는

011 ★★★	**undertaking** [ʌndərtéikiŋ]	⋒ (중요한·힘든) 일

012 ★★★	**livability** [lìvəbíləti]	⋒ 거주 적합성

013 ★★★	**overstate** [òuvərstéit]	Ⅴ 과장해서 말하다

014 ★★★	**scarce** [skɛərs]	ⓐ 부족한, 희소한 ⊜ sparse ⓐ 드문

015 ★★★	**ripe** [raip]	ⓐ 다 익은

016 ★★★ pot
[pat]

🇳 화분

---

017 ★★★ disregard
[disrigá:rd]

🇳 무시 🇻 무시하다
= overlook ⓥ 간과하다, 눈감아주다

---

018 ★★★ sunless
[sʌnlis]

🇦 햇빛이 안 드는

---

019 ★★★ distinction
[distíŋkʃən]

🇳 구별, 구분

---

020 ★★★ assumption
[əsʌmpʃən]

🇳 가정, 추정
= supposition ⓝ 추정, 가정

---

021 ★★★ towering
[táuəriŋ]

🇦 우뚝 솟은

---

022 ★★★ emotive
[imóutiv]

🇦 감정적인, 감정을 나타내는

---

023 ★★★ disheartened
[dishá:rtnd]

🇦 낙담한

---

024 ★★★ purity
[pjúərəti]

🇳 순수, 깨끗함

---

025 ★★★ selective
[siléktiv]

🇦 선택적인

---

026 ★★★ mainly
[méinli]

🇦🇩 주로, 대개
= primarily 🇦🇩 주로

---

027 ★★★ fellow
[félou]

🇳 1. 동료 2. 선임 연구원

---

028 ★★★ gender
[dʒéndər]

🇳 성, 성별

---

029 ★★★ geographically
[dʒì:əgræfikəli]

🇦🇩 지리적으로

---

030 ★★★ access
[ǽkses]

🇳 1. 접근 2. 입장
🇻 1. 이용하다 2. 접근하다

DAY 35 >>>>>>>>>>>

031 ★★★ **view**
[vju:]
🄝 1. 시각 2. 관점, 전망 3. 풍경

032 ★★★ **choir**
[kwaiər]
🄝 합창단

033 ★★★ **evince**
[ivíns]
🅥 분명히 나타내다, 피력하다

034 ★★★ **solidify**
[səlídəfài]
🅥 공고히 하다, 강화하다

035 ★★★ **continue**
[kəntínju:]
🅥 계속하다, 지속되다
═ last ⓥ 계속되다

036 ★★★ **frequency**
[frí:kwənsi]
🄝 1. 빈도 2. 주파수

037 ★★★ **socioeconomics**
[sòusiouì:kənámiks]
🄝 사회 경제학

038 ★★★ **furthermore**
[fə́:rðərmɔ̀:r]
🆎 게다가, 뿐만 아니라

039 ★★★ **initial**
[iníʃəl]
🄰 처음의, 초기의

040 ★★★ **ceremony**
[sérəmòuni]
🄝 의식, 기념식
═ ritual ⓝ 의례, 의식

041 ★★★ **house**
[haus]
🅥 소장하다, 보관하다

042 ★★★ **theorist**
[θí:ərist]
🄝 이론가

043 ★★★ **vaccinate**
[vǽksənèit]
🅥 백신 접종하다

044 ★★★ **contractor**
[kántræktər]
🄝 시공사, 도급업자

045 ★★★ **classification**
[klæsəfikéiʃən]
🄝 분류
═ category ⓝ 범주

046 ★★★ **plague** [pleig]
n 전염병
v 괴롭히다

047 ★★★ **proudly** [práudli]
ad 뿌듯하게, 자랑스럽게

048 ★★★ **senior** [sí:njər]
n 노인
a 상급의

049 ★★★ **complex** [kəmpléks]
a 복잡한
＝ complicated ⓐ 복잡한

050 ★★★ **else** [els]
ad 다른

051 ★★★ **segregation** [sègrigéiʃən]
n 분리

052 ★★☆ **trolly** [tráli]
n 전차, 카트

053 ★☆☆ **priest** [pri:st]
n 성직자

054 ★★★ **adversity** [ædvə́:rsəti]
n 역경
＝ hardship ⓝ 곤경, 어려움

055 ★★☆ **moralism** [mɔ́:rəlizm]
n 도덕주의

056 ★★☆ **dimension** [diménʃən]
n 차원, 관점

057 ★★☆ **fearlessly** [fíərlisli]
ad 겁 없이, 대담하게

058 ★★★ **given** [gívən]
a 주어진, 정해진
prep ～을 고려하면

059 ★★☆ **automatize** [ɔ:támətàiz]
v 자동화하다

060 ★★☆ **below** [bilóu]
prep ～의 아래에
＝ beneath prep 아래에

DAY 36 >>>>>>>>>>>>

001 ★★★	**reinforcement** [rìːinfɔ́ːrsmənt]	**n** 강화	☐☐☐
002 ★★★	**rich** [ritʃ]	**a** 풍부한, 다채로운 = abundant ⓐ 풍부한	☐☐☐
003 ★★★	**conducive** [kəndjúːsiv]	**a** 도움되는	☐☐☐
004 ★★★	**rust** [rʌst]	**n** 녹 **v** 녹슬다	☐☐☐
005 ★★★	**parliament** [páːrləmənt]	**n** 의회	☐☐☐
006 ★★★	**ordinary** [ɔ́ːrdənèri]	**a** 일반적인, 보통의	☐☐☐
007 ★★★	**behave** [bihéiv]	**v** 처신하다, 행동하다 = treat ⓥ 대하다, 취급하다	☐☐☐
008 ★★★	**willingness** [wíliŋnis]	**n** 기꺼이 ~하려는 마음	☐☐☐
009 ★★☆	**press** [pres]	**v** 바짝 대다, 누르다	☐☐☐
010 ★★★	**indefinitely** [indéfənitli]	**ad** 무한히	☐☐☐
011 ★★★	**prestige** [prestíːʒ]	**n** 위신, 명망	☐☐☐
012 ★★★	**articulate** [aːrtíkjulət]	**v** 분명히 표현하다 **a** 분명하게 표현하는 = fluent ⓐ 유창한, 능숙한	☐☐☐
013 ★★★	**coal** [koul]	**n** 석탄	☐☐☐
014 ★★★	**traffic** [trǽfik]	**n** 교통량	☐☐☐
015 ★★★	**irrigation** [irəgéiʃən]	**n** 관개, 물 대기	☐☐☐

016 ★★★	**sigh** [sai]	n 한숨 v 한숨을 쉬다	☐☐☐
017 ★★★	**recyclable** [riːsáikləbl]	a 재활용 가능한	☐☐☐
018 ★★★	**bother** [báðər]	v 귀찮게 하다, 괴롭히다 = disturb ⓥ 방해하다, 불안하게 만들다	☐☐☐
019 ★★★	**outlier** [áutlàiər]	n 국외자	☐☐☐
020 ★★★	**emergence** [iméːrdʒəns]	n 출현, 등장	☐☐☐
021 ★★★	**tendency** [téndənsi]	n 경향, 경향성	☐☐☐
022 ★★★	**explode** [iksplóud]	v 1. 폭발하다 2. 폭발적으로 증가하다 = burst ⓥ 터지다, 파열하다	☐☐☐
023 ★★★	**downwards** [dáunwərdz]	ad 아래로	☐☐☐
024 ★★★	**homogeneous** [hòumədʒíːniəs]	a 동질적인	☐☐☐
025 ★★★	**tolerate** [tálərèit]	v 견디다	☐☐☐
026 ★★★	**medium** [míːdiəm]	n 1. 매체, 수단 2. 중간, 보통 a 중간의	☐☐☐
027 ★★★	**conveniently** [kənvíːnjəntli]	ad 편하게	☐☐☐
028 ★★★	**calculation** [kælkjuléiʃən]	n 계산 = computation ⓝ 계산	☐☐☐
029 ★★★	**loneliness** [lóunlinis]	n 외로움	☐☐☐
030 ★★★	**million** [míljən]	n 100만	☐☐☐

DAY 36

DAY 36 >>>>>>>>>>>>

031 ★★★ **alternately** [ɔ́:ltərnətli]	**ad** 그렇지 않으면	☐☐☐
032 ★★★ **organic** [ɔ:rgǽnik]	**a** 1. 생물의, 유기체의 2. 유기농의	☐☐☐
033 ★★★ **adopt** [ədápt]	**v** 1. 수용하다 2. 채택하다 3. 입양하다 ⊜ embrace ⓥ 받아들이다	☐☐☐
034 ★★★ **symbol** [símbəl]	**n** 기호	☐☐☐
035 ★★★ **privileged** [prívəlidʒd]	**a** 특권을 가진	☐☐☐
036 ★★★ **recollection** [rèkəlékʃən]	**n** 회상, 기억	☐☐☐
037 ★★★ **cargo** [ká:rgou]	**n** 짐, 화물	☐☐☐
038 ★★★ **shortcoming** [ʃɔ́:rtkʌ̀miŋ]	**n** 단점 ⊜ defect ⓝ 단점	☐☐☐
039 ★★★ **slender** [sléndər]	**a** 날씬한	☐☐☐
040 ★★★ **luxury** [lʌ́kʃəri]	**n** 호사, 사치	☐☐☐
041 ★★★ **nectar** [néktər]	**n** 꿀, 과즙	☐☐☐
042 ★★★ **select** [silékt]	**v** 선택하다	☐☐☐
043 ★★★ **circulate** [sə́:rkjulèit]	**v** 1. 순환하다 2. 유포하다, 돌리다 ⊜ disseminate ⓥ 퍼트리다, 전파하다	☐☐☐
044 ★★★ **involved** [inválvd]	**a** 1. 관련된, 연루된 2. 열심인, 몰두하는	☐☐☐
045 ★★★ **honesty** [ánisti]	**n** 정직, 솔직함	☐☐☐

046 ★★★ **malignant**
[məlígnənt]

ⓐ 악의 있는

047 ★★★ **racism**
[réisizm]

ⓝ 인종 차별주의

048 ★★★ **fence**
[fens]

ⓝ 울타리

049 ★★★ **bulk**
[bʌlk]

ⓝ 대량 ⓐ 대량의
⊜ majority ⓝ 다수

050 ★★★ **portable**
[pɔ́ːrtəbl]

ⓐ 휴대용의, 휴대 가능한

051 ★★★ **inform**
[infɔ́ːrm]

ⓥ 알리다, 통지하다

052 ★★★ **familiarity**
[fəmìliǽrəti]

ⓝ 친숙함, 익숙함

053 ★★★ **fail**
[feil]

ⓥ 1. 실패하다
2. 고장 나다, 작동이 안 되다

054 ★★★ **recently**
[ríːsntli]

ⓐⓓ 최근에
⊜ lately ⓐⓓ 최근에

055 ★★★ **disorganized**
[disɔ́ːrgənaizd]

ⓐ 정돈되지 않은, 어질러진

056 ★★★ **goddess**
[gɑ́dis]

ⓝ 여신

057 ★★★ **faithfully**
[féiθfəli]

ⓐⓓ 충실하게

058 ★★★ **functionality**
[fʌ̀ŋkʃənǽləti]

ⓝ 기능성

059 ★★★ **shame**
[ʃeim]

ⓝ 수치심
ⓥ 망신시키다

060 ★★★ **despite**
[dispáit]

ⓟⓡⓔⓟ ～에도 불구하고
⊜ in spite of ～에도 불구하고

DAY 37 >>>>>>>>>>>

001 ★★★ **fortify** [fɔ́:rtəfài]	**v** 1. 강화하다 2. 북돋우다	☐☐☐
002 ★★★ **previously** [prí:viəsli]	**ad** 이전에, 사전에	☐☐☐
003 ★★★ **litter** [lítər]	**n** 쓰레기 ⊜ trash **n** 쓰레기	☐☐☐
004 ★★★ **acoustic** [əkú:stik]	**a** 청각적인, 음향의	☐☐☐
005 ★★★ **challenge** [ʧǽlindʒ]	**n** 도전 **v** 도전하다, 이의를 제기하다	☐☐☐
006 ★★★ **cinematic** [sìnəmǽtik]	**a** 영화의	☐☐☐
007 ★★★ **unruly** [ʌnrú:li]	**a** 제멋대로 구는	☐☐☐
008 ★★★ **category** [kǽtəgɔ̀:ri]	**n** 부문, 분야 ⊜ class **n** 부류, 종류	☐☐☐
009 ★★★ **modern** [mάdərn]	**a** 현대의	☐☐☐
010 ★★★ **twin** [twin]	**v** 결부시키다, 밀접하게 연결시키다	☐☐☐
011 ★★★ **slightly** [sláitli]	**ad** 약간	☐☐☐
012 ★★★ **sugary** [ʃúgəri]	**a** 설탕이 든	☐☐☐
013 ★★★ **static** [stǽtik]	**a** 정적인, 고정적인 ⊕ dynamic **a** 역동적인	☐☐☐
014 ★★★ **namely** [néimli]	**ad** 즉, 다시 말해	☐☐☐
015 ★★★ **mutually** [mjú:ʧuəli]	**ad** 서로, 상호 간에	☐☐☐

016 ★★★ **sensibly**
[sénsəbli]

ad 분별력 있게, 현명하게

017 ★★★ **decade**
[dékeid]

n 10년

018 ★★★ **advertise**
[ǽdvərtàiz]

v 광고하다
⊜ promote ⓥ 홍보하다

019 ★★★ **wireless**
[wáiərlis]

a 무선의

020 ★★★ **noticeable**
[nóutisəbl]

a 눈에 띄는, 두드러지는

021 ★★★ **cultivation**
[kʌltəvéiʃən]

n 경작, 재배

022 ★★★ **successor**
[səksésər]

n 후임자, 계승자

023 ★★★ **gather**
[gǽðər]

v 모으다, 모이다
⊜ congregate ⓥ 모이다

024 ★★★ **grab**
[grǽb]

v 쥐다, 잡다

025 ★★★ **associated**
[əsóuʃièitid]

a 관련된

026 ★★★ **resort**
[rizɔ́:rt]

n 휴양지
v 의지하다

027 ★★★ **animated**
[ǽnəmèitid]

a 살아있는

028 ★★★ **consequence**
[kɑ́nsəkwèns]

n 결과, 영향
⊜ result ⓝ (발생한 일의) 결과

029 ★★★ **sailor**
[séilər]

n 선원

030 ★★★ **circuit**
[sə́:rkit]

n 회로

DAY 37 >>>>>>>>>>>

031 ★★★ **transitional**
[trænzíʃənl]
a 과도기적인

032 ★★★ **savor**
[séivər]
v 음미하다

033 ★★★ **entrepreneurship**
[à:ntrəprəné:rʃip]
n 기업가 정신

034 ★★★ **regard**
[rigá:rd]
v 여기다, 간주하다
= consider ⓥ 여기다

035 ★★★ **presentation**
[prèzəntéiʃən]
n 1. 제시 2. 발표

036 ★★★ **authorial**
[ɔ:θɔ́:riəl]
a 작가의, 저자의

037 ★★★ **operational**
[àpəréiʃənl]
a 운영상의

038 ★★★ **satisfying**
[sǽtisfàiiŋ]
a 만족스러운

039 ★★★ **achievement**
[ətʃíːvmənt]
n 성취, 달성
= completion ⓝ 성취

040 ★★★ **strictly**
[stríktli]
ad 엄격하게

041 ★★★ **synthesize**
[sínθəsàiz]
v 1. 종합하다 2. 합성하다

042 ★★★ **neural**
[njúərəl]
a 신경의

043 ★★★ **used**
[ju:st]
a 중고의

044 ★★★ **constraint**
[kənstréint]
n 제한, 한계, 통제
= restriction ⓝ 제한

045 ★★★ **fantastic**
[fæntǽstik]
a 환상적인, 근사한

046 ★★★ **handy**
[hǽndi]
ⓐ 간편한

047 ★★★ **phase**
[feiz]
ⓝ 단계, 국면, 시기

048 ★★★ **interference**
[ìntərfíərəns]
ⓝ 간섭

049 ★★★ **lettered**
[létərd]
ⓐ 교육을 받은

050 ★★★ **severe**
[sivíər]
ⓐ 극심한, 심각한
⊜ harsh ⓐ 가혹한

051 ★★★ **disappointment**
[dìsəpɔ́intmənt]
ⓝ 실망

052 ★★★ **disagree**
[disəgríː]
ⓥ 동의하지 않다

053 ★★★ **subscriber**
[səbskráibər]
ⓝ 구독자

054 ★★★ **multifaceted**
[mʌltifǽsitid]
ⓐ 다면적인

055 ★★★ **dependent**
[dipéndənt]
ⓐ 의존적인
⊜ independent ⓐ 독립적인

056 ★★★ **worship**
[wə́ːrʃip]
ⓥ 예배하다, 경배하다

057 ★★★ **primordial**
[praimɔ́ːrdiəl]
ⓐ 원시의, 태고의

058 ★★★ **basin**
[béisn]
ⓝ 물웅덩이, 괸 물, 유역

059 ★★★ **prediction**
[pridíkʃən]
ⓝ 예측, 예견

060 ★★★ **evident**
[évədənt]
ⓐ 명백한, 분명한
⊜ obvious ⓐ 명백한, 눈에 띄는

001 ★★★ **reliability** [rilàiəbílət i]	**n** 신뢰성	
002 ★★★ **account** [əkáunt]	**n** 1. 계좌 2. 설명 **v** 간주하다, 여기다 ⊜ explanation ⓝ 설명	
003 ★★★ **whereabout** [wɛ́ərəbàut]	**n** 행방, 소재	
004 ★★★ **composition** [kὰmpəzíʃən]	**n** 1. 구성 2. 작곡 3. 작품	
005 ★★★ **generate** [dʒénərèit]	**v** 발생시키다, 생성하다	
006 ★★★ **uphold** [ʌphóuld]	**v** 1. 유지하다 2. 지지하다	
007 ★★★ **variable** [vέəriəbl]	**n** 변수 **a** 가변적인	
008 ★★★ **aware** [əwέər]	**a** 1. 알고 있는 2. 알아차린 ⊜ conscious ⓐ 의식하는, 자각하는	
009 ★★★ **envision** [invíʒən]	**v** 마음속에 그리다, 상상하다	
010 ★★★ **trust** [trʌst]	**n** 신탁, 신탁금 **v** 신뢰하다	
011 ★★★ **polar** [póulər]	**a** 극지방의	
012 ★★★ **disease** [dizí:z]	**n** 질병, 질환	
013 ★★★ **acute** [əkjú:t]	**a** 1. 심각한 2. 급성인 ⊜ severe ⓐ 극심한 drastic ⓐ 급격한	
014 ★★★ **glue** [glu:]	**n** 풀, 접착제 **v** 접착하다	
015 ★★★ **conceptualize** [kənsépʧuəlàiz]	**v** 개념화하다	

016 ★★★ **fusion**
[fjúːʒən]

🄝 융합

017 ★★★ **barren**
[bǽrən]

🄐 척박한, 불모지의

018 ★★★ **immediate**
[imíːdiət]

🄐 1. 즉각적인, 임박한 2. 직계인

019 ★★★ **establish**
[istǽbliʃ]

🅥 설립하다, 확립하다

020 ★★★ **solar**
[sóulər]

🄐 태양의

021 ★★★ **stranger**
[stréindʒər]

🄝 모르는 사람, 낯선 사람

022 ★★★ **seemingly**
[síːmiŋli]

🄐🄳 겉으로 보기에

023 ★★★ **influence**
[ínfluəns]

🄝 영향
🅥 영향을 미치다

024 ★★★ **televise**
[téləvàiz]

🅥 텔레비전으로 방송하다

025 ★★★ **hard**
[haːrd]

🄐🄳 열심히

026 ★★★ **fertilize**
[fɔ́ːrtəlàiz]

🅥 비옥하게 하다, 비료를 주다

027 ★★★ **represent**
[rèprizént]

🅥 1. 대표하다 2. 상징하다
　 3. 해당하다

028 ★★★ **possible**
[pásəbl]

🄐 가능한

029 ★★★ **indicate**
[índikèit]

🅥 나타내다, 가리키다
🝐 demonstrate ⓥ 보여주다, 나타내다

030 ★★★ **patch**
[pætʃ]

🄝 조각, 부분

DAY 38

DAY 38 >>>>>>>>>>>>

031 ★★★ **economist** [ikánəmist]	**n** 경제학자	☐☐☐
032 ★★★ **engaging** [ingéidʒiŋ]	**a** 마음을 끄는, 몰입시키는	☐☐☐
033 ★★★ **distributor** [distríbjutər]	**n** 배급 업자	☐☐☐
034 ★★★ **appear** [əpíər]	**v** 1. 나타나다 2. ~처럼 보이다 **=** emerge ⓥ 나오다, 모습을 드러내다	☐☐☐
035 ★★★ **ride** [raid]	**n** 탈 것 **v** 타다	☐☐☐
036 ★★★ **preferential** [prèfərénʃəl]	**a** 우선시되는, 특혜의	☐☐☐
037 ★★★ **elicit** [ilísit]	**v** 도출하다, 끌어내다	☐☐☐
038 ★★★ **activist** [ǽktəvist]	**n** 운동가, 활동가	☐☐☐
039 ★★★ **migratory** [máigrətɔ:ri]	**a** 이동하는, 이주하는	☐☐☐
040 ★★★ **suspiciously** [səspíʃəsli]	**ad** 의심스럽게	☐☐☐
041 ★★★ **voluntarily** [vàləntérəli]	**ad** 자발적으로	☐☐☐
042 ★★★ **irrational** [irǽʃənl]	**a** 불합리한	☐☐☐
043 ★★★ **passivity** [pæsívəti]	**n** 수동성	☐☐☐
044 ★★★ **legend** [lédʒənd]	**n** 전설	☐☐☐
045 ★★★ **bias** [báiəs]	**n** 편견, 편향 **v** 편견을 갖게 하다 **=** prejudice ⓝ 편견	☐☐☐

046 ★★★ **repetitive** [ripétətiv]

a 반복되는

047 ★★★ **honour** [ánər]

n 명예, 영광
v 수여하다

048 ★★★ **originally** [ərídʒənəli]

ad 원래, 본래

049 ★★★ **unambiguous** [ʌnæmbígjuəs]

a 모호하지 않은

050 ★★★ **considering** [kənsídəriŋ]

prep ~을 고려하면
= in the light of ~에 비추어, 고려하여

051 ★★★ **hospice** [háspis]

n 호스피스

052 ★★★ **tire** [taiər]

v 피곤해지다

053 ★★★ **carefully** [kéərfəli]

ad 꼼꼼히, 면밀하게

054 ★★★ **excuse** [ikskjúːz]

n 변명, 핑계거리

055 ★★★ **acknowledge** [æknálidʒ]

v 인정하다
= admit ⓥ 인정하다 ⊖ deny ⓥ 부정하다

056 ★★★ **originate** [ərídʒənèit]

v 기원하다

057 ★★★ **opportunity** [àpərtjúːnəti]

n 기회, 가능성

058 ★★★ **invite** [inváit]

v 초대하다

059 ★★★ **scared** [skɛərd]

a 두려운, 무서운

060 ★★★ **expensive** [ikspénsiv]

a 비싼, 돈이 많이 드는
= costly ⓐ 돈이 많이 드는

DAY 38

DAY 39

001 ★★★ **point** [pɔint]	**n** 1. 요점 2. 지점, 장소 **v** 향하게 하다	☐☐☐
002 ★★★ **crack** [kræk]	**n** 갈라진 금, 균열 **v** 깨뜨리다 ⊜ fissure ⓝ 틈	☐☐☐
003 ★★★ **exhaustion** [igzɔ́ːstʃən]	**n** 피로	☐☐☐
004 ★★★ **simulator** [símjulèitər]	**n** 모의 실험 장치	☐☐☐
005 ★★★ **refined** [rifáind]	**a** 정밀한	☐☐☐
006 ★★★ **vanish** [vǽniʃ]	**v** 사라지다	☐☐☐
007 ★★★ **arrival** [əráivəl]	**n** 도래, 도착 ⊜ advent ⓝ 도래, 출현	☐☐☐
008 ★★★ **height** [hait]	**n** 1. 높이 2. 최고조, 절정	☐☐☐
009 ★★★ **tip** [tip]	**n** 1. 조언 2. 끝 부분	☐☐☐
010 ★★★ **instead** [instéd]	**ad** 대신에	☐☐☐
011 ★★★ **gloom** [gluːm]	**n** 우울, 어둠	☐☐☐
012 ★★★ **according** [əkɔ́ːrdiŋ]	**ad** ~에 따라서, 일치하여	☐☐☐
013 ★★★ **accentuate** [ækséntʃuèit]	**v** 강조하다, 두드러지게 하다 ⊜ emphasize ⓥ 강조하다	☐☐☐
014 ★★★ **inaccurate** [inǽkjərit]	**a** 부정확한	☐☐☐
015 ★★★ **authoritative** [əθɔ́ːrətèitiv]	**a** 권위적인	☐☐☐

016 ★★★ **thanksgiving** [θǽŋksgívìŋ]
🄝 추수감사절

017 ★★★ **resurgence** [resə́ːrdʒəns]
🄝 되살아남

018 ★★★ **emission** [imíʃən]
🄝 배출(량)
🟰 release 🄝 방출

019 ★★★ **ill** [il]
🄐 아픈

020 ★★★ **coverage** [kʌ́vəridʒ]
🄝 1. 보도, 방송 2. 범위

021 ★★★ **freight** [freit]
🄝 화물 운송

022 ★★★ **construct** [kənstrʌ́kt]
🄝 생각 🅥 1. 건설하다 2. 구성하다
🟰 formulate ⓥ 만들어 내다

023 ★★★ **concentrate** [kɑ́nsəntrèit]
🅥 1. 집중하다, 전념하다 2. 모으다
🔄 dissipate ⓥ 소멸되다, 소멸하다

024 ★★★ **instruct** [instrʌ́kt]
🅥 1. 지시하다 2. 가르치다

025 ★★★ **anatomy** [ənǽtəmi]
🄝 (해부학적) 구조, 해부학

026 ★★★ **continuity** [kɑ̀ntənjúːəti]
🄝 연속성

027 ★★★ **token** [tóukən]
🄝 상징, 표시

028 ★★★ **beneath** [biníːθ]
🄟🄞🄔🄟 ~밑에서
🔄 above 🄟🄞🄔🄟 …보다 위에[위로]

029 ★★★ **metaphor** [métəfɔ̀ːr]
🄝 은유, 비유

030 ★★★ **valley** [vǽli]
🄝 골짜기

031 ★★★	**ideally** [aidíːəli]	**ad** 이상적으로	☐☐☐
032 ★★★	**confident** [kánfədənt]	**a** 자신감 있는	☐☐☐
033 ★★★	**homeless** [hóumlis]	**n** 노숙인 **a** 노숙의	☐☐☐
034 ★★★	**unto** [ʌntu]	**prep** ~에게	☐☐☐
035 ★★★	**conduct** [kándʌkt]	**n** 행위 **v** 1. 행동하다 2. 운영하다, 관리하다	☐☐☐
036 ★★★	**upland** [ʌplənd]	**n** 고지대	☐☐☐
037 ★★★	**violent** [váiələnt]	**a** 폭력적인, 난폭한	☐☐☐
038 ★★★	**prefer** [prifə́ːr]	**v** 선호하다, ~을 더 좋아하다	☐☐☐
039 ★★★	**regulate** [régjulèit]	**v** 1. 조절하다 2. 통제하다 = control ⓥ 조절하다	☐☐☐
040 ★★★	**drowning** [dráuniŋ]	**n** 익사	☐☐☐
041 ★★★	**goal** [goul]	**v** 목표	☐☐☐
042 ★★★	**heroic** [hiróuik]	**a** 대담한, 영웅적인	☐☐☐
043 ★★★	**health** [helθ]	**n** 건강	☐☐☐
044 ★★★	**strive** [straiv]	**v** 노력하다, 애쓰다	☐☐☐
045 ★★★	**inverse** [invə́ːrs]	**a** 역의, 반대의 = reverse ⓐ 반대의	☐☐☐

046 ★★☆ **notably**
[nóutəbli]
ad 특히, 현저히

047 ★☆☆ **click**
[klik]
v 잘 통하다, 맞다

048 ★★★ **remind**
[rimáind]
v 상기시키다
= recall ⓥ 기억해내다

049 ★☆☆ **weapon**
[wépən]
n 무기

050 ★☆☆ **cozy**
[kóuzi]
a 안락한

051 ★★☆ **flock**
[flak]
v 모이다, 무리 짓다
= herd ⓝ 떼

052 ★★★ **marginalize**
[máːrdʒinəlàiz]
v 하찮은 존재로 만들다, 소외시키다

053 ★★★ **identical**
[aidéntikəl]
a 똑같은, 동일한

054 ★★☆ **distributive**
[distríbjutiv]
a 분배의

055 ★★☆ **circular**
[səːrkjulər]
a 순환적인

056 ★★★ **altruism**
[æltruːìzm]
n 이타주의
⟷ egotism ⓝ 이기주의

057 ★★☆ **horizontal**
[hɔːrəzántl]
a 수평적인

058 ★☆☆ **comforting**
[kʌmfərtiŋ]
a 편안함을 주는

059 ★★☆ **forgetfulness**
[fərgétfəlnis]
n 건망증, 잘 잊어버림

060 ★★☆ **stain**
[stein]
n 얼룩, 오점 **v** 얼룩지게 하다
= spot ⓝ 얼룩

DAY 40 >>>>>>>>>>>

001 ★★★ **lucrative** [lúːkrətiv]	ⓐ 수익성이 좋은	☐☐☐
002 ★★★ **chore** [ʧɔːr]	ⓝ 잡일, 허드렛일 ⊜ task ⓝ 일	☐☐☐
003 ★★★ **novelist** [nάvəlist]	ⓝ 소설가	☐☐☐
004 ★★★ **conversion** [kənvə́ːrʒən]	ⓝ 전환	☐☐☐
005 ★★★ **suburb** [sʌ́bəːrb]	ⓝ 근교, 교외	☐☐☐
006 ★★★ **positive** [pάzətiv]	ⓐ 긍정적인 ⊝ negative ⓐ 부정적인	☐☐☐
007 ★★★ **dabate** [dibéit]	ⓝ 논쟁 ⓥ 논의하다	☐☐☐
008 ★★★ **protection** [prətékʃən]	ⓝ 보호	☐☐☐
009 ★★★ **spatial** [spéiʃəl]	ⓐ 공간의	☐☐☐
010 ★★★ **say** [sei]	ⓝ 발언권, 결정권	☐☐☐
011 ★★★ **pad** [pæd]	ⓥ 채워 넣다, 메워 넣다	☐☐☐
012 ★★★ **intangible** [intǽndʒəbl]	ⓐ 무형의 ⊝ tangible ⓐ 유형의	☐☐☐
013 ★★★ **impersonal** [impə́ːrsənl]	ⓐ 냉담한	☐☐☐
014 ★★★ **worth** [wəːrθ]	ⓐ ～할 가치가 있는	☐☐☐
015 ★★★ **perform** [pərfɔ́ːrm]	ⓥ 1. 수행하다 2. 공연하다, 연주하다	☐☐☐

016 ★★★ **inaccuracy**
[inǽkjurəsi]

n 부정확함

017 ★★★ **execution**
[èksikjúːʃən]

n 실행

018 ★★★ **accolade**
[ǽkəlèid]

n 수상, 표창
= recognition ⓝ 인정, 표창

019 ★★★ **neuroscience**
[njùərousáiəns]

n 신경 과학

020 ★★★ **educational**
[èdʒukéiʃənl]

a 교육의

021 ★★★ **proverb**
[prɑ́vəːrb]

n 속담

022 ★★★ **drastically**
[drǽstikəli]

ad 급격히

023 ★★★ **aquatic**
[əkwǽtik]

a 수생의

024 ★★★ **priceless**
[práislis]

a 대단히 귀중한
= invaluable ⓐ 매우 귀중한

025 ★★★ **amazing**
[əméiziŋ]

a 멋진, 근사한, 놀라운

026 ★★★ **cathedral**
[kəθíːdrəl]

n 대성당

027 ★★★ **marvel**
[mɑ́ːrvəl]

v 놀라다

028 ★★★ **complaint**
[kəmpléint]

n 불평, 불만

029 ★★★ **similarly**
[símələrli]

ad 비슷하게, 마찬가지로
= likewise ad 비슷하게

030 ★★★ **oblige**
[əbláidʒ]

v 의무적으로 하게 하다

DAY 40 >>>>>>>>>>>>>

031 ★★★ **tragedy**
[trǽdʒədi]
n 비극

032 ★★★ **independence**
[ìndipéndəns]
n 독립, 자립

033 ★★★ **vitality**
[vaitǽləti]
n 활력

034 ★★☆ **worldly**
[wə́:rldli]
a 세속적인

035 ★★★ **ban**
[bæn]
v 금지하다
= prohibit v 금지하다 ⊖ permit v 허용하다

036 ★★★ **inquire**
[inkwáiər]
v 묻다, 문의하다

037 ★★★ **naturopathic**
[nèitʃərəpǽθik]
a 자연 요법의

038 ★★★ **branch**
[bræntʃ]
n 1. (나무) 가지 2. (지식의) 분야

039 ★★☆ **shovel**
[ʃʌ́vəl]
n 삽 v 삽질하다

040 ★★★ **degrade**
[digréid]
v 1. 분해하다 2. 저하시키다
= break down 분해하다

041 ★★☆ **sanitizer**
[sǽnətàizər]
n 소독기, 살균제

042 ★★★ **catalyst**
[kǽtəlist]
n 촉매, 기폭제

043 ★☆☆ **coach**
[koutʃ]
n 코치
v 지도하다

044 ★★★ **sensible**
[sénsəbl]
a 분별 있는, 현명한, 합리적인

045 ★★★ **supplier**
[səpláiər]
n 공급업자

046 ★★★ **perceptual**
[pərséptʃuəl]
ⓐ 지각의

047 ★★★ **innocence**
[ínəsəns]
ⓝ 결백함

048 ★★★ **existence**
[igzístəns]
ⓝ 존재, 실재

049 ★★★ **executive**
[igzékjutiv]
ⓝ 임원, 중역
ⓐ 경영의, 간부의

050 ★★★ **associate**
[əsóuʃièit]
ⓥ 관련시키다, 연관짓다
🟰 link ⓥ 관련짓다 affiliate ⓥ 연계하다

051 ★★★ **hinder**
[híndər]
ⓥ 막다, 방해하다
🟰 obstruct ⓥ 막다, 방해하다

052 ★★★ **painkiller**
[péinkilər]
ⓝ 진통제

053 ★★★ **valuation**
[væljuéiʃən]
ⓝ 평가, 가치 판단

054 ★★★ **simply**
[símpli]
ⓐⓓ 단지, 그저
🟰 just ⓐⓓ 그저

055 ★★★ **frown**
[fraun]
ⓥ 얼굴을 찡그리다

056 ★★★ **advice**
[ædváis]
ⓝ 조언, 충고

057 ★★★ **punctuation**
[pʌŋktʃuéiʃən]
ⓝ 구두법

058 ★★★ **consciously**
[kánʃəsli]
ⓐⓓ 의식적으로

059 ★★★ **violate**
[váiəlèit]
ⓥ 1. 위반하다 2. 침해하다

060 ★★★ **tighten**
[táitn]
ⓥ 조여들다, 경직되다
↔ loosen ⓥ 느슨하게 하다

DAY 40

DAY 41 >>>>>>>>>>>>

001 ★★★	**surgery** [sə́:rdʒəri]	ⓝ 수술	☐☐☐
002 ★★★	**tricky** [triki]	ⓐ 까다로운, 다루기 힘든 ＝ difficult ⓐ 힘든	☐☐☐
003 ★★★	**deactivation** [diæktəvéiʃən]	ⓝ 비활성화	☐☐☐
004 ★★★	**reactive** [ri:ǽktiv]	ⓐ 반응을 보이는	☐☐☐
005 ★★★	**proposal** [prəpóuzəl]	ⓝ 제안, 제의	☐☐☐
006 ★★★	**secure** [sikjúər]	ⓥ 확보하다 ⓐ 안정된, 안전한	☐☐☐
007 ★★★	**cooperative** [kouɑ́pərətiv]	ⓐ 협조적인, 협동하는 ＝ collaborative ⓐ 협력의, 협조하는	☐☐☐
008 ★★★	**sleepover** [slí:pòuvər]	ⓝ 밤샘 파티, 함께 자며 놀기	☐☐☐
009 ★★★	**tune** [tju:n]	ⓥ 조율하다	☐☐☐
010 ★★★	**implement** [ímpləmənt]	ⓥ 실행하다	☐☐☐
011 ★★★	**familiar** [fəmíljər]	ⓐ 익숙한, 친숙한	☐☐☐
012 ★★★	**mutual** [mjú:tʃuəl]	ⓐ 서로의, 상호의	☐☐☐
013 ★★★	**integral** [íntigrəl]	ⓐ 필수적인 ＝ essential ⓐ 필수적인	☐☐☐
014 ★★★	**fee** [fi:]	ⓝ 요금, 수수료	☐☐☐
015 ★★★	**painful** [péinfəl]	ⓐ 아픈, 고통스러운	☐☐☐

DAY 41

016 ★★★ **benevolence**
[bənévələns]
🅝 자비

017 ★★★ **agenda**
[ədʒéndə]
🅝 안건, 의제

018 ★★★ **provision**
[prəvíʒən]
🅝 제공, 공급

019 ★★★ **instinct**
[ínstiŋkt]
🅝 본능, 직감
🟰 intuition 🅝 직감, 직관

020 ★★★ **collaboration**
[kəlæbəréiʃən]
🅝 공동 작업, 협업
🟰 cooperation 🅝 협력

021 ★★★ **beyond**
[biánd]
🅟🅡🅔🅟 위로, ~을 넘어서

022 ★★★ **upsetting**
[ʌpsétiŋ]
🅐 속상하게 하는

023 ★★★ **bio**
[báiou]
🅝 약력

024 ★★★ **emit**
[imít]
🆅 뿜다, 방출하다
🟰 discharge 🆅 방출하다

025 ★★★ **researcher**
[risə́ːrʧər]
🅝 연구원

026 ★★★ **inactive**
[inǽktiv]
🅐 비활동적인

027 ★★★ **curricular**
[kəríkjulər]
🅐 교과 과정의

028 ★★★ **negotiation**
[nigòuʃiéiʃən]
🅝 협상, 타협

029 ★★★ **alter**
[ɔ́ːltər]
🆅 바꾸다, 변화시키다, 수정하다
🟰 modify 🆅 수정하다, 변경하다

030 ★★★ **reasonable**
[ríːzənəbl]
🅐 합리적인, 적당한

DAY 41 >>>>>>>>>>

| 031 ★★★ | **yearly** [jíərli] | ⓐ 연간의 | ☐☐☐ |

| 032 ★★★ | **dementia** [diménʃə] | ⓝ 치매 | ☐☐☐ |

| 033 ★★★ | **collection** [kəlékʃən] | ⓝ 1. 수집, 모음 2. 무리, 더미 | ☐☐☐ |

| 034 ★★★ | **neighbor** [néibər] | ⓝ 이웃 | ☐☐☐ |

| 035 ★★★ | **enable** [inéibl] | ⓥ ~을 할 수 있게 하다
⊜ **permit** ⓥ 가능하게 하다, 허락하다 | ☐☐☐ |

| 036 ★★★ | **symbolic** [simbɑ́lik] | ⓐ 상징적인 | ☐☐☐ |

| 037 ★★★ | **ruler** [rú:lər] | ⓝ 통치자, 지배자 | ☐☐☐ |

| 038 ★★★ | **produce** [prədjú:s] | ⓝ 농산물
ⓥ 생산하다 | ☐☐☐ |

| 039 ★★★ | **dazzling** [dǽzliŋ] | ⓐ 휘황찬란한, 눈부신 | ☐☐☐ |

| 040 ★★★ | **decorate** [dékərèit] | ⓥ 장식하다, 꾸미다
⊜ **adorn** ⓥ 꾸미다, 장식하다 | ☐☐☐ |

| 041 ★★★ | **rigidity** [ridʒídəti] | ⓝ 단단함 | ☐☐☐ |

| 042 ★★★ | **mammal** [mǽməl] | ⓝ 포유류 | ☐☐☐ |

| 043 ★★★ | **connection** [kənékʃən] | ⓝ 관계, 연결, 접속 | ☐☐☐ |

| 044 ★★★ | **sustenance** [sʌ́stənəns] | ⓝ 유지, 지속 | ☐☐☐ |

| 045 ★★★ | **inspection** [inspékʃən] | ⓝ 점검, 조사
⊜ **examination** ⓝ 조사 | ☐☐☐ |

046 ★★★ **relaxed** [rilǽkst]	**a** 느긋한, 여유로운	☐☐☐
047 ★★★ **disclosure** [disklóuʒər]	**n** 공개, 폭로	☐☐☐
048 ★★★ **mend** [mend]	**v** 고치다	☐☐☐
049 ★★★ **suit** [su:t]	**n** 의복 **v** 적합하다, 어울리다	☐☐☐
050 ★★★ **terrible** [térəbl]	**a** 1. 끔찍한, 소름끼치는 2. 심한 **=** horrible ⓐ 끔찍한, 무시무시한	☐☐☐
051 ★★★ **divine** [diváin]	**a** 신의, 신성한	☐☐☐
052 ★★★ **impairment** [impέərmənt]	**n** 장애	☐☐☐
053 ★★★ **recreate** [rékrièit]	**v** 되살리다, 재현하다	☐☐☐
054 ★★★ **temperature** [témpərətʃər]	**n** 온도, 기온, 체온	☐☐☐
055 ★★★ **exact** [igzǽkt]	**a** 정확한, 정밀한 **=** precise ⓐ 정확한, 정밀한	☐☐☐
056 ★★★ **thrillingly** [θríliŋli]	**ad** 스릴 있게	☐☐☐
057 ★★★ **souvenir** [sù:vəníər]	**n** 기념품	☐☐☐
058 ★★★ **transmit** [trænsmít]	**v** 전달하다, 전송하다	☐☐☐
059 ★★★ **failure** [féiljər]	**n** 1. 실패 2. 불이행	☐☐☐
060 ★★★ **periodical** [pìəriάdikəl]	**n** 정기 간행물	☐☐☐

DAY 42 >>>>>>>>>>

001 ★★★	**dose** [dous]	n (약의) 투여량, 복용량 v (약을) 투여하다, 먹이다	☐☐☐
002 ★★★	**amateur** [ǽməʃùər]	a 아마추어의 ⊖ professional ⓐ 전문가의	☐☐☐
003 ★★★	**well** [wel]	n 우물	☐☐☐
004 ★★★	**infancy** [ínfənsi]	n 유아기	☐☐☐
005 ★★★	**container** [kəntéinər]	n 용기, 그릇	☐☐☐
006 ★★★	**fragmentary** [frǽgmməntèri]	a 단편적인	☐☐☐
007 ★★★	**incomplete** [inkəmplíːt]	a 미완성된, 불완전한 ⊜ deficient ⓐ 부족한	☐☐☐
008 ★★★	**obviously** [ábviəsli]	ad 분명히, 명백하게	☐☐☐
009 ★★★	**fade** [feid]	v 바래다, 옅어지다	☐☐☐
010 ★★★	**quarrel** [kwɔ́ːrəl]	n 다툼 v 싸우다, 말다툼하다	☐☐☐
011 ★★★	**elimination** [ilìmənéiʃən]	n 제거	☐☐☐
012 ★★★	**intend** [inténd]	v 의도하다, 작정하다 ⊜ mean ⓥ 의도하다, 작정하다	☐☐☐
013 ★★★	**horizon** [həráizn]	n 수평선, 지평선	☐☐☐
014 ★★★	**redefine** [riːdifáin]	v 재정의하다	☐☐☐
015 ★★★	**hindrance** [híndrəns]	n 방해	☐☐☐

016 ★★★ **repeated**
[ripí:tid]

ⓐ 반복되는, 되풀이되는

---

017 ★★★ **stand**
[stænd]

ⓝ 태도, 의견
ⓥ ~한 입장에 있다

---

018 ★★★ **blame**
[bleim]

ⓝ 책임 ⓥ ~을 탓하다, 비난하다
⊜ criticize ⓥ 비판하다 condemn ⓥ 비난하다

---

019 ★★★ **valid**
[vǽlid]

ⓐ 유효한, 타당한

---

020 ★★★ **peer**
[piər]

ⓝ 또래, 동료
ⓥ 응시하다

---

021 ★★★ **rat**
[ræt]

ⓝ 쥐

---

022 ★★★ **physiology**
[fìziálədʒi]

ⓝ 생리 작용

---

023 ★★★ **warranty**
[wɔ́:rənti]

ⓝ 보증 (기간), 보증서

---

024 ★★★ **agreement**
[əgrí:mənt]

ⓝ 1. 합의, 동의 2. 협정
⊜ deal ⓝ 합의

---

025 ★★★ **morale**
[mərǽl]

ⓝ 사기, 의욕

---

026 ★★★ **component**
[kəmpóunənt]

ⓝ 구성요소

---

027 ★★★ **pretend**
[priténd]

ⓥ ~인 체하다

---

028 ★★★ **sentiment**
[séntəmənt]

ⓝ 감정, 정서

---

029 ★★★ **contempt**
[kəntémpt]

ⓝ 경멸
⊜ disdain ⓝ 업신여김, 무시

---

030 ★★★ **descriptive**
[diskríptiv]

ⓐ 1. 서술하는 2. 기술적인

DAY 42 >>>>>>>>>>>

31 32 33 34 35 36 37 38 39 40

---

031 ★★★ **medical**
[médikəl]

ⓐ 의학의

---

032 ★★★ **effort**
[éfərt]

ⓝ 노력, 수고

---

033 ★★★ **leash**
[liːʃ]

ⓝ 줄, 사슬

---

034 ★★★ **decide**
[disáid]

ⓥ 결심하다, 결정하다
⊜ determine ⓥ 결정하다, 확정하다

---

035 ★★★ **connectivity**
[kὰnektívəti]

ⓝ 연결성

---

036 ★★★ **increase**
[inkríːs]

ⓥ 증가하다, 증가시키다

---

037 ★★★ **originality**
[ərìdʒənǽləti]

ⓝ 독창성, 창의성

---

038 ★★★ **consent**
[kənsént]

ⓝ 동의, 허락
⊜ assent ⓝ 찬성, 승인 ⊜ dissent ⓝ 반대

---

039 ★★★ **density**
[dénsəti]

ⓝ 밀도

---

040 ★★★ **aged**
[eidʒd]

ⓐ 고령의, 연로한
⊜ elderly ⓐ 연세가 드신

---

041 ★★★ **solve**
[salv]

ⓥ (문제 등을) 풀다, 해결하다

---

042 ★★★ **desired**
[dizáiərd]

ⓐ 바라던, 원하던

---

043 ★★★ **passionate**
[pǽʃənət]

ⓐ 열성적인, 열정적인

---

044 ★★★ **prominent**
[prάmənənt]

ⓐ 저명한, 두드러지는
⊜ eminent ⓐ 저명한

---

045 ★★☆ **equator**
[ikwéitər]

ⓝ 적도

046 ★★★ **load**
[loud]
n 1. 적재(량), 무거운 짐 2. 부담
v 싣다, 태우다

047 ★★★ **joyous**
[dʒɔiəs]
a 아주 기뻐하는

048 ★★★ **built**
[bilt]
a 구조의, 조립된

049 ★★★ **import**
[impɔːrt]
v 유입하다, 수입하다
➡ **export** n 수출 v 수출하다

050 ★★★ **sharpen**
[ʃɑ́ːrpən]
v 1. 뾰족하게 하다, 선명하게 하다
2. (기술을) 연마하다

051 ★★★ **bridge**
[bridʒ]
n 다리
v 1. 격차를 줄이다 2. 다리를 놓다

052 ★★★ **sorrowful**
[sɑ́rəfəl]
a 슬픈

053 ★★★ **differentiation**
[difərènʃiéiʃən]
n 차이

054 ★★★ **wastage**
[wéistidʒ]
n 낭비(되는 양)

055 ★★★ **suspect**
[səspékt]
n 용의자 v 의심하다
➡ **doupt** v 의심하다

056 ★★★ **causal**
[kɔ́ːzəl]
a 인과관계의

057 ★★★ **convergence**
[kənvə́ːrdʒəns]
n 수렴

058 ★★★ **facile**
[fǽsil]
a 지나치게 단순한

059 ★★★ **economics**
[èkənámiks]
n 경제학

060 ★★★ **moreover**
[mɔːróuvər]
ad 게다가, 더욱이
➡ **furthermore** ad 더욱이

DAY 43 >>>>>>>>>>>

001 ★★★ **leverage** [lévəridʒ]
n 지렛대
v 이용하다

002 ★★★ **bunch** [bʌntʃ]
n 다발, 송이, 묶음
= cluster n 다발

003 ★★★ **emotional** [imóuʃənl]
a 정서적인, 감정적인

004 ★★★ **canned** [kænd]
a 통조림으로 된

005 ★★★ **porch** [pɔ:rtʃ]
n 현관

006 ★★★ **inaction** [inǽkʃən]
n 가만히 있음, 행동하지 않음

007 ★★★ **exceedingly** [iksí:diŋli]
ad 극히, 대단히

008 ★★★ **faint** [feint]
v 기절하다 a 희미한
= vague ⓐ 희미한

009 ★★★ **discomfort** [diskʌ́mfərt]
n 불편

010 ★★★ **touched** [tʌʃt]
a 감동한

011 ★★★ **leaflet** [lí:flit]
n 전단

012 ★★★ **initially** [iníʃəli]
ad 처음에

013 ★★★ **phrase** [freiz]
n 구(句), 구절, 어구

014 ★★★ **deficiency** [difíʃənsi]
n 1. 결핍, 부족 2. 적자
= insufficiency ⓝ 부족함

015 ★★★ **depth** [depθ]
n 깊이

016 ★★★ **geometrically** [dʒì:əmétrikəli]	**ad** 기하학적으로	☐☐☐
017 ★★★ **modernization** [màdərnizéiʃən]	**n** 현대화	☐☐☐
018 ★★★ **toward** [tɔːrd]	**prep** ~쪽으로, ~을 향하여	☐☐☐
019 ★★★ **wrinkle** [ríŋkl]	**n** 주름	☐☐☐
020 ★★★ **renowned** [rináund]	**a** 유명한, 저명한 **=** **prominent** ⓐ 유명한	☐☐☐
021 ★★★ **compound** [kámpaund]	**n** 1. 복합체 2. 혼합물 **v** 1. 악화시키다 2. ~로 구성되다	☐☐☐
022 ★★★ **pain** [pein]	**n** 고통, 아픔, 통증	☐☐☐
023 ★★★ **bait** [beit]	**n** 미끼, 함정 **=** **lure** ⓝ 미끼	☐☐☐
024 ★★★ **particularity** [pərtikjulǽrəti]	**n** 특수성	☐☐☐
025 ★★★ **adapt** [ədǽpt]	**v** 적응하다, 적응시키다 **=** **adjust** ⓥ 적응하다	☐☐☐
026 ★★★ **reconfigure** [rì:kənfígjər]	**v** 형을 바꾸다	☐☐☐
027 ★★★ **routine** [ruːtíːn]	**n** 틀, 일상 **a** 일상적인, 보통의	☐☐☐
028 ★★★ **instill** [instíl]	**v** 스며들게 하다, 주입하다	☐☐☐
029 ★★★ **yielding** [jíːldiŋ]	**a** 유연한	☐☐☐
030 ★★★ **govern** [gʌ́vərn]	**v** 지배하다, 통치하다 **=** **rule** ⓥ 통치하다	☐☐☐

DAY 43 >>>>>>>>>>>

| 031 ★★★ | **accessibility** [æksèsəbíləti] | n 접근성, 이용가능성 | ☐☐☐ |

| 032 ★★★ | **idiosyncratic** [ìdiousiŋkrǽtik] | a 특이한, 특유의 | ☐☐☐ |

| 033 ★★★ | **situated** [síʧuèitid] | a 위치해 있는 | ☐☐☐ |

| 034 ★★★ | **oyster** [ɔ́istər] | n 굴 | ☐☐☐ |

| 035 ★★★ | **barrier** [bǽriər] | n 장애물, 장벽
 ⊜ obstacle ⓝ 장애물 | ☐☐☐ |

| 036 ★★★ | **shake** [ʃeik] | v 흔들거리다, 떨리다 | ☐☐☐ |

| 037 ★★★ | **apologize** [əpálədʒàiz] | v 사과하다 | ☐☐☐ |

| 038 ★★★ | **suboptimal** [sʌbáptəməl] | a 차선의 | ☐☐☐ |

| 039 ★★★ | **backward** [bǽkwərd] | ad 뒤로 | ☐☐☐ |

| 040 ★★★ | **decline** [dikláin] | n 감소 v 1. 거절하다 2. 줄어들다
 ⊜ turn down 거절하다 diminish ⓥ 감소하다 | ☐☐☐ |

| 041 ★★★ | **remainder** [riméindər] | n 나머지 | ☐☐☐ |

| 042 ★★★ | **distinguish** [distíŋgwiʃ] | v 구별하다
 ⊜ differentiate ⓥ 구별하다 | ☐☐☐ |

| 043 ★★★ | **fairness** [fέərnis] | n 공정함, 공평함 | ☐☐☐ |

| 044 ★★★ | **hygiene** [háidʒiːn] | n 위생 | ☐☐☐ |

| 045 ★★★ | **recall** [rikɔ́ːl] | n 회상 v 기억하다, 회상하다
 ⊜ remind ⓥ 상기시키다 | ☐☐☐ |

DAY 43

046 ★★★	**territoriality** [tèrətɔ̀:riǽləti]	n 영토권, 세력권	☐☐☐
047 ★★★	**helplessly** [hélplisli]	ad 힘없이, 무기력하게	☐☐☐
048 ★★★	**disappointed** [dìsəpɔ́intid]	a 실망한, 낙담한	☐☐☐
049 ★★★	**compel** [kəmpél]	v 강요하다, 강제하다 🔁 force ⓥ 강요하다	☐☐☐
050 ★★★	**informational** [ìnfərméiʃənl]	a 지식을 주는, 정보를 제공하는	☐☐☐
051 ★★★	**fortunate** [fɔ́:rtʃənət]	a 운 좋은, 행운의	☐☐☐
052 ★★★	**utilize** [jú:təlàiz]	v 이용하다, 활용하다	☐☐☐
053 ★★★	**burst** [bə:rst]	n 폭발 v 터지다 🔁 explode ⓥ 폭발하다	☐☐☐
054 ★★★	**vocalization** [vòukəli-zéiʃən]	n 발성	☐☐☐
055 ★★★	**exhaust** [igzɔ́:st]	n 배기가스 v 1. 고갈시키다 2. 기진맥진하게 만들다	☐☐☐
056 ★★★	**witty** [wíti]	a 재치 있는	☐☐☐
057 ★★★	**approximation** [əpràksəméiʃən]	n 근접, 근사치	☐☐☐
058 ★★★	**nearby** [nìərbái]	a 근처의 ad 근처에, 가까이에	☐☐☐
059 ★★★	**ring** [riŋ]	v 울리다	☐☐☐
060 ★★★	**imprison** [imprízn]	v 감금하다, 구금시키다 🔁 release ⓥ 풀어주다, 방출하다	☐☐☐

001 ★★★	**gene** [dʒiːn]	**n** 유전자	☐☐☐
002 ★★★	**beckon** [békən]	**v** 손짓하다 **=** gesture ⓥ 손짓하다	☐☐☐
003 ★★★	**disrepair** [dìsripéər]	**n** 황폐	☐☐☐
004 ★★★	**scholar** [skálər]	**n** 학자	☐☐☐
005 ★★★	**similarity** [sìməlǽrəti]	**n** 유사점	☐☐☐
006 ★★★	**wisely** [wáizli]	**ad** 현명하게	☐☐☐
007 ★★★	**annual** [ǽnjuəl]	**a** 매년의, 연례의 **=** yearly ⓐ 1년에 한 번, 연간의	☐☐☐
008 ★★★	**protest** [próutest]	**n** 항의 **v** 항의하다	☐☐☐
009 ★★★	**talent** [tǽlənt]	**n** 재주, 재능	☐☐☐
010 ★★★	**modify** [mádəfài]	**v** 수정하다, 바꾸다	☐☐☐
011 ★★★	**refute** [rifjúːt]	**v** 반박하다	☐☐☐
012 ★★★	**oppressive** [əprésiv]	**a** 억압적인	☐☐☐
013 ★★★	**coincidence** [kouínsidəns]	**n** 1. 우연의 일치 2. 동시 발생 **=** accident ⓝ 우연	☐☐☐
014 ★★★	**markedly** [máːrkidli]	**ad** 현저하게	☐☐☐
015 ★★★	**intent** [intént]	**n** 의도, 취지	☐☐☐

016	★★★	**adaptive** [ədǽptiv]	ⓐ 적응의, 적응할 수 있는
017	★★★	**withdrawal** [wiðdrɔ́:əl]	ⓝ 1. 철수, 철회 2. 인출
018	★★★	**parcel** [pɑ́:rsəl]	ⓝ 소포
019	★★★	**vague** [veig]	ⓐ 희미한, 애매모호한 ⊜ ambiguous ⓐ 모호한
020	★★★	**inside** [ìnsáid]	ad 안에
021	★★★	**nod** [nad]	ⓥ (고개를) 끄덕이다
022	★★★	**tear** [tiər]	ⓥ 찢다
023	★★★	**nonchalance** [nɑ̀nʃəlɑ́:ns]	ⓝ 무관심, 냉담
024	★★★	**glass** [glæs]	ⓝ 유리
025	★★★	**attendance** [əténdəns]	ⓝ 출석, 참석 ⊜ presence ⓝ 출석, 참석
026	★★★	**farther** [fɑ́:rðər]	ad 더 멀리
027	★★★	**predatory** [prédətɔ̀:ri]	ⓐ 포식하는, 생물을 잡아먹는
028	★★★	**observatory** [əbzə́:rvətɔ̀:ri]	ⓝ 관측소, 천문대
029	★★★	**poisonous** [pɔ́izənəs]	ⓐ 유독한, 유해한 ⊜ toxic ⓐ 유독성의
030	★★★	**molar** [móulər]	ⓝ 어금니

DAY 44

031 ★★★	**hummingbird** [hʌmiŋbəːrd]	ⓝ 벌새
032 ★★★	**dump** [dʌmp]	ⓥ 내버리다
033 ★★★	**luxurious** [lʌgʒúəriəs]	ⓐ 사치스러운
034 ★★★	**effective** [iféktiv]	ⓐ 효과적인
035 ★★★	**polarize** [póuləràiz]	ⓥ 양극화를 초래하다
036 ★★★	**cheat** [tʃíːt]	ⓥ 속이다 🔵 deceive ⓥ 속이다, 기만하다
037 ★★★	**flawed** [flɔːd]	ⓐ 결함이 있는
038 ★★★	**hop** [hap]	ⓝ 깡충 뛰기 ⓥ 뛰다
039 ★★★	**loyalty** [lɔ́iəlti]	ⓝ 충성도
040 ★★★	**path** [pæθ]	ⓝ 1. 길 2. 계획, 방식
041 ★★★	**express** [iksprés]	ⓥ 표현하다
042 ★★★	**odor** [óudər]	ⓝ 냄새, 악취
043 ★★★	**cost** [kɔːst]	ⓝ 값, 비용 ⓥ (값·비용이) ~이다, 들다
044 ★★★	**subscription** [səbskrípʃən]	ⓝ 구독
045 ★★★	**rigid** [rídʒid]	ⓐ 1. 단단한 2. 엄격한 3. 융통성 없는 🔵 strict ⓐ 엄격한

046 ★★★ **persist** [pərsíst]	v 지속되다, 지속하다	☐☐☐
047 ★★★ **vehicle** [víːikl]	n 차량, 탈것	☐☐☐
048 ★★★ **issue** [íʃuː]	n 1. 문제 2. 주제 v 1. 발표하다 2. 발행하다	☐☐☐
049 ★★★ **also** [ɔ́ːlsou]	ad 또한 ⊜ besides prep ~외에 ad 또(한)	☐☐☐
050 ★★★ **protein** [próutiːn]	n 단백질	☐☐☐
051 ★★★ **mixture** [míkstʃər]	n 혼합	☐☐☐
052 ★★★ **delighted** [diláitid]	a 기쁜	☐☐☐
053 ★★★ **shift** [ʃift]	n 변화, 전환 v 바뀌다, 전환하다	☐☐☐
054 ★★★ **beneficial** [bènəfíʃəl]	a 유익한, 이로운 ⊜ profitable ⓐ 유익한	☐☐☐
055 ★★★ **incorporation** [inkɔ̀ːrpəréiʃən]	n 통합	☐☐☐
056 ★★★ **suspend** [səspénd]	v 1. 매달다 2. 중단하다, 유예하다 3. 정학시키다	☐☐☐
057 ★★★ **digestion** [didʒéstʃən]	n 소화	☐☐☐
058 ★★★ **fever** [fíːvər]	n 열	☐☐☐
059 ★★★ **propaganda** [prὰpəgǽndə]	n 선전	☐☐☐
060 ★★★ **agreeable** [əgríːəbl]	a 1. 기분 좋은 2. 선뜻 동의하는 ⊜ pleasant ⓐ 기분 좋은 ⊝ disagreeable ⓐ 유쾌하지 못한	☐☐☐

DAY 44

DAY 45 >>>>>>>>>>>

001 ★★★ **meaningful**
[mí:niŋfəl]
ⓐ 의미 있는, 중요한

002 ★★★ **adherent**
[ædhí:ərənt]
ⓝ 추종자
= advocate ⓝ 옹호자

003 ★★★ **deform**
[difɔ́:rm]
ⓥ 변형하다

004 ★★★ **wear**
[wɛər]
ⓥ 1. 닳다, 마모되다 2. 입고 있다

005 ★★★ **permission**
[pərmíʃən]
ⓝ 허락, 허가

006 ★★★ **breakable**
[bréikəbl]
ⓐ 깨지기 쉬운
= fragile ⓐ 깨지기 쉬운

007 ★★★ **variability**
[vɛəriəbíləti]
ⓝ 변동성, 가변성

008 ★★★ **fame**
[feim]
ⓝ 명성

009 ★★★ **tailor**
[téilər]
ⓝ 재단사
ⓥ 맞추다, 조정하다

010 ★★★ **estimate**
[éstəmèit]
ⓝ 추정치 ⓥ 추정하다, 추산하다
= figure ⓥ 추정하다, 추산하다

011 ★★★ **affect**
[əfékt]
ⓥ 영향을 미치다

012 ★★★ **prime**
[praim]
ⓐ 가장 적합한, 최적의

013 ★★★ **nonnegotiable**
[nànnigóuʃiəbl]
ⓐ 협상의 여지가 없는

014 ★★★ **chimp**
[ʧimp]
ⓝ 침팬지

015 ★★★ **enforce**
[infɔ́:rs]
ⓥ 집행하다, 시행하다
= impose ⓥ 시행하다

DAY 45

016 ★★★	**yard** [jɑːrd]	n 마당, 뜰
017 ★★★	**malicious** [məlíʃəs]	a 악의적인
018 ★★★	**fragment** [frǽgmənt]	n 조각, 부분 v 조각나다
019 ★★★	**individuality** [indəvidʒuǽləti]	n 개인성
020 ★★★	**accordingly** [əkɔ́ːrdiŋli]	ad 그에 따라, 따라서 ⊜ therefore [ad] 그래서
021 ★★★	**puzzle** [pʌzl]	n 문제 v 당황하게 하다
022 ★★★	**politics** [pɑ́lətiks]	n 정치, 정계
023 ★★★	**illustrative** [ilʌ́strətiv]	a 분명히 보여주는
024 ★★★	**predominantly** [pridɑ́mənəntli]	ad 대개
025 ★★★	**formal** [fɔ́ːrməl]	a 공식적인, 형식적인
026 ★★★	**stack** [stæk]	v 1. 쌓다, 포개다 2. 채우다 ⊜ pile ⓥ 쌓다
027 ★★★	**facilitator** [fəsilətèitər]	n 촉진제
028 ★★★	**fulfilled** [fulfíld]	a 성취감을 느끼는
029 ★★★	**instantaneous** [instəntéiniəs]	a 순간적인
030 ★★★	**courageous** [kəréidʒəs]	a 용감한 ⊕ timid ⓐ 용기가 없는, 소심한

031 ★★★	**utility** [juːtíləti]	n 1. 실용성 2. 공익사업	☐☐☐
032 ★★★	**grateful** [gréitfəl]	a 감사하는, 고마워하는	☐☐☐
033 ★☆☆	**nonsense** [nánsens]	n 터무니없는 말	☐☐☐
034 ★★★	**immigration** [ìməgréiʃən]	n 이주, 이민	☐☐☐
035 ★★★	**include** [inklúːd]	v 포함하다 ⊜ contain ⓥ 포함하다	☐☐☐
036 ★★★	**nuanced** [njúːaːnst]	a 은근한, 미묘한	☐☐☐
037 ★★☆	**villain** [vílən]	n 악당	☐☐☐
038 ★★★	**feast** [fiːst]	n 1. 진수성찬 2. 연회, 잔치	☐☐☐
039 ★★★	**injustice** [indʒʌ́stis]	n 불평등, 부당함 ⊜ inequity ⓝ 불공평	☐☐☐
040 ★★☆	**insensitive** [insénsətiv]	a 둔감한	☐☐☐
041 ★★★	**premature** [prìːmətʃúər]	a 너무 이른, 시기상조의	☐☐☐
042 ★★★	**onward** [ánwərd]	a 계속 이어서 나아가는	☐☐☐
043 ★☆☆	**pesticide** [péstisàid]	n 살충제, 농약	☐☐☐
044 ★☆☆	**minimize** [mínəmàiz]	v 최소화하다 ⊝ maximize ⓥ 최대화하다	☐☐☐
045 ★★☆	**flee** [fliː]	v 달아나다	☐☐☐

DAY 45

046 ★★★ **incompatibility** [inkəmpætəbílǝti]	n 상반, 양립 불가함	☐☐☐
047 ★★★ **nourishment** [nə́:riʃmǝnt]	n 영양분	☐☐☐
048 ★★★ **meaning** [mí:niŋ]	n 의미	☐☐☐
049 ★★★ **artistic** [a:rtístik]	a 예술적인 = aesthetic ⓐ 심미적인	☐☐☐
050 ★★★ **band** [bænd]	n 무리, 일행	☐☐☐
051 ★★★ **methodology** [mèθədálədʒi]	n 방법(론)	☐☐☐
052 ★★★ **aesthetic** [esθétik]	a 미적인, 미학의	☐☐☐
053 ★★★ **gesture** [dʒésʧǝr]	n 몸짓, 표현	☐☐☐
054 ★★★ **startle** [stá:rtl]	v 깜짝 놀라게 하다 = frighten ⓥ 놀라게 하다	☐☐☐
055 ★★★ **questionnaire** [kwèsʧǝnɛ́ǝr]	n 설문지	☐☐☐
056 ★★★ **influential** [influénʃǝl]	a 영향력 있는	☐☐☐
057 ★★★ **personhood** [pə́:rsǝnhùd]	n 개성	☐☐☐
058 ★★★ **blunder** [blʌ́ndǝr]	n 실수	☐☐☐
059 ★★★ **participate** [pa:rtísǝpèit]	v 참가하다, 참여하다	☐☐☐
060 ★★★ **guarantee** [gærǝntí:]	n 보장, 장담 v 보장하다, 보증하다 = underwrite ⓥ 동의하다, 보증하다	☐☐☐

DAY 46 >>>>>>>>>>>>>

001 ★★★ **peaceful**
[píːsfəl]

ⓐ 평화로운

002 ★★★ **selfish**
[sélfiʃ]

ⓐ 이기적인
⊜ selfless ⓐ 이타적인

003 ★★★ **beam**
[biːm]

ⓥ 빛나다, 활짝 웃다
⊜ shine ⓥ 빛나다

004 ★★★ **architect**
[áːrkətèkt]

ⓝ 건축가

005 ★★★ **drunk**
[drʌŋk]

ⓐ 술에 취한

006 ★★★ **violence**
[váiələns]

ⓝ 폭력

007 ★★★ **odorous**
[óudərəs]

ⓐ 냄새가 나는, 냄새로 가득한

008 ★★★ **anthropologist**
[ænθrəpálədʒist]

ⓝ 인류학자

009 ★★★ **incredibly**
[inkrédəbli]

ⓐⓓ 믿을 수 없을 정도로, 놀랍도록

010 ★★★ **transportation**
[trænspərtéiʃən]

ⓝ 운송, 수송

011 ★★★ **visitation**
[vìzətéiʃən]

ⓝ (격식) 방문, 사찰

012 ★★★ **track**
[træk]

ⓝ 길 ⓥ 추적하다
⊜ trace ⓥ 추적하다

013 ★★★ **useless**
[júːslis]

ⓐ 쓸모 없는

014 ★★★ **astronaut**
[æstrənɔ̀ːt]

ⓝ 우주 비행사

015 ★★★ **outward**
[áutwərd]

ⓐ 1. 표면상의 2. 밖으로 향하는

016 ★★★ **separately**
[sépərətli]

ad 따로, 별개로

---

017 ★★★ **determination**
[ditə:rmənéiʃən]

n 결심, 결정

---

018 ★★★ **ability**
[əbíləti]

n 능력

---

019 ★★★ **packed**
[pækt]

a 가득 찬

---

020 ★★★ **confront**
[kənfrʌnt]

v 직면하다, 맞서다
⊜ **tackle** ⓥ 맞서다, 해결하다

---

021 ★★★ **rebel**
[rıbél]

n 반항아
v 반항하다

---

022 ★★★ **pose**
[pouz]

v 제기하다

---

023 ★★★ **deter**
[ditə:r]

v 저지하다, 단념시키다

---

024 ★★★ **erect**
[irékt]

v 세우다 **a** 똑바로 선
⊜ **upright** ⓐ 꼿꼿한

---

025 ★★★ **emperor**
[émpərər]

n 황제

---

026 ★★★ **animate**
[ǽnəmèit]

v 생기를 불어넣다

---

027 ★★★ **public**
[pʌblik]

n 대중, 일반인 **a** 공립의, 공공의
⊝ **private** ⓐ 사적의

---

028 ★★★ **liberalize**
[líbərəlàiz]

v 자유롭게 하다, 해방시키다

---

029 ★★★ **rapid**
[rǽpid]

a 빠른

---

030 ★★★ **sincere**
[sinsíər]

a 순수한, 진실된, 진정한

DAY 46

031 ★★★	**mature** [mətjúər]	ⓥ 성숙하다 ⓐ 성숙한	□□□
032 ★★★	**illness** [ílnis]	ⓝ 병, 질환	□□□
033 ★★★	**rate** [reit]	ⓝ 1. 속도 2. 요금 3. 비율 ⓥ 평가하다 ⊜ ratio ⓝ 비율	□□□
034 ★★★	**hope** [houp]	ⓝ 희망	□□□
035 ★★★	**sense** [sens]	ⓝ 감각, 의식 ⓥ 감지하다, 알아차리다	□□□
036 ★★★	**absorb** [[æbsɔ́:rb]	ⓥ 1. 흡수하다 2. 받아들이다 ⊖ exude ⓥ 흘리다, 흐르다	□□□
037 ★★★	**evidence** [évədəns]	ⓝ 근거, 증거	□□□
038 ★★★	**likelihood** [láiklihùd]	ⓝ 가능성, 확률	□□□
039 ★★★	**deduce** [didjú:s]	ⓥ 추론하다, 연역하다 ⊜ infer ⓥ 추론하다	□□□
040 ★★★	**reuse** [ri:jú:z]	ⓝ 재사용 ⓥ 재사용하다	□□□
041 ★★★	**genre** [ʒá:nrə]	ⓝ 장르	□□□
042 ★★★	**business** [bíznis]	ⓝ 사업, 사업체	□□□
043 ★★★	**trope** [troup]	ⓝ 수사적 표현	□□□
044 ★★★	**inability** [inəbíləti]	ⓝ 무능력	□□□
045 ★★★	**partition** [pa:rtíʃən]	ⓥ 나누다, 구분하다, 분할하다	□□□

046 ★★★ **divisive**
[diváisiv]

ⓐ 분화를 일으키는

047 ★★★ **cadence**
[kéidns]

ⓝ 박자

048 ★★★ **grin**
[grin]

ⓥ 씩 웃다

049 ★★★ **opening**
[óupəniŋ]

ⓝ 개장

050 ★★★ **thoughtfulness**
[θɔ́:tfəlnis]

ⓝ 사려 깊음

051 ★★★ **interdependence**
[intərdipéndəns]

ⓝ 상호 의존성

052 ★★★ **employ**
[implɔ́i]

ⓥ 이용하다, 고용하다
⊜ **recruit** ⓥ 채용하다, 모집하다

053 ★★★ **lacking**
[lǽkiŋ]

ⓐ 부족한

054 ★★★ **interview**
[íntərvjù:]

ⓝ 면접

055 ★★★ **possess**
[pəzés]

ⓥ 지니다, 소유하다

056 ★★★ **rookie**
[rúki]

ⓝ 초보자

057 ★★★ **completion**
[kəmplí:ʃən]

ⓝ 완수

058 ★★★ **elaboration**
[ilæbəréiʃən]

ⓝ 상술

059 ★★★ **curiosity**
[kjùəriάsəti]

ⓝ 호기심

060 ★★★ **rot**
[rat]

ⓥ 썩다
⊜ **decay** ⓥ 부패하다

DAY 46

DAY 47 >>>>>>>>>>

001 ★★★ **platitude**
[plǽtitjùːd]
n 진부한 말, 상투적인 문구

002 ★★★ **statue**
[stǽtʃuː]
n 동상, 조각상

003 ★★★ **prohibit**
[prouhíbit]
v 금지하다
⊜ prevent ⓥ 막다

004 ★★★ **epidemic**
[èpədémik]
n 1. 전염병 2. 급속한 확산

005 ★★★ **substantive**
[sʌbstəntiv]
a 실질적인

006 ★★★ **previous**
[príːviəs]
a 이전의
⊜ prior ⓐ 사전의

007 ★★★ **relate**
[riléit]
v 1. 관련시키다, 관련이 있다
2. 이야기하다, 말하다

008 ★★★ **local**
[lóukəl]
a 지역의, 현지의

009 ★★★ **dense**
[dens]
a 빽빽한, 밀집한

010 ★★★ **pregnant**
[prégnənt]
a 임신한

011 ★★★ **collective**
[kəléktiv]
a 집단적인, 집단의
⊖ individual ⓐ 개인적인

012 ★★★ **explicitly**
[iksplísitli]
ad 명시적으로

013 ★★★ **irritate**
[írətèit]
v 짜증나게 하다

014 ★★★ **pacifist**
[pǽsəfist]
n 평화주의자

015 ★★★ **physical**
[fízikəl]
a 신체적인, 물리적인

016 ★★★ **synergistic** [sìnərdʒístik]	ⓐ (반응이나 효과가) 상승적인	☐☐☐
017 ★★★ **ecologist** [ikálədʒist]	ⓝ 생태학자	☐☐☐
018 ★★★ **vibration** [vaibréiʃən]	ⓝ 진동	☐☐☐
019 ★★★ **designate** [dézignèit]	ⓥ 지정하다 ⊜ appoint ⓥ 임명하다	☐☐☐
020 ★★★ **century** [séntʃəri]	ⓝ 100년, 세기	☐☐☐
021 ★★★ **icy** [áisi]	ⓐ 얼음에 뒤덮인	☐☐☐
022 ★★★ **centre** [séntər]	ⓝ 중심, 가운데 ⊜ middle ⓝ 가운데, 중앙	☐☐☐
023 ★★★ **seek** [si:k]	ⓥ 1. 찾다 2. 추구하다	☐☐☐
024 ★★★ **hibernation** [hàibərnéiʃən]	ⓝ 겨울잠, 동면	☐☐☐
025 ★★★ **record** [rikɔ́:rd]	ⓝ 기록 ⓥ 1. 기록하다 2. 녹음하다, 녹화하다	☐☐☐
026 ★★★ **elderly** [éldərli]	ⓐ 연세가 드신	☐☐☐
027 ★★★ **lever** [lévər]	ⓝ 지렛대	☐☐☐
028 ★★★ **fearful** [fíərfəl]	ⓐ 두려운, 겁에 질린	☐☐☐
029 ★★★ **broadly** [brɔ́:dli]	ⓐⓓ 1. 대체로, 대개 2. 넓게 ⊜ in general 일반적으로	☐☐☐
030 ★★★ **neutral** [njú:trəl]	ⓐ 중립적인	☐☐☐

DAY 47

DAY 47 >>>>>>>>>>>

031 ★★★ **trader**
[tréidər]
n 상인, 거래자

032 ★★★ **actualize**
[ǽktʃuəlàiz]
v 실현하다

033 ★☆☆ **plus**
[plʌs]
prep ~도 또한
conj 게다가

034 ★★★ **inventive**
[invéntiv]
a 창의적인

035 ★★★ **successive**
[səksésiv]
a 연속된, 잇따른
= consecutive ⓐ 연이은

036 ★★★ **blurry**
[blə́:ri]
a 흐릿한, 침침한

037 ★★☆ **visualization**
[viʒuəlaizéiʃən]
n 시각화

038 ★★★ **camouflage**
[kǽməflà:ʒ]
n 위장
= disguise ⓝ 위장

039 ★★☆ **bonded**
[bάndid]
a 결속되어 있는

040 ★★★ **vividly**
[vívidli]
ad 생생하게

041 ★★☆ **precipitation**
[prisipətéiʃən]
n 강수량

042 ★★☆ **inert**
[inə́:rt]
a 비활성의

043 ★★☆ **collect**
[kəlékt]
v 모으다, 수집하다
= gather ⓥ 모으다, 수집하다

044 ★★★ **remediation**
[rimì:diéiʃən]
n 교정, 복원

045 ★★★ **striking**
[stráikiŋ]
a 눈에 띄는, 놀라운, 현저한
= noticeable ⓐ 현저한

046 ★★★	**awareness** [əwéərnis]	n 인식, 인지, 의식 consciousness n 자각, 의식	☐ ☐ ☐
047 ★★★	**weakness** [wíːknis]	n 약점	☐ ☐ ☐
048 ★★★	**encode** [inkóud]	v 암호화하다	☐ ☐ ☐
049 ★★★	**operate** [ápərèit]	v 1. 작동되다 2. 수술하다	☐ ☐ ☐
050 ★★★	**poke** [pouk]	v 쿡 찌르다	☐ ☐ ☐
051 ★★★	**expand** [ikspǽnd]	v 커지다, 확장하다 widen v 넓어지다, 넓히다	☐ ☐ ☐
052 ★★★	**perversely** [pərvə́ːrsli]	ad 별나게	☐ ☐ ☐
053 ★★★	**exhibit** [igzíbit]	v 1. 보여주다, 드러내다 2. 전시하다 display v 전시하다	☐ ☐ ☐
054 ★★★	**exceptionally** [iksépʃənli]	ad 대단히	☐ ☐ ☐
055 ★★★	**significance** [signífikəns]	n 의미, 중요성	☐ ☐ ☐
056 ★★★	**injection** [indʒékʃən]	n 주사	☐ ☐ ☐
057 ★★★	**orchestral** [ɔːrkéstrəl]	a 오케스트라의, 관현악단의	☐ ☐ ☐
058 ★★★	**glorify** [glɔ́ːrəfài]	v 1. 미화하다 2. 예찬하다	☐ ☐ ☐
059 ★★★	**affection** [əfékʃən]	n 애정	☐ ☐ ☐
060 ★★★	**act** [ækt]	n 법안 v 1. 역할을 하다 2. 연기하다	☐ ☐ ☐

DAY 47

001 ★★★	**transcend** [trænsénd]	v 초월하다, 능가하다	□□□
002 ★★★	**lead** [liːd]	n 1. 머리글, 첫머리 2. 납 v 안내하다, 이끌다	□□□
003 ★★★	**hypothesis** [haipάθəsis]	n 가설	□□□
004 ★★★	**badly** [bǽdli]	ad 심각하게 ● poorly ad 형편없이	□□□
005 ★★☆	**conceptual** [kənséptʃuəl]	a 개념적인	□□□
006 ★★★	**faculty** [fǽkəlti]	n 1. 교직원 2. 능력 3. 학부	□□□
007 ★★☆	**popularization** [pὰpjulərəzéiʃən]	n 대중화	□□□
008 ★★☆	**inquiry** [inkwáiəri]	n 1. 문의 2. 탐구, 연구	□□□
009 ★★★	**intellective** [intəléktiv]	a 인지적인, 지적인	□□□
010 ★★★	**degradation** [dègrədéiʃən]	n (질적) 저하	□□□
011 ★★★	**client** [kláiənt]	n 의뢰인, 고객 ● customer n 고객	□□□
012 ★★★	**nitrogen** [náitrədʒən]	n 질소	□□□
013 ★★★	**multiple** [mΛltəpl]	a 다양한, 다수의	□□□
014 ★★☆	**inner** [ínər]	a 내부의, 내면의 ● outer a 외부의	□□□
015 ★★☆	**mathematical** [mæθəmǽtikəl]	a 수학적인	□□□

016 ★★★ **cheap** [tʃi:p]	ⓐ 값이 싼 = inexpensive ⓐ 비싸지 않은	☐☐☐
017 ★★★ **swipe** [swaip]	ⓥ 판독기에 통과시키다	☐☐☐
018 ★★★ **exaggerate** [igzǽdʒərèit]	ⓥ 과장하다 = overstate ⓥ 과장하다	☐☐☐
019 ★★★ **volunteer** [vàləntíər]	ⓝ 자원 봉사자 ⓥ 자원 봉사하다 ⓐ 자원봉사의	☐☐☐
020 ★★★ **pervasive** [pərvéisiv]	ⓐ 스며드는, 만연하는	☐☐☐
021 ★★★ **awkward** [ɔ́:kwərd]	ⓐ 어색한, 불편한	☐☐☐
022 ★★★ **meaningless** [mí:niŋlis]	ⓐ 무의미한	☐☐☐
023 ★★★ **steady** [stédi]	ⓐ 1. 안정된 2. 꾸준한 = constant ⓐ 끊임없는	☐☐☐
024 ★★★ **predict** [pridíkt]	ⓥ 예측하다	☐☐☐
025 ★★★ **pivotal** [pívətl]	ⓐ 핵심적인	☐☐☐
026 ★★★ **attire** [ətáiər]	ⓝ 옷, 의상 ⓥ 차려 입히다	☐☐☐
027 ★★★ **cab** [kæb]	ⓝ 택시	☐☐☐
028 ★★★ **mainstream** [méinstri:m]	ⓝ 주류 ⓐ 주류의	☐☐☐
029 ★★★ **terribly** [térəbli]	ⓐⓓ 너무, 대단히, 몹시	☐☐☐
030 ★★★ **position** [pəzíʃən]	ⓝ 위치, 입장	☐☐☐

DAY 48

DAY 48 >>>>>>>>>>>>

031 ★★★ **caterpillar** [kǽtərpilər]
n 애벌레

032 ★★★ **promising** [prάmisiŋ]
a 조짐이 좋은

033 ★★★ **exception** [iksépʃən]
n 예외

034 ★★★ **obstruction** [əbstrʌ́kʃən]
n 방해
⊖ obstacle ⓝ 방해물

035 ★★★ **corresponding** [kɔ̀:rəspάndiŋ]
a 상응하는, 해당하는

036 ★★★ **ambiguity** [æ̀mbigjú:əti]
n 애매모호함
⊖ obscurity ⓝ 모호함

037 ★★★ **discourage** [diskə́:ridʒ]
v 낙담시키다, 좌절시키다

038 ★★★ **authorized** [ɔ́:θəràizd]
a 1. 공인된 2. 권한을 부여받은
⊖ approved ⓐ 공인된

039 ★★★ **recognize** [rékəgnàiz]
v 알아보다, 인식하다

040 ★★★ **fashion** [fǽʃən]
n 유행
v 형성하다, 만들다

041 ★★★ **mounting** [máuntiŋ]
a 증가하는

042 ★★★ **dissolve** [dizάlv]
v 해체하다

043 ★★★ **exceptional** [iksépʃənl]
a 특출난, 이례적인
⊖ extraordinary ⓥ 보기 드문, 비범한

044 ★★★ **margin** [mά:rdʒin]
n 1. 가장자리 2. 여유 3. 여백

045 ★★★ **strategic** [strətí:dʒik]
a 전략적인

046 ★★★ **slip**
[slip]
v 미끄러지다

047 ★★★ **eventual**
[ivénʃuəl]
a 궁극적인, 최종적인
= ultimate ⓐ 궁극적인

048 ★★★ **trade**
[treid]
n 거래, 무역
v 교역하다, 거래하다

049 ★★★ **guilt**
[gilt]
n 죄책감

050 ★★★ **plot**
[plat]
n 줄거리, 구성
v 표시하다

051 ★★★ **bacterium**
[bæktíəriəm]
n 박테리아 (*pl.* bacteria)

052 ★★★ **extended**
[iksténdid]
a 확장된

053 ★★★ **refine**
[rifáin]
v 1. 다듬다, 정제하다 2. 개선하다
= purify ⓥ 정화하다

054 ★★★ **systematization**
[sistəm-ətizéiʃən]
n 체계화

055 ★★★ **ethnic**
[éθnik]
a 민족의

056 ★★★ **attentive**
[əténtiv]
a 주의 깊은, 세심한
= considerate ⓐ 사려 깊은

057 ★★★ **unorganized**
[ʌnɔ́ːrgənàizd]
a 정돈되지 않은

058 ★★★ **temporal**
[témpərəl]
a 시간적인

059 ★★★ **shamanistic**
[ʃɑ̀ːmənístik]
a 샤머니즘적인, 주술의

060 ★★★ **dramatic**
[drəmǽtik]
a 극적인

DAY 48

001 ★★★	**auction** [ɔ́ːkʃən]	n 경매	☐☐☐
002 ★★★	**lodging** [lɑ́dʒiŋ]	n 숙박	☐☐☐
003 ★★★	**anticipation** [æntìsəpéiʃən]	n 기대(감) ⊜ expectation 예상, 기대	☐☐☐
004 ★★★	**meditation** [mèdətéiʃən]	n 명상	☐☐☐
005 ★★★	**coastal** [kóustəl]	a 해안의	☐☐☐
006 ★★★	**reverential** [rèvərénʃəl]	a 경건한	☐☐☐
007 ★★★	**brochure** [brouʃúər]	n 책자 ⊜ pamphlet n 팸플릿	☐☐☐
008 ★★★	**wonderful** [wʌ́ndərfəl]	a 놀라운	☐☐☐
009 ★★★	**unquestioning** [ʌnkwéstʃəniŋ]	a 의심하지 않는	☐☐☐
010 ★★★	**efficiently** [ifíʃəntli]	ad 효율적으로, 유효하게	☐☐☐
011 ★★★	**defensive** [difénsiv]	a 방어적인 ⊜ protective a 방어적인	☐☐☐
012 ★★★	**resentment** [rizéntmənt]	n 분개, 억울함	☐☐☐
013 ★★★	**richness** [rítʃnis]	n 풍요로움	☐☐☐
014 ★★★	**scrupulous** [skrúːpjuləs]	a 용의주도한	☐☐☐
015 ★★★	**inefficiency** [ìnifíʃənsi]	n 비효율성	☐☐☐

016 ★★★ **jail**
[dʒeil]
v 투옥시키다

017 ★★★ **insurer**
[inʃúərər]
n 보증인, 보험업자

018 ★★★ **citation**
[saitéiʃən]
n 인용구[문]
⊜ **quotation** ⓝ 인용(구)

019 ★★★ **irreversibly**
[ìrivə́:rsəbli]
ad 되돌릴 수 없게

020 ★★★ **force**
[fɔːrs]
n 힘
v 강요하다, 어쩔 수 없이 ∼하게 만들다

021 ★★★ **forage**
[fɔ́:ridʒ]
v 식량을 찾아다니다

022 ★★★ **rivalry**
[ráivəlri]
n 경쟁

023 ★★★ **reluctant**
[rilʌ́ktənt]
a 꺼리는, 마지못해 하는
⊜ **unwilling** ⓐ 꺼리는

024 ★★★ **invent**
[invént]
v 1. 발명하다 2. 지어내다

025 ★★★ **inactivate**
[inǽktəvèit]
v 비활성화하다

026 ★★★ **discovery**
[diskʌ́vəri]
n 발견

027 ★★★ **irony**
[áiərəni]
n 아이러니, 반의

028 ★★★ **confuse**
[kənfjúːz]
v 혼란스럽게 하다

029 ★★★ **expropriation**
[ikspròupriéiʃən]
n 몰수

030 ★★★ **craftsman**
[krǽftsmən]
n 장인

031 ★★★	**prompt** [prɑ:mpt]	v 촉구하다 a 즉각적인, 신속한 ⊜ provoke ⓥ 유발하다	☐☐☐
032 ★★★	**deteriorate** [ditíəriərèit]	v 나빠지다, 저하되다	☐☐☐
033 ★★★	**limitless** [límitlis]	a 무한한	☐☐☐
034 ★★★	**roughly** [rʌfli]	ad 약, 대략	☐☐☐
035 ★★★	**permanently** [pə́:rmənəntli]	ad 영구적으로 ⊜ temporarily ad 일시적으로	☐☐☐
036 ★★★	**visualize** [víʒuəlàiz]	v 시각화하다	☐☐☐
037 ★★★	**humanitarian** [hju:mænitέəriən]	a 인도주의적인	☐☐☐
038 ★★★	**advocate** [ǽdvəkèit]	n 지지자 v 지지하다, 옹호하다 ⊜ proponent ⓝ 지지자	☐☐☐
039 ★★★	**knowledge** [nɑ́lidʒ]	n 지식	☐☐☐
040 ★★★	**horrified** [hɔ(:)rəfàid]	a 겁에 질린	☐☐☐
041 ★★★	**criticism** [krítəsìzm]	n 비평, 비판	☐☐☐
042 ★★★	**invasion** [invéiʒən]	n 침입, 침략	☐☐☐
043 ★★★	**irreconcilable** [irékənsàiləbl]	a 화해할 수 없는	☐☐☐
044 ★★★	**thoughtfully** [θɔ́:tfəli]	ad 사려 깊게	☐☐☐
045 ★★★	**starve** [stɑ:rv]	v 굶주리다	☐☐☐

046 ★★★ **worsen** [wə́:rsn]	ⓥ 악화시키다	☐☐☐
047 ★★★ **careless** [kɛ́ərlis]	ⓐ 조심성 없는, 부주의한	☐☐☐
048 ★★★ **mermaid** [mə́:rmèid]	ⓝ 인어	☐☐☐
049 ★★★ **across** [əkrɔ́:s]	ⓐⓓ 건너편에, 맞은편에 prep ~을 가로질러	☐☐☐
050 ★★★ **sort** [sɔ:rt]	ⓝ 종류, 유형 ⓥ 분류하다, 나누다 ⊜ classify ⓥ 분류하다	☐☐☐
051 ★★★ **recital** [risáitl]	ⓝ 독주회	☐☐☐
052 ★★★ **reevaluate** [rì:ivǽljuèit]	ⓥ 재평가하다	☐☐☐
053 ★★★ **brandish** [brǽndiʃ]	ⓥ 휘두르다 ⊜ flourish ⓥ 흔들어 대다	☐☐☐
054 ★★★ **stimulation** [stìmjuléiʃən]	ⓝ 자극	☐☐☐
055 ★★★ **penetrate** [pénətrèit]	ⓥ 통과하다, 관통하다	☐☐☐
056 ★★★ **irritation** [ìrətéiʃən]	ⓝ 짜증	☐☐☐
057 ★★★ **deepen** [dí:pən]	ⓥ 깊게 하다	☐☐☐
058 ★★★ **bravery** [bréivəri]	ⓝ 용기	☐☐☐
059 ★★★ **accident** [ǽksidənt]	ⓝ 사고, 재난	☐☐☐
060 ★★★ **gone** [gɔ(:)n]	ⓐ 1. 지나간 2. 끝난, 사라진	☐☐☐

DAY 49

001 ★★★	**cautious** [kɔ́ːʃəs]	ⓐ 조심하는, 신중한 = careful ⓐ 조심성 있는	☐☐☐
002 ★★★	**momentous** [mouméntəs]	ⓐ 중요한	☐☐☐
003 ★★★	**nurture** [nə́ːrtʃər]	ⓝ 양육 ⓥ 양성하다, 키우다	☐☐☐
004 ★★★	**shabby** [ʃǽbi]	ⓐ 1. 허름한 2. 부당한, 터무니없는	☐☐☐
005 ★★★	**applicant** [ǽplikənt]	ⓝ 신청자, 지원자 = candidate ⓝ 지원자	☐☐☐
006 ★★★	**evil** [íːvəl]	ⓝ 악 ⓐ 사악한	☐☐☐
007 ★★★	**absorption** [æbsɔ́ːrpʃən]	ⓝ 1. 흡수 2. 몰입	☐☐☐
008 ★★★	**necessarily** [nèsəsérəli]	ⓐⓓ 반드시, 꼭, 필연적으로	☐☐☐
009 ★★★	**inventor** [invéntər]	ⓝ 발명가	☐☐☐
010 ★★★	**muse** [mjuːz]	ⓝ 뮤즈, 영감	☐☐☐
011 ★★★	**flawlessly** [flɔ́ːlisli]	ⓐⓓ 흠 없이	☐☐☐
012 ★★★	**inferior** [infíəriər]	ⓐ 열등한 ⊜ superior ⓐ 우세한	☐☐☐
013 ★★★	**futuristic** [fjùːtʃərístik]	ⓐ 미래지향적인	☐☐☐
014 ★★★	**prosperity** [praspérəti]	ⓝ 번영	☐☐☐
015 ★★★	**steer** [stiər]	ⓥ 조종하다 = guide ⓥ 인도하다	☐☐☐

016 ★★★ **tribe**
[traib]

n 부족

017 ★★★ **gate**
[geit]

n 문

018 ★★★ **suppression**
[səpréʃən]

n 억제, 진압

019 ★★★ **nonsensical**
[nansénsikəl]

a 무의미한

020 ★★★ **sail**
[seil]

v 항해하다

021 ★★★ **admit**
[ædmít]

v 1. 인정하다 2. 허락하다
⊜ acknowledge ⓥ 인정하다 ⊖ deny ⓥ 거부하다

022 ★★★ **anymore**
[ènimɔ́ːr]

ad 더 이상

023 ★★★ **project**
[prάdʒekt]

n 설계, 계획
v 1. 제시하다 2. 예상하다 3. 투영하다

024 ★★★ **nearly**
[níərli]

ad 거의
⊜ almost ad 거의

025 ★★★ **vigor**
[vígər]

n 활력

026 ★★★ **notate**
[nóuteit]

v 기록하다

027 ★★★ **lure**
[luər]

n 미끼
v 유혹하다

028 ★★★ **disprove**
[disprúːv]

v 논박하다, 틀렸음을 입증하다
⊜ refute ⓥ 논박하다, 반박하다

029 ★★★ **promptly**
[prάmptli]

ad 즉시

030 ★★★ **reflexive**
[rifléksiv]

a 반사적인

031	★★★	**avoid** [əvɔ́id]	**v** 방지하다, 피하다
032	★★★	**beverage** [bévəridʒ]	**n** 음료
033	★★☆	**physically** [fízikəli]	**ad** 신체적으로, 물리적으로
034	★★★	**company** [kʌ́mpəni]	**n** 회사 **=** firm ⓝ 회사 corporation ⓝ 회사 enterprise ⓝ 기업
035	★☆☆	**studious** [stjúːdiəs]	**a** 학구적인
036	★★★	**entry** [éntri]	**n** 1. 출품작 2. 참가 3. 입장
037	★★★	**credibility** [krèdəbíləti]	**n** 신뢰(성) **=** reliability ⓝ 신뢰성
038	★☆☆	**mobility** [moubíləti]	**n** 1. 유동성 2. 이동성
039	★★★	**crisis** [kráisis]	**n** 위기
040	★★☆	**dangerous** [déindʒərəs]	**a** 위험한
041	★★★	**combine** [kəmbáin]	**v** 합치다, 결합하다 **=** integrate ⓥ 통합하다
042	★★☆	**parallel** [pǽrəlèl]	**a** 평행한
043	★★☆	**subject** [sʌ́bdʒikt]	**n** 1. 과목 2. 대상 3. 주제 4. 피실험자
044	★★☆	**specialization** [spèʃəl-əzéiʃən]	**n** 전문화
045	★★★	**translation** [trænsléiʃən]	**n** 번역, 통역

046 ★★★	**advent** [ǽdvent]	n 출현, 도래
047 ★★★	**inseparable** [inséparəbl]	a 분리할 수 없는 ⊜ indivisible ⓐ 나눌 수 없는
048 ★★★	**cultivate** [kʌ́ltəvèit]	v 1. 재배하다 2. (관계를) 구축하다
049 ★★★	**compliment** [kámpləmənt]	n 칭찬
050 ★★★	**deserve** [dizə́:rv]	v ~을 받을 만하다 ⊜ merit ⓥ 받을 만 하다, 받을 자격이 있다
051 ★★★	**discontinue** [dìskəntínju:]	v 중단하다
052 ★★★	**pole** [poul]	n 기둥, 장대
053 ★★★	**ignorant** [ígnərənt]	a 무지한
054 ★★★	**potentially** [pəténʃəli]	ad 아마도, 잠재적으로
055 ★★★	**investigative** [invéstigèitiv]	a 조사의
056 ★★★	**fixation** [fikséiʃən]	n 고정관념
057 ★★★	**synchronizer** [síŋ-krənàizər]	n 동기화 장치
058 ★★★	**controversy** [kántrəvə̀:rsi]	n 논란, 논쟁의 여지
059 ★★★	**product** [prádʌkt]	n 상품, 제품
060 ★★★	**conservation** [kànsərvéiʃən]	n 1. 보존 2. (환경) 보호 ⊜ preservation ⓝ 보존

DAY 50

001 ★★★	**variety** [vəráiəti]	n 다양성	☐☐☐
002 ★★★	**entrance** [éntrəns]	n 1. 입장 2. (출)입구, 문 v 매료시키다	☐☐☐
003 ★★★	**transgenic** [trænsdʒénik]	n 유전자 이식(학) a 이식 유전자를 가진	☐☐☐
004 ★★★	**unite** [juːnáit]	v 1. 연합하다 2. 결속시키다 = unify v 통합하다	☐☐☐
005 ★★★	**neurochemistry** [njùərakémistri]	a 신경 화학	☐☐☐
006 ★★★	**skeptical** [sképtikəl]	a 회의적인	☐☐☐
007 ★★★	**expect** [ikspékt]	v 예상하다, 기대하다 = anticipate v 예상하다, 기대하다	☐☐☐
008 ★★★	**list** [list]	v 나열하다, 열거하다	☐☐☐
009 ★★★	**rearrange** [riːəréindʒ]	v 재배치하다	☐☐☐
010 ★★★	**mild** [maild]	a 심하지 않은, 가벼운	☐☐☐
011 ★★★	**locality** [loukǽləti]	n 1. 인근 2. 곳	☐☐☐
012 ★★★	**rewarding** [riwɔ́ːrdiŋ]	a 가치 있는, 보람 있는 = worthwhile a 가치 있는	☐☐☐
013 ★★★	**possessor** [pəzésər]	n 소유자	☐☐☐
014 ★★★	**extensive** [iksténsiv]	a 광범위한, 폭넓은	☐☐☐
015 ★★★	**scheme** [skiːm]	n 설계, 계획 v 계획하다	☐☐☐

016 ★★★	**liquid** [líkwid]	n 액체 a 1. 유동적인 2. 액상의	□ □ □
017 ★★★	**practicability** [præktikəbíləti]	n 실용성	□ □ □
018 ★★★	**ape** [eip]	n 유인원	□ □ □
019 ★★★	**article** [á:rtikl]	n 기사, 논문, 글	□ □ □
020 ★★★	**context** [kántekst]	n 상황, 맥락	□ □ □
021 ★★★	**ancestry** [ǽnsèstri]	n 혈통, 가계 ⊜ lineage n 혈통	□ □ □
022 ★★★	**hunger** [hʌ́ŋgər]	n 배고픔, 허기	□ □ □
023 ★★★	**rinse** [rins]	v 헹구다	□ □ □
024 ★★★	**confidence** [kánfədəns]	n 자신감	□ □ □
025 ★★★	**fragile** [frǽdʒəl]	a 1. 손상되기 쉬운 2. 취약한 ⊜ delicate ⓐ 부서지기 쉬운	□ □ □
026 ★★★	**sign** [sain]	n 징후, 조짐	□ □ □
027 ★★★	**hedonistic** [hìːdənístik]	a 쾌락적인	□ □ □
028 ★★★	**rely** [rilái]	v 의지하다, 신뢰하다 ⊜ depend ⓥ 의지하다	□ □ □
029 ★★★	**astonishing** [əstániʃiŋ]	a 놀라운 ⊜ amazing ⓐ 놀라운	□ □ □
030 ★★★	**sector** [séktər]	n 부문, 분야	□ □ □

| 031 ★★★ | **sale** [seil] | n 1. 매출 2. 판매 | □□□ |

031 ★★★ **sale** [seil]
n 1. 매출 2. 판매

032 ★★★ **confirmation** [kànfərméiʃən]
n 확증, 확인

033 ★★★ **digit** [dídʒit]
n 숫자

034 ★★★ **collectivity** [kàlektívəti]
n 집단성

035 ★★★ **address** [ədrés]
n 주소 v 해결하다, 대처하다
= deal with 다루다, 대처하다

036 ★★★ **reflect** [riflékt]
v 1. 반사하다 2. 반영하다
3. 심사숙고하다

037 ★★★ **widely** [wáidli]
ad 널리

038 ★★★ **architectural** [à:rkətéktʃərəl]
a 건축의

039 ★★★ **alternatively** [ɔ:ltə́:rnətivli]
ad 그 대신에

040 ★★★ **completely** [kəmpli:tli]
ad 완전히, 전적으로
= totally ad 완전히

041 ★★★ **pulse** [pʌls]
n 1. 맥박 2. 고동

042 ★★★ **navigation** [nævəgéiʃən]
n 항해

043 ★★★ **favorable** [féivərəbl]
a 호의적인, 우호적인

044 ★★★ **acquire** [əkwáiər]
v 습득하다, 얻다
= obtain v 획득하다

045 ★★★ **qualification** [kwàləfikéiʃən]
n 자격, 자질

046 ★★★ **brief** [bri:f]	ⓐ 1. 간단한 2. (시간이) 짧은 ⊜ concise ⓐ 간결한
047 ★★★ **director** [diréktər]	ⓝ 감독, 관리자
048 ★★★ **extract** [ikstrǽkt]	ⓝ 추출물 ⓥ 발췌하다, 뽑아내다
049 ★★★ **therapist** [θérəpist]	ⓝ 치료사
050 ★★★ **content** [kántent]	ⓝ 함량 ⓐ 만족시키다 ⊜ satisfy ⓥ 만족시키다
051 ★★★ **immediately** [imí:diətli]	ⓐⓓ 즉시, 즉각
052 ★★★ **equation** [ikwéiʒən]	ⓝ 방정식, 등식
053 ★★★ **clever** [klévər]	ⓐ 영리한, 똑똑한
054 ★★★ **hidden** [hídn]	ⓐ 숨은, 숨겨진
055 ★★★ **unify** [jú:nəfài]	ⓥ 통합하다, 통일하다 ⊜ unite ⓥ 통합하다
056 ★★★ **resilience** [rizíljəns]	ⓝ 회복력
057 ★★★ **train** [trein]	ⓥ 훈련하다
058 ★★★ **establishment** [istǽbliʃmənt]	ⓝ 설립
059 ★★★ **mating** [méitiŋ]	ⓝ 짝짓기, 교미
060 ★★★ **hesitantly** [hézətəntli]	ⓐⓓ 주저하며

001 ★★★ **creative** [kriéitiv]	ⓐ 창의적인	☐☐☐
002 ★★★ **admission** [ædmíʃən]	ⓝ 입장, 입장료	☐☐☐
003 ★★★ **aisle** [ail]	ⓝ 통로, 복도 ⊜ passage ⓝ 통로	☐☐☐
004 ★★★ **superstition** [sùːpərstíʃən]	ⓝ 미신	☐☐☐
005 ★★★ **slot** [slat]	ⓝ 빈 공간, 빈 시간대 ⓥ 넣다, 끼우다	☐☐☐
006 ★★★ **atmosphere** [ǽtməsfiər]	ⓝ 1. 분위기 2. (지구의) 대기(권) ⊜ climate ⓝ 분위기, 풍조	☐☐☐
007 ★★★ **sprout** [spraut]	ⓥ 싹을 틔우다, 싹이 나다	☐☐☐
008 ★★★ **dislodge** [dislάdʒ]	ⓥ 이탈시키다	☐☐☐
009 ★★★ **descent** [disént]	ⓝ 하강 ⊖ ascent ⓝ 상승	☐☐☐
010 ★★★ **lose** [luːz]	ⓥ 잃어버리다	☐☐☐
011 ★★★ **exploration** [èkspləréiʃən]	ⓝ 1. 탐험 2. 탐구	☐☐☐
012 ★★★ **sensibility** [sènsəbíləti]	ⓝ 감수성	☐☐☐
013 ★★★ **actuate** [ǽktʃuèit]	ⓥ 작동시키다	☐☐☐
014 ★★★ **exploratory** [iksplɔ́ːrətɔ̀ːri]	ⓐ 탐구적인	☐☐☐
015 ★★★ **site** [sait]	ⓝ 장소, 유적지 ⓥ 위치시키다	☐☐☐

DAY 52

016 ★★★ **inefficient** [inifíʃənt]
ⓐ 비효율적인

017 ★★★ **personal** [pə́rsənl]
ⓐ 개인적인

018 ★★★ **moving** [múːviŋ]
ⓐ 1. 감동적인 2. 움직이는

019 ★★★ **withdraw** [wiðdrɔ́ː]
ⓥ 1. 물러나다, 철수하다 2. 인출하다

020 ★★★ **acrobatic** [ækrəbǽtik]
ⓐ 곡예의

021 ★★★ **supplement** [sʌ́pləmənt]
ⓝ 보충제 ⓥ 보충하다
⊜ addition ⓝ 추가

022 ★★★ **passion** [pǽʃən]
ⓝ 열정

023 ★★★ **people** [píːpl]
ⓝ 1. 사람들 2. (단수) 국민, 민족

024 ★★★ **resolve** [rizάlv]
ⓝ 결심
ⓥ 1. 결심하다 2. 해결하다

025 ★★★ **invasive** [invéisiv]
ⓐ 침입의

026 ★★★ **irresistible** [ìrizístəbl]
ⓐ 저항할 수 없는
⊜ uncontrollable ⓐ 억제할 수 없는

027 ★★★ **scientific** [sàiəntífik]
ⓐ 과학의

028 ★★★ **sustain** [səstéin]
ⓥ 유지하다, 지탱하다
⊜ maintain ⓥ 유지하다

029 ★★★ **hand** [hænd]
ⓥ 건네주다, 넘겨주다

030 ★★★ **mostly** [móustli]
ⓐⓓ 대부분, 거의

031 ★★★	**waste** [weist]	n 쓰레기, 낭비 v 1. 쓰다 2. 낭비하다
032 ★★★	**unimaginable** [ʌnimǽdʒinəbl]	a 상상할 수 없는
033 ★★★	**conversely** [kənvə́ːrsli]	ad 역으로, 반대로
034 ★★★	**appreciate** [əpríːʃièit]	v 1. 감사하다 2. 진가를 알아보다 = value ⓥ 중요하게 여기다
035 ★★★	**nonproductive** [nὰnprədʌ́ktiv]	a 비생산적인
036 ★★★	**tobacco** [təbǽkou]	n 담배
037 ★★★	**visceral** [vísərəl]	a 본능적인
038 ★★★	**diminish** [dimíniʃ]	v 줄이다, 감소시키다 = decrease ⓥ 감소하다
039 ★★★	**chart** [ʧɑːrt]	n 도표, 차트
040 ★★★	**governing** [gʌ́vərniŋ]	a 지배적인
041 ★★★	**notify** [nóutəfài]	v 통보하다, 알리다
042 ★★★	**desirable** [dizáiərəbl]	a 바람직한, 가치 있는 = advantageous ⓐ 이로운
043 ★★★	**smother** [smʌ́ðər]	v 억누르다
044 ★★★	**texture** [téksʧər]	n 결
045 ★★★	**denature** [diːnéiʧər]	v 변성시키다

046 ★★★ **complexity** [kəmpléksəti]	**n** 복잡성	☐☐☐
047 ★★★ **hazard** [hǽzərd]	**n** 위험 ⊜ jeopardy **n** 위험	☐☐☐
048 ★★★ **vapor** [véipər]	**n** 증기	☐☐☐
049 ★★★ **correctness** [kəréktnis]	**n** 옳음	☐☐☐
050 ★★★ **nutrient** [njú:triənt]	**n** 영양소, 영양분	☐☐☐
051 ★★★ **separate** [sépərèit]	**v** 분리하다 **a** 1. 분리된 2. 별개의 ⊜ divide **v** 분리하다	☐☐☐
052 ★★★ **subsequently** [sʌbsikwəntli]	**ad** 차후에, 나중에	☐☐☐
053 ★★★ **unnoticeable** [ʌnnóutisəbl]	**a** 눈에 띄지 않는	☐☐☐
054 ★★★ **fix** [fiks]	**v** 1. 고치다 2. 고정시키다 3. 정하다	☐☐☐
055 ★★★ **quality** [kwáləti]	**n** 질, 품질, 특성	☐☐☐
056 ★★★ **blink** [bliŋk]	**v** 눈을 깜박이다	☐☐☐
057 ★★★ **vast** [væst]	**a** 방대한 ⊜ huge **a** 막대한	☐☐☐
058 ★★★ **repay** [ripéi]	**v** 1. 돈을 갚다 2. 보답하다	☐☐☐
059 ★★★ **vacation** [veikéiʃən]	**n** 휴가, 방학	☐☐☐
060 ★★★ **finally** [fáinəli]	**ad** 마침내	☐☐☐

DAY 53 >>>>>>>>>>>

001 ★★★ **rejection** [ridʒékʃən]
ⓝ 거절
⊜ refusal ⓝ 거절

002 ★★★ **retire** [ritáiər]
ⓥ 은퇴하다

003 ★★★ **occupation** [àkjupéiʃən]
ⓝ 1. 직업, 일 2. 점유, 차지

004 ★★★ **publication** [pʌbləkéiʃən]
ⓝ 1. 출판 2. 공표, 공개 3. 간행물

005 ★★★ **utilization** [ju:təlizéiʃən]
ⓝ 이용, 활용

006 ★★★ **blessed** [blésid]
ⓐ 축복 받은
⊜ holy ⓐ 신성한

007 ★★★ **socialize** [sóuʃəlàiz]
ⓥ 사회화시키다

008 ★★★ **task** [tæsk]
ⓝ 일, 과업, 과제

009 ★★★ **confusion** [kənfjú:ʒən]
ⓝ 혼란, 혼동

010 ★★★ **attach** [ətǽtʃ]
ⓥ 붙이다, 첨부하다
⊖ detach ⓥ 떼다, 분리하다

011 ★★★ **realism** [rí:əlìzm]
ⓝ 1. 현실주의 2. 현실성

012 ★★★ **asset** [ǽset]
ⓝ 자산

013 ★★★ **recover** [rikʌ́vər]
ⓥ 회복하다, 복구되다
⊜ restore ⓥ 회복시키다

014 ★★★ **excitement** [iksáitmənt]
ⓝ 흥분

015 ★★★ **leisure** [lí:ʒər]
ⓝ 여가

016 ★★★ **pluck**
[plʌk]

ⓥ 빼내다, 뽑아내다

017 ★★★ **procrastinate**
[proukrǽstənèit]

ⓥ 미루다

018 ★★★ **universalism**
[jù:nəvə́:rslìzm]

ⓝ 보편성

019 ★★★ **imperfection**
[impərfékʃən]

ⓝ 결함

020 ★★★ **indigestion**
[indidʒéstʃən]

ⓝ 소화불량

021 ★★★ **abbreviate**
[əbrí:vièit]

ⓥ 축약하다
⊜ **compress** ⓥ 압축하다, 요약하다

022 ★★★ **propel**
[prəpél]

ⓥ 나아가게 하다, 추진시키다

023 ★★★ **innovative**
[ínəvèitiv]

ⓐ 획기적인, 혁신적인

024 ★★★ **evade**
[ivéid]

ⓥ 피하다

025 ★★★ **startup**
[stɑ́:rtʌp]

ⓝ 신생 기업

026 ★★★ **exploitation**
[èksplɔitéiʃən]

ⓝ 이용, 착취

027 ★★★ **rubbish**
[rʌ́biʃ]

ⓝ 쓰레기
⊜ **garbage** ⓝ 쓰레기

028 ★★★ **convenient**
[kənví:njənt]

ⓐ 편리한, 간편한

029 ★★★ **legendary**
[lédʒəndèri]

ⓐ 전설의

030 ★★★ **modest**
[mɑ́dist]

ⓐ 1. 보통의 2. 겸손한
⊜ **humble** ⓐ 겸손한

DAY 53 >>>>>>>>>>>

031 ★★★ **infringement** [infríndʒmənt]	n 위배, 위반	☐☐☐
032 ★★★ **confinement** [kənfáinmənt]	n 가둠, 감금 = imprisonment n 투옥, 구금	☐☐☐
033 ★★★ **gratitude** [grǽtətjùːd]	n 감사, 고마움	☐☐☐
034 ★★★ **organized** [ɔ́ːrgənàizd]	a 정리된	☐☐☐
035 ★★★ **clear** [kliər]	a 1. 분명한 2. 확실한 3. 전체의	☐☐☐
036 ★★★ **affliction** [əflíkʃən]	n 고통 = distress n 고통	☐☐☐
037 ★★★ **roam** [roum]	v 배회하다 = wander v 돌아다니다	☐☐☐
038 ★★★ **settlement** [sétlmənt]	n 1. 정착(지) 2. 해결, 합의	☐☐☐
039 ★★★ **betrayal** [bitréiəl]	n 배신	☐☐☐
040 ★★★ **observable** [əbzɔ́ːrvəbl]	a 관찰 가능한	☐☐☐
041 ★★★ **individualistic** [ìndəvìdʒuəlístik]	a 개인주의적인	☐☐☐
042 ★★★ **obey** [oubéi]	v 따르다, 복종하다	☐☐☐
043 ★★★ **doubtful** [dáutfəl]	a 미심쩍은	☐☐☐
044 ★★★ **arrive** [əráiv]	v 1. 도착하다 2. 도래하다 ↔ 떠나다 v depart	☐☐☐
045 ★★★ **web** [web]	n 망	☐☐☐

046 ★★★ **verify** [vérəfài]	v 검증하다, 확인하다	☐☐☐
047 ★★★ **contributor** [kəntríbjutər]	n 기여자	☐☐☐
048 ★★★ **allergy** [ǽlərdʒi]	n 알레르기	☐☐☐
049 ★★★ **unrevealed** [ʌnriví:ld]	a 숨겨진, 드러나지 않은	☐☐☐
050 ★★★ **fit** [fit]	v ~에 맞다, 적합하다 a 건강한	☐☐☐
051 ★★★ **yell** [jel]	v 소리치다	☐☐☐
052 ★★★ **brew** [bru:]	v 1. (커피·차를) 끓이다 2. 양조하다	☐☐☐
053 ★★★ **shortage** [ʃɔ́:rtidʒ]	n 부족 = lack n 부족	☐☐☐
054 ★☆☆ **formless** [fɔ́:rmlis]	a 형태가 없는	☐☐☐
055 ★★★ **agent** [éidʒənt]	n 주체, 행위자	☐☐☐
056 ★★★ **decay** [dikéi]	n 부패, 부식 v 썩다 = spoil v 상하다, 썩다	☐☐☐
057 ★★★ **visibly** [vízəbli]	ad 눈에 보이게, 눈에 띄게	☐☐☐
058 ★★★ **bet** [bet]	n 내기 v 틀림없다, 분명하다	☐☐☐
059 ★☆☆ **barrel** [bǽrəl]	n 통	☐☐☐
060 ★★★ **swallow** [swάlou]	v 삼키다	☐☐☐

001 ★★★ **relic** [rélik]	**n** 유물, 유적	☐☐☐
002 ★★★ **equitable** [ékwətəbl]	**a** 공평한	☐☐☐
003 ★★★ **limit** [límit]	**n** 제한, 한계 **v** 제한하다 = **restriction** **n** 제한, 규제	☐☐☐
004 ★★★ **productivity** [pròudʌktívəti]	**n** 생산성	☐☐☐
005 ★★★ **medicate** [médəkèit]	**v** 약을 투여하다	☐☐☐
006 ★★★ **commercial** [kəmə́:rʃəl]	**n** 광고 **a** 상업적인 = **trade** **a** 상업의	☐☐☐
007 ★★★ **sensory** [sénsəri]	**a** 감각의	☐☐☐
008 ★★★ **discuss** [diskʌs]	**v** 상의하다, 토론하다, 의논하다	☐☐☐
009 ★★★ **disjointed** [disdʒɔ́intid]	**a** 일관성이 없는	☐☐☐
010 ★★★ **ceaseless** [síːslis]	**a** 끊임없는 = **intermittent** **a** 간헐적인	☐☐☐
011 ★★★ **notification** [nòutəfikéiʃən]	**n** 알림, 통지	☐☐☐
012 ★★★ **whistle** [hwísl]	**n** 1. 휘파람 2. 호루라기 **v** 휘파람을 불다	☐☐☐
013 ★★★ **nephew** [néfjuː]	**n** 조카	☐☐☐
014 ★★★ **neuropsychology** [njùərəsaikálədʒi]	**n** 신경 심리학	☐☐☐
015 ★★★ **addition** [ədíʃən]	**n** 추가	☐☐☐

DAY 54

016 ★★★ **purchase** [pə́:rtʃəs]
n 구입, 구매
v 구입하다, 구매하다

017 ★★★ **purpose** [pə́:rpəs]
n 목적
= aim n 목적

018 ★★★ **observation** [àbzərvéiʃən]
n 관찰, 주시

019 ★★★ **essence** [ésns]
n 본질, 진수

020 ★★★ **implication** [ìmplikéiʃən]
n 1. 함축, 암시 2. 영향

021 ★★★ **advertisement** [ædvərtáizmənt]
n 광고
= commercial n 광고

022 ★★★ **oddly** [ádli]
ad 이상하게

023 ★★★ **overwhelming** [òuvərhwélmiŋ]
a 압도적인

024 ★★★ **fertilization** [fə̀:rtə-lizéiʃən]
n 비옥화

025 ★★★ **straight** [streit]
a 곧은
ad 똑바로, 계속해서

026 ★★★ **cognitive** [kágnitiv]
a 인지적인

027 ★★★ **peculiar** [pikjú:ljər]
a 특이한
= odd a 특이한

028 ★★★ **either** [í:ðər]
a (둘 중) 어느 하나의

029 ★★★ **draw** [drɔ:]
v 1. 끌다, 끌어당기다 2. 그리다 3. 도출하다

030 ★★★ **tax** [tæks]
n 세금

031 ★★★ **wicked**
[wíkid]
ⓐ 사악한, 못된

032 ★★★ **disinterested**
[disíntərèstid]
ⓐ 무관심한

033 ★★★ **unfold**
[ʌnfóuld]
ⓥ 펼쳐지다, 펴다

034 ★★★ **contrast**
[kəntrǽst]
ⓥ 대조하다

035 ★★★ **respond**
[rispánd]
ⓥ 응답하다, 대답하다
⊜ reply ⓥ 대답하다

036 ★★★ **personalize**
[pɔ́ːrsənəlàiz]
ⓥ 개인화하다

037 ★★★ **specialize**
[spéʃəlàiz]
ⓥ 전문화하다

038 ★★★ **instrument**
[ínstrəmənt]
ⓝ 1. 도구 2. 악기

039 ★★★ **worthy**
[wə́ːrði]
ⓐ 가치가 있는
⊜ worthwhile ⓐ 가치 있는

040 ★★★ **emergent**
[imə́ːrdʒənt]
ⓐ 떠오르는, 부상한

041 ★★★ **transfer**
[trænsfə́ːr]
ⓝ 이동, 이전
ⓥ 이동하다, 전달하다

042 ★★★ **specificity**
[spèsəfísəti]
ⓝ 특수성

043 ★★★ **coexist**
[kòuigzíst]
ⓥ 공존하다

044 ★★★ **conceal**
[kənsíːl]
ⓥ 숨기다, 가리다
⊜ hide ⓥ 숨기다

045 ★★★ **surface**
[sə́ːrfis]
ⓝ 표면, 지면

DAY 54

046 ★★★	**surpass** [sərpǽs]	ⓥ 능가하다
047 ★★☆	**chilly** [ʧíli]	ⓐ 차가운
048 ★☆☆	**habit** [hǽbit]	ⓝ 버릇, 습관
049 ★★★	**accelerate** [æksélərèit]	ⓥ 가속화하다 ⊖ decelerate ⓥ 속도를 늦추다
050 ★★★	**comprehensible** [kàmprihénsəbl]	ⓐ 이해 가능한 ⊜ understandable ⓐ 이해할 수 있는
051 ★★★	**confrontation** [kànfrəntéiʃən]	ⓝ 대립, 대치
052 ★★☆	**frankly** [frǽŋkli]	ⓐⓓ 솔직히, 솔직히 말하면
053 ★★☆	**inappropriate** [ìnəpróupriət]	ⓐ 부적절한
054 ★★★	**permit** [pərmít]	ⓥ 허락하다, 허용하다 ⊖ allow ⓥ 허락하다
055 ★★★	**generosity** [dʒènərάsəti]	ⓝ 관대함
056 ★★☆	**upload** [ʌplòud]	ⓥ 업로드하다
057 ★★☆	**lesson** [lésn]	ⓝ 1. 교훈 2. 수업
058 ★★★	**hesitant** [hézətənt]	ⓐ 망설이는 ⊜ uncertain ⓐ 확신이 없는
059 ★★☆	**lick** [lik]	ⓥ 핥다
060 ★★★	**uneasy** [ʌníːzi]	ⓐ 불안한

#		Word	Meaning
001	★★★	**skip** [skip]	**v** 건너뛰다, 생략하다
002	★★★	**donate** [dóuneit]	**v** 기부하다, 기증하다
003	★★★	**bang** [bæŋ]	**v** 쾅 하고 치다
004	★★★	**evenly** [í:vənli]	**ad** 고르게
005	★★★	**veil** [veil]	**v** 가리다
006	★★★	**afraid** [əfréid]	**a** 1. 두려워하는 2. 염려하는 ◎ frightened ⓐ 겁먹은
007	★★★	**telegraph** [téligræf]	**n** 전보
008	★★★	**enter** [éntər]	**v** 1. 들어가다 2. 응시하다, 출전하다
009	★★★	**psychic** [sáikik]	**a** 정신의, 마음의
010	★★★	**arrangement** [əréindʒmənt]	**n** 1. 준비, 마련 2. (처리) 방식 ◎ preparations ⓝ 준비, 계획
011	★★★	**ease** [i:z]	**v** 덜어주다, 완화시키다
012	★★★	**expert** [ékspə:rt]	**n** 전문가 **a** 전문가의, 전문적인 ◎ specialist ⓝ 전문가
013	★★★	**recruit** [rikrú:t]	**v** 모집하다
014	★★★	**hostility** [hastíləti]	**n** 적대감
015	★★★	**technician** [tekníʃən]	**n** 기술자

016 ★★★	**teenager** [tíːnèidʒər]	n 십 대	☐☐☐
017 ★★★	**contemporaneous** [kəntèmpəréiniəs]	a 동시에 발생하는	☐☐☐
018 ★★★	**assimilation** [əsìməléiʃən]	n 동화, 흡수	☐☐☐
019 ★★★	**improve** [imprúːv]	v 향상시키다, 개선하다, 나아지다 ⊜ enhance ⓥ 향상시키다	☐☐☐
020 ★★★	**allowance** [əláuəns]	n 용돈	☐☐☐
021 ★★★	**maintain** [meintéin]	v 지속하다, 유지하다 ⊜ preserve ⓥ 보존하다	☐☐☐
022 ★★★	**negotiator** [nigóuʃièitər]	n 협상가	☐☐☐
023 ★★★	**unverifiable** [ʌnvérəfàiəbl]	a 증명할 수 없는	☐☐☐
024 ★★★	**disparate** [díspərit]	a 이질적인	☐☐☐
025 ★★★	**disclose** [disklóuz]	v 폭로하다 ⊝ conceal ⓥ 감추다, 숨기다	☐☐☐
026 ★★★	**leading** [líːdiŋ]	a 주요한, 선도적인	☐☐☐
027 ★★★	**digestive** [didʒéstiv]	a 소화의	☐☐☐
028 ★★★	**difficulty** [dífikʌlti]	n 어려움	☐☐☐
029 ★★★	**auditory** [ɔ́ːditɔ̀ːri]	a 청각적인, 청각의	☐☐☐
030 ★★★	**strange** [streindʒ]	a 이상한, 낯선 ⊜ weird ⓐ 기이한	☐☐☐

DAY 55

DAY 55 >>>>>>>>>>>

31 32 33 34 35 36 37 38 39 40

031 ★★★ **mouthful** [máuθfùl]
ⓝ 1. 한 입 2. 조금, 소량

032 ★★★ **momentum** [mouméntəm]
ⓝ 탄력, 가속도

033 ★☆☆ **appetite** [ǽpətàit]
ⓝ 식욕

034 ★★★ **loss** [lɔːs]
ⓝ 손실, 손해
⊖ damage ⓝ (물질적) 손해

035 ★★★ **blank** [blæŋk]
ⓐ 1. 텅 빈 2. 얼빠진, 멍한

036 ★★★ **paradox** [pǽrədàks]
ⓝ 역설

037 ★★★ **sprint** [sprint]
ⓥ (짧은 거리를) 전력 질주하다

038 ★★★ **demand** [dimǽnd]
ⓝ 1. 수요 2. 요구, 부담 ⓥ 요구하다
⊖ require ⓥ 요구하다

039 ★★☆ **guard** [gaːrd]
ⓥ 지키다

040 ★★☆ **profile** [próufail]
ⓝ 1. 개요 2. 옆모습

041 ★★★ **harmful** [háːrmfəl]
ⓐ 해로운, 유해한

042 ★★★ **employment** [implɔ́imənt]
ⓝ 고용

043 ★★★ **unappreciative** [ʌnəprí:ʃiətiv]
ⓐ 진가를 모르는

044 ★★★ **cubic** [kjúːbik]
ⓐ 1. 입체의 2. 세제곱의

045 ★★★ **steadily** [stédili]
ⓐⓓ 꾸준히
⊖ consistently ⓐ 한결같이

046 ★★★ **fertilizer** [fə́:rtəlàizər]	**n** 비료	☐☐☐
047 ★★★ **distinctive** [distíŋktiv]	**a** 독특한 ↔ **common** ⓐ 흔한	☐☐☐
048 ★★★ **gravitation** [græ̀vətéiʃən]	**n** 중력	☐☐☐
049 ★★★ **generic** [dʒənérik]	**a** 포괄적인	☐☐☐
050 ★★★ **distinct** [distíŋkt]	**a** 1. 별개의, 독특한 2. 확실한, 뚜렷한 = **discrete** ⓐ 별개의	☐☐☐
051 ★★★ **slippery** [slípəri]	**a** 미끄러운	☐☐☐
052 ★★★ **splice** [splais]	**v** 합쳐 있다	☐☐☐
053 ★★★ **bundle** [bʌ́ndl]	**n** 묶음, 꾸러미 **v** 다발로 하다, 묶다 = **bunch** ⓝ 묶음	☐☐☐
054 ★★★ **legitimate** [lidʒítəmət]	**a** 합법적인	☐☐☐
055 ★★★ **heterogeneous** [hètərədʒí:niəs]	**a** 1. 이종의 2. 잡다한	☐☐☐
056 ★★★ **crowd** [kraud]	**n** 무리, 군중	☐☐☐
057 ★★★ **regional** [rí:dʒənl]	**a** 지역적인	☐☐☐
058 ★★★ **disorder** [disɔ́:rdər]	**n** 장애, 이상	☐☐☐
059 ★★★ **incidence** [ínsədəns]	**n** 발생, 출현	☐☐☐
060 ★★★ **doom** [du:m]	**n** 불운, 파멸	☐☐☐

DAY 55

001 ★★★ **cancel** [kǽnsəl]	v 취소하다 ⊜ **revoke** ⓥ 취소하다, 폐지하다, 철회하다	☐☐☐
002 ★★★ **graceful** [gréisfəl]	a 우아한	☐☐☐
003 ★★★ **factual** [fǽktʃuəl]	a 사실적인, 사실에 입각한	☐☐☐
004 ★★★ **fund** [fʌnd]	n 기금 v 자금을 대다	☐☐☐
005 ★★★ **border** [bɔ́:rdər]	n 경계, 국경	☐☐☐
006 ★★★ **oriented** [ɔ́:rientid]	a ~을 지향하는	☐☐☐
007 ★★★ **brightness** [bráitnis]	n 밝기	☐☐☐
008 ★★★ **ignore** [ignɔ́:r]	v 무시하다 ⊜ **disregard** ⓥ 무시하다	☐☐☐
009 ★★★ **impartially** [impá:rʃəli]	ad 편견 없이, 공평하게	☐☐☐
010 ★★★ **tapping** [tǽpiŋ]	n 박자, 두드림	☐☐☐
011 ★★★ **cattle** [kǽtl]	n 소	☐☐☐
012 ★★★ **wearable** [wéərəbl]	a 착용할 수 있는	☐☐☐
013 ★★★ **anxious** [ǽŋkʃəs]	a 불안한, 걱정하는 ⊜ **concerned** ⓐ 걱정하는	☐☐☐
014 ★★★ **institutional** [instətjú:ʃnl]	a 제도적인, 기관의	☐☐☐
015 ★★★ **simplified** [símpləfàid]	a 단순화된	☐☐☐

016 ★★★ **environment**
[inváiərənmənt]

n 환경

017 ★★★ **controllable**
[kəntróuləbl]

a 통제 가능한

018 ★★★ **disturbing**
[distə́:rbiŋ]

a 불안감을 주는

019 ★★★ **mentally**
[méntəli]

ad 정신적으로

020 ★★★ **among**
[əmʌ́ŋ]

prep 1. ~ 중에서 2. …에 둘러싸인
= surrounded by ~로 둘러싸인

021 ★★★ **assimilate**
[əsíməlèit]

v 1. 동화하다 2. 흡수하다
= absorb **v** 흡수하다

022 ★★★ **manifestation**
[mænəfistéiʃən]

n 징후, 표명

023 ★★★ **craving**
[kréiviŋ]

n 갈망, 열망
= desire **n** 욕구, 갈망

024 ★★★ **survey**
[sərvéi]

n 설문조사
v 조사하다, 살피다, 점검하다

025 ★★★ **nostalgia**
[nastǽldʒə]

n 향수, 그리움

026 ★★★ **inbox**
['inb,aks]

n 수신함

027 ★★★ **crew**
[kru:]

n 직원, 승무원

028 ★★★ **ironically**
[airǽnikəli]

ad 역설적으로, 반어적으로

029 ★★★ **curve**
[kə:rv]

v 굽이치다

030 ★★★ **remark**
[rimɑ́:rk]

n 발언
v 언급하다, 발언하다

031 ★★★	**requirement** [rikwáiərmənt]	n 요구 사항, 필수 요건	☐☐☐
032 ★★★	**assign** [əsáin]	v 1. 할당하다 2. 선임하다 ⊜ allocate ⓥ 할당하다 appoint ⓥ 임명하다	☐☐☐
033 ★☆☆	**grain** [grein]	n 곡물, 곡식	☐☐☐
034 ★★☆	**lack** [læk]	n 부족, 결여 v 부족하다	☐☐☐
035 ★★☆	**concept** [kánsept]	n 개념	☐☐☐
036 ★★☆	**afar** [əfáːr]	ad 멀리	☐☐☐
037 ★★★	**consistent** [kənsístənt]	a 일관적인 ⊜ steady ⓐ 변함없는	☐☐☐
038 ★★★	**exert** [igzə́ːrt]	v 행사하다, 가하다	☐☐☐
039 ★★☆	**importance** [impɔ́ːrtəns]	n 중요성	☐☐☐
040 ★★★	**quota** [kwóutə]	n 할당(량), 한도	☐☐☐
041 ★★☆	**center** [séntər]	n 중심부, 중앙 v 집중시키다, 집중되다	☐☐☐
042 ★★★	**extinguish** [ikstíŋgwiʃ]	v 없애다 ⊜ eliminate ⓥ 없애다, 제거하다	☐☐☐
043 ★★☆	**abreast** [əbrést]	ad 나란히	☐☐☐
044 ★★☆	**garment** [gáːrmənt]	n 의복	☐☐☐
045 ★★★	**receptor** [riséptər]	n (신체의) 수용기, 감각기	☐☐☐

046 ★★★ **book**
[buk]

v 예약하다, 예매하다

047 ★★★ **stereotyped**
[stériətàipt]

a 정형화된, 편견에 묶인

048 ★★★ **climate**
[kláimit]

n 1. 기후, 분위기 2. 지방, 지대
= atmosphere ⓝ 분위기

049 ★★★ **reach**
[riːʧ]

n 거리, 범위
v 도달하다, 이르다

050 ★★★ **nowadays**
[náuədèiz]

ad 요즘에는

051 ★★★ **collaborate**
[kəlǽbərèit]

v 협력하다
= cooperate ⓥ 협동하다

052 ★★★ **productive**
[prədʌ́ktiv]

a 생산적인

053 ★★★ **competing**
[kəmpíːtiŋ]

a 상충되는

054 ★★★ **constitutive**
[kánstətjùːtiv]

a 구성하는

055 ★★★ **conflicting**
[kənflíktiŋ]

a 상충하는, 서로 다른
= contradictory ⓐ 상충되는

056 ★★★ **medication**
[mèdəkéiʃən]

n 약물

057 ★★★ **film**
[film]

n 영화
v 촬영하다

058 ★★★ **lush**
[lʌʃ]

a 무성한, 우거진

059 ★★★ **rush**
[rʌʃ]

v 1. 서두르다 2. 재촉하다

060 ★★★ **discount**
[dískaunt]

n 할인

DAY 56

DAY 57 >>>>>>>>>>>

001 ★★★ vessel
[vésəl]
n 1. 혈관 2. 선박

002 ★★★ furniture
[fə́:rnitʃər]
n 가구

003 ★★★ environmental
[invàiərənméntl]
a 환경의, 환경적인

004 ★★★ partially
[pá:rʃəli]
ad 부분적으로
= partly ad 부분적으로

005 ★★★ exposure
[ikspóuʒər]
n 1. 노출 2. 폭로

006 ★★★ institution
[instətjú:ʃən]
n 1. 기관 2. 제도, 관습

007 ★★★ hotwire
[hátwàiər]
v 시동을 걸다

008 ★★★ straighten
[stréitn]
v 바로 펴다, 똑바르게 하다
= align v 일직선으로 하다

009 ★★★ curse
[kə:rs]
n 저주

010 ★★★ predictability
[pridìktəbíləti]
n 예측 가능성

011 ★★★ mentality
[mentǽləti]
n 사고방식

012 ★★★ abet
[əbét]
v 부추기다, 선동하다

013 ★★★ oppression
[əpréʃən]
n 억압

014 ★★★ catastrophic
[kæ`təstrɑ́fik]
a 처참한, 재앙 같은
= disastrous a 처참한

015 ★★★ quarter
[kwɔ́:rtər]
n 4분의 1

016 ★★★ **hire** [haiər]	ⓥ 고용하다	☐☐☐
017 ★★★ **expectation** [èkspektéiʃən]	ⓝ 기대, 예상	☐☐☐
018 ★★★ **dwelling** [dwéliŋ]	ⓝ 거주지, 주택	☐☐☐
019 ★★★ **satisfy** [sǽtisfài]	ⓥ 만족시키다, 충족하다	☐☐☐
020 ★★★ **evidential** [èvədénʃəl]	ⓐ 증거가 되는, 증거에 입각한	☐☐☐
021 ★★★ **meet** [mi:t]	ⓥ 1. 만나다 2. 충족시키다	☐☐☐
022 ★★★ **reward** [riwɔ́:rd]	ⓝ 보상 ⓥ 보상하다 ⊜ compensate ⓥ 보상하다	☐☐☐
023 ★★★ **slogan** [slóugən]	ⓝ 구호, 슬로건	☐☐☐
024 ★★★ **considerable** [kənsídərəbl]	ⓐ 1. 상당한 2. 주목할 만한 ⊜ substantial ⓐ 상당한	☐☐☐
025 ★★★ **acceptable** [ækséptəbl]	ⓐ 허용 가능한, 수용 가능한 ⊜ unacceptale ⓐ 용납할 수 없는	☐☐☐
026 ★★★ **colonize** [kɑ́lənàiz]	ⓥ 식민지로 만들다	☐☐☐
027 ★★★ **doomed** [du:md]	ⓐ 운이 다한	☐☐☐
028 ★★★ **intricacy** [íntrikəsi]	ⓝ 복잡성 ⊜ complexity ⓝ 복잡성	☐☐☐
029 ★★★ **operator** [ɑ́pərèitər]	ⓝ 조작자, 기사	☐☐☐
030 ★★★ **tragic** [trǽdʒik]	ⓐ 비극적인	☐☐☐

031 ★★★ **ethnicity**
[eθnísiti]

n 민족성

032 ★★★ **sensual**
[sénʃuəl]

a 감각적인

033 ★★★ **concern**
[kənsə́:rn]

n 관심, 걱정 v 관련되다
= worry n 걱정, 우려

034 ★★★ **virtue**
[və́:rtʃu:]

n 가치, 미덕

035 ★★★ **following**
[fάlouiŋ]

a 다음에 나오는, 아래 언급되는

036 ★★★ **verbally**
[və́:rbəli]

ad 언어적으로

037 ★★★ **probable**
[prάbəbl]

a 1. 있을 법한 2. 개연성 있는

038 ★★★ **prospective**
[prəspéktiv]

a 장래의
= potential a 잠재적인

039 ★★★ **rating**
[réitiŋ]

n 순위, 평가

040 ★★★ **though**
[ðou]

ad (비록) …이긴 하지만
conj 그러나

041 ★★★ **relief**
[rilí:f]

n 1. 안도, 안심 2. 완화

042 ★★★ **faulty**
[fɔ́:lti]

a 1. 결함이 있는 2. 잘못된

043 ★★★ **integrated**
[íntəgrèitid]

a 통합된
= unified a 통일된

044 ★★★ **marked**
[ma:rkt]

a 두드러진, 눈에 띄는

045 ★★★ **plant**
[plænt]

n 1. 식물 2. 공장
v 심다

046 ★★★	**modernize** [mádərnàiz]	ⓥ 현대화하다	□□□
047 ★★★	**constrict** [kənstríkt]	ⓥ 수축하다	□□□
048 ★★★	**eliminate** [ilímənèit]	ⓥ 제거하다, 없애다 ⊜ abolish ⓥ 없애다, 폐지하다	□□□
049 ★★★	**paralyze** [pǽrəlàiz]	ⓥ 마비시키다	□□□
050 ★★★	**refreshment** [rifréʃmənt]	ⓝ 1. 원기 회복 2. 다과	□□□
051 ★★★	**promotion** [prəmóuʃən]	ⓝ 1. 홍보 2. 승진	□□□
052 ★★★	**rebellious** [ribéljəs]	ⓐ 반항적인	□□□
053 ★★★	**instant** [ínstənt]	ⓐ 즉각적인 ⊜ immediate ⓐ 즉각적인	□□□
054 ★★★	**possibility** [pàsəbíləti]	ⓝ 가능성	□□□
055 ★★★	**physician** [fizíʃən]	ⓝ (내과) 의사	□□□
056 ★★★	**boundary** [báundəri]	ⓝ 경계(선), 한계(선) ⊜ border ⓝ 경계	□□□
057 ★★★	**warmth** [wɔːrmθ]	ⓝ 온기, 따뜻함	□□□
058 ★★★	**toss** [tɔːs]	ⓥ 던지다	□□□
059 ★★★	**regime** [reiʒíːm]	ⓝ 체계, 제도	□□□
060 ★★★	**subtle** [sʌtl]	ⓐ 미묘한	□□□

DAY 58 >>>>>>>>>>>

001 ★★★ **survivability** [sərvàivəbíləti]
- n 생존 가능성

002 ★★★ **appoint** [əpɔ́int]
- v 지명하다, 임명하다
- = nominate ⓥ 지명하다, 임명하다

003 ★★★ **defend** [difénd]
- v 방어하다

004 ★★★ **saving** [séiviŋ]
- n 1. 절약 2. 저금, 저축
- a 절약하는

005 ★★★ **stereotype** [stériətàip]
- n 고정관념
- v 정형화하다

006 ★★★ **prisoner** [prízənər]
- n 죄수

007 ★★★ **lie** [lai]
- v 1. 있다, 존재하다
   2. 누워 있다, 놓여 있다

008 ★★★ **labor** [léibər]
- n 노동

009 ★★★ **significant** [signífikənt]
- a 1. 중요한 2. 상당한 3. 유의미한

010 ★★★ **companion** [kəmpǽnjən]
- n 동반자, 친구
- = associate ⓝ 동료

011 ★★★ **polluted** [pəlú:tid]
- a 오염된, 더럽혀진

012 ★★★ **weight** [weit]
- n 가중치, 무게
- v 가중치를 두다

013 ★★★ **classic** [klǽsik]
- n 고전, 걸작 a 1. 고전적인 2. 전형적인
- = typical ⓐ 전형적인

014 ★★★ **audible** [ɔ́:dəbl]
- a 잘 들리는, 들을 수 있는

015 ★★★ **respective** [rispéktiv]
- a 각자의

016	★★★	**healthful** [hélθfəl]	ⓐ 건강에 좋은
017	★★★	**fiber** [fáibər]	ⓝ 섬유, 섬유소
018	★★★	**seasonal** [síːzənl]	ⓐ 계절적인
019	★★★	**hate** [heit]	ⓥ 싫어하다
020	★★★	**depiction** [dipíkʃən]	ⓝ 묘사
021	★★★	**explicit** [iksplísit]	ⓐ 명백한, 명시적인, 분명한 ⊜ precise ⓐ 정확한
022	★★★	**pointless** [pɔ́intlis]	ⓐ 의미 없는
023	★★★	**inherently** [inhíərəntli]	ad 본질적으로, 선천적으로
024	★★★	**finite** [fáinait]	ⓐ 유한한, 한정된
025	★★★	**initiate** [iníʃièit]	ⓥ 시작하다, 착수시키다 ⊜ institute ⓥ 시작하다, 도입하다
026	★★★	**knit** [nit]	ⓥ 뜨다, 짜다
027	★★★	**resume** [rizúːm]	ⓝ 이력서
028	★★★	**debate** [dibéit]	ⓝ 1. 토론 2. 논쟁 ⓥ 논의하다 ⊜ dispute ⓝ 분쟁, 논란, 논쟁
029	★★★	**subordinate** [səbɔ́ːrdənət]	ⓝ 하급자, 부하
030	★★★	**retiring** [ritáiəriŋ]	ⓐ 내성적인, 남들과 잘 어울리지 않는

DAY 58 >>>>>>>>>>

031 ★★★ **combination** [kὰmbənéiʃən]	**n** 조합, 결합	☐☐☐
032 ★★★ **frustration** [frʌstréiʃən]	**n** 좌절	☐☐☐
033 ★★★ **lest** [lest]	**ad** ~하지 않도록	☐☐☐
034 ★★★ **plasticity** [plæstísəti]	**n** 유연성, 적응성	☐☐☐
035 ★★★ **script** [skript]	**n** 원고, 대본, 각본 **=** manuscript **n** 원고	☐☐☐
036 ★★★ **print** [print]	**n** 활자	☐☐☐
037 ★★★ **threshold** [θréʃhould]	**n** 기준점	☐☐☐
038 ★★★ **assembly** [əsémbli]	**n** 1. 의회, 입법기관 2. 조립 **=** parliament **n** 의회, 국회	☐☐☐
039 ★★★ **native** [néitiv]	**a** 토착의, 토종의	☐☐☐
040 ★★★ **display** [displéi]	**n** 전시, 진열 **v** 1. 보이다 2. 전시하다 **=** exhibition **n** 전시	☐☐☐
041 ★★★ **pill** [pil]	**n** 알약	☐☐☐
042 ★★★ **draft** [dræft]	**n** 원고, 초안	☐☐☐
043 ★★★ **edit** [édit]	**v** 1. 편집하다 2. 수정하다	☐☐☐
044 ★★★ **stereotypic** [stériətípik]	**a** 틀에 박힌, 진부한	☐☐☐
045 ★★★ **method** [méθəd]	**n** 방법	☐☐☐

046 ★★★ **vendor**
[véndər]
🇳 판매자, 상인

047 ★★★ **acquisition**
[ækwizíʃən]
🇳 획득, 습득, 인수

048 ★★★ **acceptance**
[ækséptəns]
🇳 1. 수용 2. 승인, 허가

049 ★★★ **convention**
[kənvénʃən]
🇳 관습, 관행
● custom ⓝ 관습

050 ★★★ **wounded**
[wúːndid]
🇦 부상 당한

051 ★★★ **vegetarianism**
[vèdʒətɛ́əriənizm]
🇳 채식주의

052 ★★★ **diverse**
[daivə́ːrs]
🇦 다양한

053 ★★★ **immigrate**
[íməgrèit]
🇻 이주해 오다
● emigrate ⓥ 이민을 가다, 이주하다

054 ★★★ **validate**
[vǽlədèit]
🇻 1. 인정하다, 승인하다 2. 입증하다

055 ★★★ **part**
[paːrt]
🇳 부품
🇻 헤어지다, 떨어지다

056 ★★★ **pottery**
[pátəri]
🇳 도자기

057 ★★★ **fleecy**
[flíːsi]
🇦 털이 많은

058 ★★★ **discharge**
[disʧάːrdʒ]
🇻 방출하다, 해소하다, 내보내다
● release ⓥ 석방하다

059 ★★★ **unobserving**
[ʌnəbzə́ːrviŋ]
🇦 부주의한

060 ★★★ **element**
[éləmənt]
🇳 원소, 구성요소

DAY 58

001 ★★★	**diagnosis** [dàiəgnóusis]	n 진단, 진찰	☐☐☐
002 ★★★	**tariff** [tǽrif]	n 관세	☐☐☐
003 ★★★	**retrieval** [ritríːvəl]	n 회복, 복구	☐☐☐
004 ★★★	**divided** [diváidid]	a 분열된, 분산된	☐☐☐
005 ★★★	**amount** [əmáunt]	n 1. 총액, 총계 2. 양, 액수 ⊜ quantity n 양	☐☐☐
006 ★★★	**lap** [læp]	n 무릎	☐☐☐
007 ★★★	**dependence** [dipéndəns]	n 의존, 의지 ⊜ independence n 독립	☐☐☐
008 ★★★	**neutralize** [njúːtrəlàiz]	v 중화하다	☐☐☐
009 ★★★	**disassociate** [dìsəsóuʃièit]	v 분리하다	☐☐☐
010 ★★★	**important** [impɔ́ːrtənt]	a 중요한	☐☐☐
011 ★★★	**compromise** [kámprəmàiz]	n 타협, 절충 v 타협하다	☐☐☐
012 ★★★	**veterinarian** [vètərənɛ́əriən]	n 수의사(= vet)	☐☐☐
013 ★★★	**bomber** [bámər]	n 폭격기	☐☐☐
014 ★★★	**reveal** [rivíːl]	v 드러내다, 밝히다 ⊜ disclose v 드러내다	☐☐☐
015 ★★★	**carbohydrate** [kɑ̀ːrbouháidreit]	n 탄수화물	☐☐☐

016 ★★★ **prevention**
[privénʃən]

n 예방

017 ★★★ **expected**
[ikspéktid]

a 예상되는

018 ★★★ **deny**
[dinái]

v 부인하다, 부정하다
= contradict ⓥ 반박하다, 부정하다

019 ★★★ **manipulate**
[mənípjulèit]

v 1. 다루다, 조작하다 2. 조종하다

020 ★★★ **disturbance**
[distə́:rbəns]

n 교란, 방해

021 ★★★ **perception**
[pərsépʃən]

n 지각, 인식

022 ★★★ **congested**
[kəndʒéstid]

a 혼잡한

023 ★★★ **ascend**
[əsénd]

v 올라가다
= climb (up) ⓥ 오르다 **↔** descend ⓥ 내려가다

024 ★★★ **superficial**
[sù:pərfíʃəl]

a 피상적인

025 ★★★ **deserted**
[dizə́:rtid]

a 황량한, 사람이 없는

026 ★★★ **guilty**
[gílti]

a 죄책감이 드는, 가책을 느끼는

027 ★★★ **resemble**
[rizémbl]

v ~와 닮다
= take after ~을 닮다

028 ★★★ **satisfied**
[sǽtisfàid]

a 만족하는

029 ★★★ **linear**
[líniər]

a 선형의

030 ★★★ **thankful**
[θǽŋkfəl]

a 감사하는

DAY 59

031 ★★★	**practical** [prǽktikəl]	ⓐ 실질적인, 현실적인 ⊖ theoretical ⓐ 이론적인	☐☐☐
032 ★★★	**numerous** [nuːmərəs]	ⓐ 무수히 많은	☐☐☐
033 ★★★	**pond** [pand]	ⓝ 연못	☐☐☐
034 ★★★	**useful** [júːsfəl]	ⓐ 유용한	☐☐☐
035 ★★★	**swindle** [swíndl]	ⓥ 사기 치다	☐☐☐
036 ★★★	**illuminate** [ilúːmənèit]	ⓥ 1. 비추다 2. 밝히다, 분명히 하다 ⊖ clarify ⓥ 명료하게 하다	☐☐☐
037 ★★★	**peasant** [péznt]	ⓝ 농부, 소작농	☐☐☐
038 ★★★	**morally** [mɔ́rəli]	ⓐⓓ 도덕적으로	☐☐☐
039 ★★★	**corporation** [kɔ̀ːrpəréiʃən]	ⓝ 기업, 회사 ⊖ firm ⓝ 기업 enterprise ⓝ 기업	☐☐☐
040 ★★★	**concerted** [kənsə́ːrtid]	ⓐ 합심한, 결연한	☐☐☐
041 ★★★	**support** [səpɔ́ːrt]	ⓝ 지지 ⓥ 지지하다, 돕다, 후원하다	☐☐☐
042 ★★★	**autonomous** [ɔːtánəməs]	ⓐ 자율적인	☐☐☐
043 ★★★	**instability** [instəbíləti]	ⓝ 불안정성	☐☐☐
044 ★★★	**proposition** [prɑ̀pəzíʃən]	ⓝ 1. 일, 문제 2. 제안 3. 명제	☐☐☐
045 ★★★	**disoriented** [disɔ́ːriəntid]	ⓐ 혼란스러워 하는	☐☐☐

046 ★★★ **encouragement**
[inkə́:ridʒmənt]

n 격려

047 ★★★ **contented**
[kənténtid]

a 만족한
⊜ satisfied ⓐ 만족하는

048 ★★★ **communism**
[kámjunizm]

n 공산주의

049 ★★★ **correct**
[kərékt]

v 수정하다, 바로잡다
a 맞는, 정확한

050 ★★★ **anger**
[ǽŋgər]

n 화, 분노
⊜ outrage ⓝ 격분, 격노

051 ★★★ **usually**
[júːʒuəli]

ad 보통
⊜ generally **ad** 보통, 대개

052 ★★★ **understand**
[ʌndərstǽnd]

v 이해하다

053 ★★★ **proliferate**
[prəlífərèit]

v 증식하다

054 ★★★ **technological**
[tèknəládʒikəl]

a 기술적인

055 ★★★ **aim**
[eim]

n 겨냥, 목표, 목적 **v** 겨누다
⊜ point ⓥ 겨누다

056 ★★★ **geothermal**
[dʒìːouθə́ːrməl]

a 지열의

057 ★★★ **splash**
[splæʃ]

v (물을) 튀기다, 끼얹다

058 ★★★ **middleman**
[mídl-mæn]

n 중개인

059 ★★★ **moment**
[móumənt]

n 때, 순간

060 ★★★ **environmentalism**
[invàiərənméntəlizm]

n 환경 보호주의

001 ★★★	**research** [risə́:rʧ]	**n** 조사 **v** 조사하다, 연구하다	☐☐☐
002 ★★★	**disproportion** [dìsprəpɔ́:rʃən]	**n** 불균형	☐☐☐
003 ★★★	**drudgery** [drʌ́dʒəri]	**n** 고된 일	☐☐☐
004 ★★★	**additional** [ədíʃənl]	**a** 추가적인, 추가의 ⊜ supplement **n** 추가	☐☐☐
005 ★★★	**highway** [háiwèi]	**n** 고속도로	☐☐☐
006 ★★★	**notion** [nóuʃən]	**n** 개념, 생각	☐☐☐
007 ★★★	**sociability** [sòuʃəbíləti]	**n** 사교성, 사회성	☐☐☐
008 ★★★	**horrific** [hɔ:rífik]	**a** 끔찍한, 무시무시한 ⊜ dreadful @ 끔찍한	☐☐☐
009 ★★★	**basement** [béismənt]	**n** 지하실, 지하	☐☐☐
010 ★★★	**singular** [síŋgjulər]	**a** 단일한	☐☐☐
011 ★★★	**capable** [kéipəbl]	**a** 유능한, 할 수 있는 ⊜ competent @ 능숙한 ⊕ incompetent @ 무능한	☐☐☐
012 ★★★	**mate** [meit]	**n** 짝 **v** 짝을 짓다	☐☐☐
013 ★★★	**undamaged** [ʌndǽmidʒd]	**a** 멀쩡한, 손상되지 않은	☐☐☐
014 ★★★	**unification** [jù:nəfikéiʃən]	**n** 통일, 통합	☐☐☐
015 ★★★	**constructive** [kənstrʌ́ktiv]	**a** 건설적인	☐☐☐

016 ★★★ **convince**
[kənvíns]

v 납득시키다, 설득하다
⊜ persuade ⓥ 설득시키다, 납득시키다

017 ★★★ **cabinet**
[kǽbənit]

n 찬장, 캐비닛

018 ★★★ **Christianity**
[krìstʃiǽnəti]

n 기독교, 그리스도교

019 ★★★ **escalate**
[éskəlèit]

v 상승하다
⊜ soar ⓥ 급증하다, 치솟다

020 ★★★ **envious**
[énviəs]

a 부러워하는
⊜ jealous ⓐ 질투하는

021 ★★★ **era**
[íərə]

n 시대

022 ★★★ **course**
[kɔːrs]

n 수업, 강좌, 강의

023 ★★★ **domestic**
[dəméstik]

a 1. 국내의 2. 가정의

024 ★★★ **effortlessly**
[éfərtlisli]

ad 쉽게

025 ★★★ **blunt**
[blʌnt]

a 1. 무딘 2. 직설적인, 단도직입적인

026 ★★★ **critical**
[krítikəl]

a 1. 중요한 2. 비판적인 3. 치명적인
⊜ crucial ⓐ 중대한, 결정적인

027 ★★★ **thrive**
[θraiv]

v 번성하다

028 ★★★ **opposing**
[əpóuziŋ]

a 상반되는, 대립되는

029 ★★★ **finish**
[fíniʃ]

v 끝내다, 완료하다

030 ★★★ **bizarre**
[bizάːr]

a 기이한, 특이한

031 ★★★	**discursively** [diskə́:rsivli]	**ad** 만연하게
032 ★★★	**seriously** [síəriəsli]	**ad** 진지하게, 심각하게
033 ★★★	**scientifically** [sàiəntífikli]	**ad** 과학적으로
034 ★★★	**disapproval** [disəprú:vəl]	**n** 반감, 못마땅함 ⊜ **disapprobation** ⓝ 반감
035 ★★★	**empire** [émpaiər]	**n** 1. 제국 2. 거대 기업
036 ★★★	**despair** [dispέər]	**n** 절망
037 ★★★	**peacemaker** [pí:smèikər]	**n** 중재자
038 ★★★	**affluent** [ǽfluənt]	**a** 부유한 ⊜ **wealthy** ⓐ 부유한 ⊖ **poor** ⓐ 빈곤한
039 ★★★	**temptation** [temptéiʃən]	**n** 유혹
040 ★★★	**wonder** [wʌ́ndər]	**n** 경이, 감탄 **v** 궁금해하다
041 ★★★	**communication** [kəmjù:nəkéiʃən]	**n** 의사소통
042 ★★★	**ideal** [aidí:əl]	**a** 이상적인
043 ★★★	**dehydrate** [di:háidreit]	**v** 탈수 상태가 되다, 건조시키다 ⊜ **dry up** 탈수 상태가 되다
044 ★★★	**turmoil** [tə́:rmɔil]	**n** 혼란, 소란
045 ★★★	**nutrition** [nju:tríʃən]	**n** 영양가, 영양소

046 ★★☆	**relativity** [rèlətívəti]	n 상대성	☐☐☐
047 ★★☆	**resultful** [rizʌltful]	a 효과가 있는, 유효한	☐☐☐
048 ★★★	**pragmatism** [prǽgmətìzm]	n 실용주의	☐☐☐
049 ★☆☆	**weed** [wiːd]	n 잡초	☐☐☐
050 ★★☆	**illustrate** [íləstrèit]	v 예를 들어 설명하다 ⊜ exemplify ⓥ 예시를 보여주다	☐☐☐
051 ★★★	**transport** [trænspɔ́ːrt]	n 운송, 이동 v 수송하다, 실어 나르다	☐☐☐
052 ★★★	**preparation** [prèpəréiʃən]	n 준비, 대비	☐☐☐
053 ★★☆	**percept** [pə́ːrsept]	n 지각된 것	☐☐☐
054 ★★★	**handicapped** [hǽndikæpt]	a 장애가 있는 ⊜ disabled ⓐ 장애가 있는	☐☐☐
055 ★★☆	**manage** [mǽnidʒ]	v 운영하다, 관리하다	☐☐☐
056 ★★★	**earn** [əːrn]	v 1. 얻다, 취득하다 2. 벌다	☐☐☐
057 ★★☆	**imperfect** [impə́ːrfikt]	a 불완전한	☐☐☐
058 ★★☆	**fault** [fɔːlt]	n 잘못, 책임	☐☐☐
059 ★☆☆	**pointed** [pɔ́intid]	a 뾰족한	☐☐☐
060 ★★★	**encourage** [inkə́ːridʒ]	v 격려하다, 용기를 주다 ⊕ discourage ⓥ 사기를 떨어트리다	☐☐☐

DAY 60

001 ★★★	**differentiate** [dìfərénʃièit]	v 1. 차별(화)하다 2. 구별하다 ⊜ distinguish ⓥ 구별하다	☐☐☐
002 ★★★	**patron** [péitrən]	n 후원자	☐☐☐
003 ★★★	**eardrum** [íərdrʌm]	n 고막	☐☐☐
004 ★★★	**civic** [sívik]	a 시민의	☐☐☐
005 ★★★	**check** [tʃek]	n 수표 v 확인하다 ⊜ inspect ⓥ 점검하다, 검사하다	☐☐☐
006 ★★★	**consequent** [kánsəkwènt]	a 결과적인	☐☐☐
007 ★★★	**handful** [hǽndfùl]	n 몇 안 되는 수	☐☐☐
008 ★★★	**nature** [néitʃər]	n 1. 본질, 본성 2. 자연	☐☐☐
009 ★★★	**promise** [prámis]	n 가능성 v 1. 약속하다 2. ~의 조짐을 보이다	☐☐☐
010 ★★★	**flexibility** [flèksəbíləti]	n 유연성 ⊕ rigidity ⓝ 단단함, 경직	☐☐☐
011 ★★★	**hunch** [hʌntʃ]	n 예감, 직감	☐☐☐
012 ★★★	**continuous** [kəntínjuəs]	a 연속적인, 연속의	☐☐☐
013 ★★★	**imitation** [imətéiʃən]	n 모방	☐☐☐
014 ★★★	**hatred** [héitrid]	n 미움, 증오	☐☐☐
015 ★★★	**signify** [sígnəfài]	v 의미하다, 나타내다	☐☐☐

016 ★★★ **rationalist** [rǽʃənəlist]	n 합리주의자	☐☐☐
017 ★★★ **fossil** [fάsəl]	n 화석	☐☐☐
018 ★★★ **sphere** [sfiər]	n 1. 구, 구체 2. 범위	☐☐☐
019 ★★★ **reject** [ridʒékt]	v 거절하다 = refuse ⓥ 거절하다	☐☐☐
020 ★★★ **kinship** [kínʃip]	n 1. 친족 관계 2. 연대감	☐☐☐
021 ★★★ **election** [ilékʃən]	n 선거, 당선	☐☐☐
022 ★★★ **warrior** [wɔ́ːriər]	n 전사	☐☐☐
023 ★★★ **periodic** [pìəriάdik]	a 주기적인	☐☐☐
024 ★★★ **struggle** [strʌ́gl]	n 투쟁, 분투 v 애쓰다 = strive ⓥ 고군분투하다	☐☐☐
025 ★★★ **trunk** [trʌŋk]	n 1. (나무) 줄기 2. (사람, 나무의) 몸통	☐☐☐
026 ★★★ **breathing** [bríːðiŋ]	n 호흡	☐☐☐
027 ★★★ **afresh** [əfréʃ]	ad 새롭게, 다시	☐☐☐
028 ★★★ **bearable** [bɛ́ərəbl]	a 견딜 수 있는 = tolerable ⓐ 참을 수 있는 ⊖ intolerable ⓐ 견딜 수 없는	☐☐☐
029 ★★★ **mast** [mæst]	n 돛대	☐☐☐
030 ★★★ **drive** [draiv]	n 1. 충동, 욕구 2. 추진력 v 유도하다	☐☐☐

031 ★★★ **appeal** [əpí:l]	n 매력 v 1. 호소하다 2. 항소하다 ⊜ beg ⓥ 간청하다	☐☐☐
032 ★★★ **offend** [əfénd]	v 1. 공격하다 2. 기분 상하게 하다	☐☐☐
033 ★★★ **bound** [baund]	n 경계(선) a 얽매인	☐☐☐
034 ★★★ **fairly** [féərli]	ad 상당히, 꽤	☐☐☐
035 ★★★ **engagement** [ingéidʒmənt]	n 참여, 몰입 ⊜ participation ⓝ 참여	☐☐☐
036 ★★★ **resign** [rizáin]	v 사임하다, 사직하다	☐☐☐
037 ★★★ **occur** [əkə́:r]	v 일어나다, 발생하다	☐☐☐
038 ★★★ **stakeholder** [stéikhòuldər]	n 이해관계자, 이해 당사자	☐☐☐
039 ★★★ **devote** [divóut]	v 전념하다, 헌신하다 ⊜ commit ⓥ 약속하다, 전념하다	☐☐☐
040 ★★★ **timeless** [táimlis]	a 영원한, 끝없는, 변치 않는	☐☐☐
041 ★★★ **somehow** [sʌ́mhàu]	ad 어떻게든지	☐☐☐
042 ★★★ **festive** [féstiv]	a 축제의	☐☐☐
043 ★★★ **treasure** [tréʒər]	n 보물 v 소중히 여기다	☐☐☐
044 ★★★ **wage** [weidʒ]	n 임금	☐☐☐
045 ★★★ **trance** [træns]	n 무아지경	☐☐☐

046 ★★★	**rank** [ræŋk]	n 순위 v 1. 평가하다 2. 차지하다	☐☐☐
047 ★★☆	**abroad** [əbrɔ́ːd]	ad 해외에서, 해외로 = overseas ad 해외로	☐☐☐
048 ★★★	**acquiesce** [æ̀kwiés]	v 묵인하다	☐☐☐
049 ★★☆	**insolvent** [insɑ́lvənt]	a 지급 불능의, 파산한	☐☐☐
050 ★★☆	**successful** [səksésfəl]	a 성공한, 성공적인	☐☐☐
051 ★★★	**encompass** [inkʌ́mpəs]	v 망라하다	☐☐☐
052 ★★☆	**sufficiently** [səfíʃəntli]	ad 충분히	☐☐☐
053 ★☆☆	**wipe** [waip]	v 닦다	☐☐☐
054 ★★★	**preserve** [prizə́ːrv]	v 1. 보존하다 2. 보호하다 = conserve v 보존하다	☐☐☐
055 ★★★	**intervention** [ìntərvénʃən]	n 개입, 간섭	☐☐☐
056 ★★☆	**transgression** [trænsgréʃən]	n 일탈	☐☐☐
057 ★★★	**temporary** [témpərèri]	a 일시적인, 임시의 ↔ permanent ad 영구적인	☐☐☐
058 ★★★	**orchard** [ɔ́ːrtʃərd]	n 과수원	☐☐☐
059 ★★☆	**quietly** [kwáiətli]	ad 조용히	☐☐☐
060 ★★☆	**racially** [réiʃəli]	ad 인종적으로	☐☐☐

001 ★★★ **mediation**
[mi:diéiʃən]
n 1. 조정, 중재 2. 매개

002 ★★★ **control**
[kəntróul]
n 1. 통제력 2. 통제 집단 **v** 조절하다
⊜ **rule** ⓝ 통치, 지배

003 ★★★ **dictionary**
[díkʃənèri]
n 사전

004 ★★★ **closeness**
[klóusnis]
n 가까움, 친밀함

005 ★★★ **ridiculous**
[ridíkjuləs]
a 터무니없는, 우스꽝스러운
⊜ **absurd** ⓐ 터무니없는

006 ★★★ **passively**
[pǽsivli]
ad 수동적으로

007 ★★★ **circulation**
[sə̀:rkjuléiʃən]
n 순환, 유통
⊜ **flow** ⓝ 흐름

008 ★★★ **flashy**
[flǽʃi]
a 현란한, 호화스러운

009 ★★★ **mine**
[main]
v 채굴하다

010 ★★★ **attribution**
[ætrəbjú:ʃən]
n 귀속, 돌리기

011 ★★★ **betray**
[bitréi]
v 배신하다

012 ★★★ **flip**
[flip]
v 뒤집다

013 ★★★ **synchronize**
[síŋkrənàiz]
v 동시에 발생하다

014 ★★★ **fractionate**
[frǽkʃənèit]
v 분별하다, 분류하다

015 ★★★ **particularly**
[pərtíkjulərli]
ad 특히

DAY 62

016 ★★★ **trace**
[treis]
n 흔적, 발자취
v 추적하다, (추적하여) 밝혀내다

017 ★★★ **duty**
[djú:ti]
n 의무
⊜ obligation ⓝ 의무

018 ★★★ **generation**
[dʒènəréiʃən]
n 1. 세대 2. 발생, 생성

019 ★★★ **troop**
[tru:p]
n 군대

020 ★★★ **twisted**
[twístid]
a 뒤틀린

021 ★★★ **burn**
[bə:rn]
v 태우다

022 ★★★ **qualitatively**
[kwálətèitivli]
ad 질적으로

023 ★★★ **exhale**
[ekshéil]
v 내쉬다

024 ★★★ **opposition**
[àpəzíʃən]
n 반대
⊜ objection ⓝ 반대

025 ★★★ **bloodstream**
[blʌ́dstri:m]
n 혈류

026 ★★★ **drill**
[dril]
n 연습, 훈련
v 구멍을 뚫다

027 ★★★ **struggling**
[strʌ́gliŋ]
a 애쓰는, 고군분투하는

028 ★★★ **engaged**
[ingéidʒd]
a 몰입한

029 ★★★ **vaccination**
[væksənéiʃən]
n 예방 주사

030 ★★★ **capacity**
[kəpǽsəti]
n 1. 능력, 역량 2. 용량
⊜ ability ⓝ 능력

| 031 ★★★ | **directly** [diréktli] | **ad** 직접, 곧장 | ☐☐☐ |

| 032 ★★★ | **compression** [kəmpréʃən] | **n** 압축 | ☐☐☐ |

| 033 ★☆★ | **battle** [bǽtl] | **n** 전쟁, 투쟁 | ☐☐☐ |

| 034 ★★★ | **obvious** [ábviəs] | **a** 명백한, 분명한
↔ vague ⓐ 모호한 | ☐☐☐ |

| 035 ★★★ | **turn** [tə:rn] | **n** 1. 차례 2. 회전
v 돌다, 돌리다 | ☐☐☐ |

| 036 ★★★ | **former** [fɔ́:rmər] | **a** 전임의, 이전의 | ☐☐☐ |

| 037 ★★★ | **perspire** [pərspáiər] | **v** 땀을 흘리다 | ☐☐☐ |

| 038 ★★★ | **await** [əwéit] | **v** 기다리다 | ☐☐☐ |

| 039 ★★☆ | **province** [právins] | **n** 영역 | ☐☐☐ |

| 040 ★★☆ | **radicalize** [rǽdikəlàiz] | **v** 과격하게 하다 | ☐☐☐ |

| 041 ★★☆ | **description** [diskrípʃən] | **n** 설명, 묘사
⊖ depiction ⓝ 묘사 | ☐☐☐ |

| 042 ★★★ | **valued** [vǽlju:d] | **a** 소중한, 귀중한 | ☐☐☐ |

| 043 ★★★ | **surgical** [sə́:rdʒikəl] | **a** 수술적인 | ☐☐☐ |

| 044 ★★★ | **immune** [imjú:n] | **a** 면역성이 있는
↔ susceptible ⓐ 감염되기 쉬운, 영향 받기 쉬운 | ☐☐☐ |

| 045 ★★★ | **composite** [kəmpázit] | **n** 1. 합성물 2. 종합된 것
a 1. 합성의 2. 종합적인 | ☐☐☐ |

046 ★★★	**correctly** [kəréktli]	ad 올바르게
047 ★★★	**fiercely** [fiərsli]	ad 매섭게
048 ★★★	**entity** [éntəti]	n 1. 실재, 존재 2. 독립체
049 ★★★	**deceive** [disí:v]	v 속이다 = defraud ⓥ 속이다
050 ★★★	**edible** [édəbl]	a 먹을 수 있는
051 ★★★	**personality** [pə:rsənǽləti]	n 개성, 성격
052 ★★★	**escape** [iskéip]	n 탈출 v 탈출하다, 빠져나가다
053 ★★★	**tenant** [ténənt]	n 임차인
054 ★★★	**chaos** [kéias]	n 혼돈, 혼란 = confusion ⓝ 혼란
055 ★★★	**frame** [freim]	n 액자, 틀, 테 v 표현하다
056 ★★★	**telescope** [téləskòup]	n 망원경
057 ★★★	**council** [káunsəl]	n 의회 = parliament ⓝ 의회
058 ★★★	**twist** [twist]	n 1. 전환 2. 비틀기 v 1. 뒤틀다 2. (발목·손목 등을) 삐다
059 ★★★	**definitively** [difínətivli]	ad 명확하게, 결정적으로
060 ★★★	**different** [dífərənt]	a 1. 다른 2. 여러 가지의

001 ★★★	**controlled** [kəntróuld]	@ 통제된	☐☐☐
002 ★★★	**allergic** [ələ́:rdʒik]	@ 1. 알레르기가 있는 2. 몹시 싫어하는	☐☐☐
003 ★★★	**tone** [toun]	n 어조	☐☐☐
004 ★★★	**extend** [iksténd]	v 1. 확장하다 2. 연장하다 ⊜ expand ⓥ 확장하다	☐☐☐
005 ★★★	**shortly** [ʃɔ́:rtli]	ad 곧	☐☐☐
006 ★★★	**gradual** [grǽdʒuəl]	@ 점진적인	☐☐☐
007 ★★★	**investment** [invéstmənt]	n 투자	☐☐☐
008 ★★★	**decent** [dí:snt]	@ 적절한, 괜찮은 ⊜ solid @ 괜찮은	☐☐☐
009 ★★★	**grant** [grænt]	v 1. 주다, 수여하다 2. 승인하다	☐☐☐
010 ★★★	**gentle** [dʒéntl]	@ 부드러운, 다정한	☐☐☐
011 ★★★	**transaction** [trænsǽkʃən]	n 거래, 매매	☐☐☐
012 ★★★	**generality** [dʒènərǽləti]	n 일반성	☐☐☐
013 ★★★	**exercise** [éksərsàiz]	n 운동 v 1. 운동하다 2. 행사하다	☐☐☐
014 ★★★	**fatally** [féitəli]	ad 치명적으로	☐☐☐
015 ★★★	**toxic** [tɑ́ksik]	@ 유독한 ⊜ poisonous @ 유독한	☐☐☐

DAY 63

| 016 ★★★ **retort** [ritɔ́ːrt] | **v** 받아치다, 대꾸하다 | ☐☐☐ |

| 017 ★★★ **literature** [lítərətʃər] | **n** 문학 | ☐☐☐ |

| 018 ★★★ **silhouette** [sìluét] | **n** 실루엣, 윤곽 | ☐☐☐ |

| 019 ★★★ **through** [θruː] | **prep** ~을 통해
● via **prep** ~을 통하여 | ☐☐☐ |

| 020 ★★★ **harmonious** [haːrmóuniəs] | **a** 조화로운 | ☐☐☐ |

| 021 ★★★ **sociocultural** [sòusiəkʌ́ltʃərəl] | **a** 사회문화적인 | ☐☐☐ |

| 022 ★★★ **fatigue** [fətíːg] | **n** 피로 | ☐☐☐ |

| 023 ★★★ **outperform** [àutpərfɔ́ːrm] | **v** 능가하다
● surpass ⓥ 능가하다 | ☐☐☐ |

| 024 ★★★ **examination** [igzæmənéiʃən] | **n** 조사 | ☐☐☐ |

| 025 ★★★ **explore** [iksplɔ́ːr] | **v** 1. 탐험하다, 탐사하다 2. 탐구하다 | ☐☐☐ |

| 026 ★★★ **contradiction** [kàntrədíkʃən] | **n** 모순 | ☐☐☐ |

| 027 ★★★ **tactic** [tǽktik] | **n** 전략, 전술
● strategy ⓝ 전술 | ☐☐☐ |

| 028 ★★★ **Mediterranean** [mèdətəréiniən] | **n** 지중해 (지역)
a 지중해의 | ☐☐☐ |

| 029 ★★★ **stool** [stuːl] | **n** 의자 | ☐☐☐ |

| 030 ★★★ **locale** [loukǽl] | **n** 장소, 현장 | ☐☐☐ |

DAY 63

031 ★★★ **vital** [váitl]	ⓐ 필수적인, 매우 중요한 🟰 essential ⓐ 필수적인	☐☐☐
032 ★★★ **signature** [sígnətʃər]	ⓝ 1. 서명 2. 특징	☐☐☐
033 ★★★ **wise** [waiz]	ⓐ 현명한	☐☐☐
034 ★★★ **groan** [groun]	ⓥ 신음소리를 내다	☐☐☐
035 ★★★ **damage** [dǽmidʒ]	ⓝ 피해, 손상 ⓥ 손상시키다, 해를 끼치다 🟰 harm ⓥ 해치다, 손상시키다	☐☐☐
036 ★★★ **syntax** [síntæks]	ⓝ 1. 구문론 2. 문법	☐☐☐
037 ★★★ **panel** [pǽnl]	ⓝ 판	☐☐☐
038 ★★★ **hike** [haik]	ⓥ 하이킹하다, 걷다	☐☐☐
039 ★★★ **awful** [ɔ́:fəl]	ⓐ 끔찍한, 지독한 🟰 terrible ⓐ 끔찍한, 소름 끼치는	☐☐☐
040 ★★★ **unmotivated** [ʌnmóutivèitid]	ⓐ 동기 부여가 되지 않은	☐☐☐
041 ★★★ **empower** [impáuər]	ⓥ 권한을 부여하다, 능력을 주다 🟰 authorize ⓥ 권한을 부여하다	☐☐☐
042 ★★★ **pollute** [pəlú:t]	ⓥ 오염시키다	☐☐☐
043 ★★★ **notation** [noutéiʃən]	ⓝ 표기법	☐☐☐
044 ★★★ **passage** [pǽsidʒ]	ⓝ 1. 단락 2. 통로	☐☐☐
045 ★★★ **permanence** [pə́:rmənəns]	ⓝ 영속성	☐☐☐

046 ★★★ **reaffirm** [rìːəfəːrm]	**v** 재확인하다	☐☐☐
047 ★★★ **evocative** [ivάkətiv]	**a** 환기시키는 ⊜ reminiscent ⓐ 연상시키는	☐☐☐
048 ★★★ **restoration** [rèstəréiʃən]	**n** 회복, 복구	☐☐☐
049 ★★★ **stroke** [strouk]	**n** 뇌졸중	☐☐☐
050 ★★★ **reflection** [riflékʃən]	**n** 1. (거울 등에 비친) 상 2. 반사 3. 반영	☐☐☐
051 ★★★ **registration** [rèdʒistréiʃən]	**n** 등록, 신청, 접수 ⊜ enrollment ⓝ 등록	☐☐☐
052 ★★★ **virtual** [vəːrtʃuəl]	**a** 가상의	☐☐☐
053 ★★★ **cyberspace** [sáibərspèis]	**n** 사이버 공간	☐☐☐
054 ★★★ **instrumental** [instrəméntl]	**a** 악기의	☐☐☐
055 ★★★ **consistency** [kənsístənsi]	**n** 일관성 ⊝ inconsistency ⓝ 불일치, 부조화, 모순	☐☐☐
056 ★★★ **within** [wiðín]	**prep** ~ 이내에	☐☐☐
057 ★★★ **note** [nout]	**n** 1. 쪽지 2. 음, 음표 **v** 1. 주목하다 2. 언급하다	☐☐☐
058 ★★★ **unconsciously** [ʌnkʌ́nʃəsli]	**ad** 무의식적으로	☐☐☐
059 ★★★ **greeting** [gríːtiŋ]	**n** 인사, 인사말	☐☐☐
060 ★★★ **provided** [prəváidid]	**conj** 만일 ~한다면, ~한다는 조건으로	☐☐☐

DAY 63

DAY 64 >>>>>>>>>>>>

001 ★★★ **exclusivity** [èksklu:sívəti]	**n** 배타성	
002 ★★★ **switch** [switʃ]	**v** 바꾸다 = convert ⓥ 전환시키다	
003 ★★★ **proceed** [prəsíːd]	**v** 나아가다, 진행하다	
004 ★★★ **acuity** [əkjúːəti]	**n** 예민함	
005 ★★★ **urge** [əːrdʒ]	**v** 촉구하다, 권고하다	
006 ★★★ **contestant** [kəntéstənt]	**n** 참가자 = competitor ⓝ 참가자	
007 ★★★ **grand** [grænd]	**a** 큰, 위대한	
008 ★★★ **specially** [spéʃəli]	**ad** 특별히	
009 ★★★ **conflict** [kənflíkt]	**n** 충돌, 갈등 = collision ⓝ 충돌	
010 ★★★ **judge** [dʒʌdʒ]	**n** 평가자 **v** 판단하다, 판정하다	
011 ★★★ **totally** [tóutəli]	**ad** 완전히, 전적으로	
012 ★★★ **celebrate** [séləbrèit]	**v** 축하하다, 기념하다	
013 ★★★ **nefarious** [nifέəriəs]	**a** 사악한	
014 ★★★ **electrically** [iléktrikəli]	**ad** 전기로	
015 ★★★ **doubt** [daut]	**n** 의심 **v** 의심하다	

016 ★★★ **humanlike**
[hjú:mənlàik]

ⓐ 인간 같은

017 ★★★ **dispense**
[dispéns]

ⓥ 1. 나누어 주다 2. 베풀다
🔵 distribute ⓥ 나누다, 베풀다

018 ★★★ **orphan**
[ɔ́:rfən]

ⓝ 고아
ⓥ 고아로 만들다

019 ★★★ **radicalism**
[rǽdikəlizm]

ⓝ 급진주의

020 ★★★ **rub**
[rʌb]

ⓥ 문지르다

021 ★★★ **argument**
[áːrgjumənt]

ⓝ 1. 논쟁 2. 주장
🔵 quarrel ⓝ (말)다툼, (말)싸움

022 ★★★ **disgusting**
[disgʌ́stiŋ]

ⓐ 역겨운

023 ★★★ **rapidly**
[rǽpidli]

ⓐⓓ 빠르게, 신속하게

024 ★★★ **narrative**
[nǽrətiv]

ⓝ 이야기

025 ★★★ **assure**
[əʃúər]

ⓥ 확신시키다, 안심시키다
🔵 reassure ⓥ 안심시키다

026 ★★★ **exclusively**
[iksklú:sivli]

ⓐⓓ 오로지, 배타적으로

027 ★★★ **government**
[gʌ́vərnmənt]

ⓝ 정부, 통치 체제

028 ★★★ **insincere**
[ìnsinsíər]

ⓐ 진실하지 않은

029 ★★★ **contentment**
[kənténtmənt]

ⓝ 만족, 자족

030 ★★★ **mechanize**
[mékənàiz]

ⓥ 기계화하다

DAY 64 >>>>>>>>>>

031 ★★★ **robust** [roubʌ́st]	**a** 튼튼한 **=** sturdy ⓐ 견고한, 튼튼한	☐☐☐
032 ★★★ **isolate** [áisəlèit]	**v** 분리하다, 격리하다	☐☐☐
033 ★★★ **quote** [kwout]	**n** 인용구 **v** 1. 인용하다 2. 견적을 내다	☐☐☐
034 ★★★ **stepsister** [stépsìstər]	**n** 의붓자매	☐☐☐
035 ★★★ **molecule** [mɑ́ləkjùːl]	**n** 분자	☐☐☐
036 ★★★ **awesome** [ɔ́ːsəm]	**a** 근사한, 멋진, 굉장한 **=** terrific ⓐ 아주 좋은, 멋진, 훌륭한	☐☐☐
037 ★★★ **dusty** [dʌ́sti]	**a** 먼지투성이인	☐☐☐
038 ★★★ **panic** [pǽnik]	**n** 극심한 공포 **v** 당황하다	☐☐☐
039 ★★★ **expense** [ikspéns]	**n** 비용, 지출	☐☐☐
040 ★★★ **contribution** [kɑ̀ntrəbjúːʃən]	**n** 기여, 이바지, 공헌	☐☐☐
041 ★★★ **natural** [nǽtʃərəl]	**a** 자연스러운, 타고난	☐☐☐
042 ★★★ **demonstrate** [démənstrèit]	**v** 입증하다, 보여주다	☐☐☐
043 ★★★ **distinguished** [distíŋgwiʃt]	**a** 저명한, 유명한	☐☐☐
044 ★★★ **paw** [pɔː]	**n** (동물의) 발	☐☐☐
045 ★★★ **glow** [glou]	**n** 빛 **v** 빛나다	☐☐☐

046 ★★★	**transit** [trǽnsit]	n 1. 통행 2. 수송, 운송
047 ★★★	**manner** [mǽnər]	n 방식, 태도
048 ★★★	**captivating** [kǽptəvèitiŋ]	a 매혹적인, 마음을 사로잡는 charming ⓐ 매력적인
049 ★★★	**block** [blak]	v 막다, 차단하다 interfere ⓥ 방해하다, …에 지장을 주다
050 ★★★	**inscribe** [inskráib]	v 새기다
051 ★★★	**rarely** [rέərli]	ad 거의 ~하지 않는 hardly ad 거의 ~ 않다
052 ★★★	**countertendency** [kàuntərténdənsi]	n 반대 경향, 역경향
053 ★★★	**religion** [rilídʒən]	n 종교
054 ★★★	**accidental** [æksədéntl]	a 우연한
055 ★★★	**flex** [fleks]	v (근육을) 수축시키다, (관절을) 구부리다 bend ⓥ 굽히다
056 ★★★	**screening** [skrí:niŋ]	n 1. 검사, 심사 2. (영화) 상영
057 ★★★	**hiring** [háiəriŋ]	n 고용
058 ★★★	**chieftain** [tʃí:ftən]	n 수령, 두목
059 ★★★	**elder** [éldər]	n 원로들, 어른들
060 ★★★	**theological** [θì:əládʒikəl]	a 신학의

001 ★★★	**theatrical** [θiǽtrikəl]	a 연극적인, 극적인
002 ★★★	**vision** [víʒən]	n 1. 시야 2. 시력
003 ★★★	**hunting** [hʌ́ntiŋ]	n 사냥
004 ★★★	**complete** [kəmplí:t]	v 완료하다 a 1. 완벽한 2. 끝마친 ⊜ absolute ⓐ 확실한
005 ★★★	**tame** [teim]	v 길들이다 a 길들여진 ⊕ wild ⓐ 야생의
006 ★★★	**fully** [fúlli]	ad 완전히, 충분히
007 ★★★	**gigantic** [dʒaigǽntik]	a 거대한
008 ★★★	**impossible** [impάsəbl]	a 불가능한
009 ★★★	**carry** [kǽri]	v 1. 전달하다, 운반하다 2. 들고 다니다 ⊜ convey ⓥ 운반하다, 수송하다
010 ★★★	**stiffness** [stífnis]	n 단단함, 뻣뻣함
011 ★★★	**anyone** [éniwʌn]	pron 누구나
012 ★★★	**primitive** [prímətiv]	a 원시적인
013 ★★★	**agree** [əgrí:]	v 동의하다 ⊜ consent ⓥ 동의하다
014 ★★★	**analytics** [ænəlítiks]	n 분석, 분석 정보
015 ★★★	**literally** [lítərəli]	ad 말 그대로, 문자 그대로

016 ★★★ prescription
[priskrípʃən]

n 처방(전)

017 ★★★ conqueror
[kάŋkərər]

n 정복자

018 ★★★ bark
[ba:rk]

n 나무껍질
v 짖다

019 ★★★ statistician
[stætistíʃən]

n 통계학자

020 ★★★ arguably
[ά:rgjuəbli]

ad 거의 틀림없이
⊜ possibly ad 아마

021 ★★★ rental
[réntl]

n 임대, 대여
a 대여의

022 ★★★ accusation
[ækjuzéiʃən]

n 고발, 비난

023 ★★★ ruin
[rú:in]

v 1. 파괴하다 2. 망치다
⊜ spoil v 망치다

024 ★★★ atop
[ətάp]

prep 꼭대기에, 맨 위에

025 ★★★ approximately
[əprάksəmətli]

ad 대략
⊜ roughly ad 대략

026 ★★★ itself
[itsélf]

n 그 자신(자체), 스스로

027 ★★★ region
[rí:dʒən]

n 지역, 영역

028 ★★★ row
[rou]

n 열, 줄

029 ★★★ silently
[sáiləntli]

ad 조용히

030 ★★★ pray
[prei]

v 기도하다

DAY 65

031 ★★★	**enroll** [inróul]	v 등록하다		
032 ★★★	**severity** [səvérəti]	n 심각성		
033 ★★★	**altitude** [ǽltətjùːd]	n 고도 ⊜ elevation n 고도		
034 ★★★	**climbing** [kláimiŋ]	n 등산, 등반		
035 ★★★	**collision** [kəlíʒən]	n 충돌		
036 ★★★	**transparency** [trænspéərənsi]	n 투명성		
037 ★★★	**delicate** [délikət]	a 1. 연약한 2. 미묘한 3. 정교한 ⊜ subtle a 미묘한		
038 ★★★	**virtuous** [və́ːrtʃuəs]	a 도덕적인		
039 ★★★	**presidential** [prèzədénʃəl]	a 대통령 (선거)의		
040 ★★★	**mirror** [mírə(r)]	v 1. 반영하다 2. 비추다		
041 ★★★	**attitude** [ǽtitjùːd]	n 태도, 사고방식 ⊜ perspective n 관점, 시각		
042 ★★★	**professionalism** [prəféʃənəlizm]	n 전문성		
043 ★★★	**outrage** [áutreidʒ]	v 화나게 하다		
044 ★★★	**backbreaking** [bǽkbrèikiŋ]	a 대단히 힘든		
045 ★★★	**ostracize** [ástrəsàiz]	v 추방하다, 외면하다		

046 ★★★ plate
[pleit]

n 1. 접시 2. 요리 3. (금속으로 된) 판

047 ★★★ subtly
[sʌ́tli]

ad 미묘하게

048 ★★★ analysis
[ənǽləsis]

n 분석
= examination **n** 조사, 검사

049 ★★★ clumsily
[klʌ́mzili]

ad 서툴게

050 ★★★ distracted
[distrǽktid]

a 산만한, 주의가 분산된

051 ★★★ document
[dɑ́kjumənt]

n 문서, 서류
v 기록하다, 문서화하다

052 ★★★ pack
[pæk]

n 무리, 떼
v (짐 등을) 싸다

053 ★★★ thriving
[θráiviŋ]

a 번영하는
= prosperous **a** 번영하는

054 ★★★ digital
[dídʒətl]

a 디지털의, 전자제품의

055 ★★★ utter
[ʌ́tər]

v (입으로) 소리를 내다, 말하다

056 ★★★ appropriate
[əpróupriət]

a 적절한
= suitable **a** 적절한

057 ★★★ vibe
[váib]

n 분위기, 느낌

058 ★★★ rationalize
[rǽʃənəlàiz]

v 합리화하다

059 ★★★ visionary
[víʒənèri]

a 1. 비현실적인 2. 망상적인, 공상적인

060 ★★★ posture
[pɑ́stʃər]

n 자세, 태도

DAY 65

DAY 66 >>>>>>>>>>>

001 ★★★ **review**
[rivjú:]
- n 비평, 평론
- v 1. 재검토하다 2. 비평하다, 논평하다

002 ★★★ **approach**
[əpróutʃ]
- n 접근(법) v 1. 접근하다 2. 가깝다
- ⊜ approximate ⓥ 비슷하다, 가깝다

003 ★★★ **stamp**
[stæmp]
- n 1. 우표 2. 흔적, 발자취

004 ★★★ **mobile**
[móubəl]
- a 이동하는, 기동성 있는

005 ★★★ **class**
[klæs]
- n 계급

006 ★★★ **exceed**
[iksí:d]
- v 넘어서다, 능가하다, 초과하다
- ⊜ surpass ⓥ 능가하다

007 ★★★ **exhibition**
[èksəbíʃən]
- n 전시, 전시회

008 ★★★ **supervisor**
[sú:pərvàizər]
- n 상사

009 ★★★ **risky**
[ríski]
- a 위험한

010 ★★★ **conductor**
[kəndʌ́ktər]
- n 지휘자

011 ★★★ **delight**
[diláit]
- v 즐겁게 하다, 기쁘게 하다

012 ★★★ **found**
[faund]
- v 설립하다
- ⊜ establish ⓥ 설립하다

013 ★★★ **academic**
[ækədémik]
- n 교수
- a 학업의, 학계의, 학문적인

014 ★★★ **sponsor**
[spánsər]
- n 후원자
- v 후원하다, 지원하다

015 ★★★ **freshmen**
[fréʃmən]
- n 신입생

016 ★★★ **spectacular**
[spektǽkjulər]

ⓐ 굉장한, 볼만한

017 ★★★ **consideration**
[kənsìdəréiʃən]

ⓝ 사려, 숙고, 고려 사항

018 ★★★ **justify**
[dʒʌ́stəfài]

ⓥ 정당화하다

019 ★★★ **necessity**
[nəsésəti]

ⓝ 필요성, 필요

020 ★★★ **qualify**
[kwɑ́ləfài]

ⓥ 자격을 주다

021 ★★★ **celebrity**
[səlébrəti]

ⓝ 유명 인사, 연예인

022 ★★★ **swarm**
[swɔ:rm]

ⓝ 무리, 떼

023 ★★★ **rise**
[raiz]

ⓝ 1. 상승, 증가 2. 성공, 출세
ⓥ 상승하다, 오르다

024 ★★★ **detection**
[ditékʃən]

ⓝ 감지, 발견, 탐지
⊜ observation ⓝ 감지

025 ★★★ **placement**
[pléismənt]

ⓝ 배열, 배치

026 ★★★ **cortex**
[kɔ́:rteks]

ⓝ (대뇌의) 피질

027 ★★★ **award**
[əwɔ́:rd]

ⓝ 상 ⓥ 상을 주다, 수여하다
⊜ award ⓝ 상, 포상

028 ★★★ **imagination**
[imæ̀dʒənéiʃən]

ⓝ 상상력, 상상

029 ★★★ **mere**
[miər]

ⓐ 단지 ~의, ~에 불과한

030 ★★★ **connotation**
[kɑ̀nətéiʃən]

ⓝ 함축
⊜ implication ⓝ 함축, 암시

DAY 66 >>>>>>>>>>>

031 ★★★ **swath** [swaθ]	n 구획	
032 ★★★ **auditorium** [ɔ́:ditɔ́:riəm]	n 대강당	
033 ★★★ **execute** [éksikjù:t]	v 실행하다 ⊜ implement ⓥ 시행하다	
034 ★★★ **amiss** [əmís]	a 잘못된	
035 ★★★ **remedy** [rémədi]	n 치료법 v 해결하다, 바로잡다	
036 ★★★ **patience** [péiʃəns]	n 인내(심)	
037 ★★★ **healthily** [hélθili]	ad 건강하게	
038 ★★★ **reframe** [ri:fréim]	v 재구성하다	
039 ★★★ **odd** [ad]	a 이상한, 특이한	
040 ★★★ **favor** [féivər]	n 1. 호의 2. 부탁 v 찬성하다, 호의를 보이다	
041 ★★★ **dynamic** [dainǽmik]	n 동력 a 역동적인	
042 ★★★ **disordered** [disɔ́:rdərd]	a 무질서한	
043 ★★★ **seedling** [sí:dliŋ]	n 묘목	
044 ★★★ **constant** [kάnstənt]	a 지속적인, 끊임없는 ⊜ consistent ⓐ 한결같은	
045 ★★★ **refresh** [rifréʃ]	v 1. 새롭게 하다 2. 원기를 회복하다	

046 ★★★ **shiver** [ʃívər]	v (몸을) 떨다, 떨리다	☐☐☐
047 ★★★ **pinned** [pind]	a 고정된	☐☐☐
048 ★★★ **inclusion** [inklúːʒən]	n 포함	☐☐☐
049 ★★★ **deceptive** [diséptiv]	a 속이는, 교묘한 ⊜ deceitful ⓐ 기만적인	☐☐☐
050 ★★★ **bulge** [bʌldʒ]	n 튀어나온 것 v 팽창하다 ⊜ swell ⓥ 부풀다	☐☐☐
051 ★★★ **statistics** [stətístiks]	n 통계 자료, 통계학	☐☐☐
052 ★★★ **disquiet** [diskwáiət]	n 불안, 동요 v 불안하게 하다, 동요시키다	☐☐☐
053 ★★★ **narrow** [nǽrou]	v 좁다 a 좁은	☐☐☐
054 ★★★ **flourish** [fləːriʃ]	v 번성하다 ⊜ thrive ⓥ 번창하다	☐☐☐
055 ★★★ **responsible** [rispánsəbl]	a 책임감 있는	☐☐☐
056 ★★★ **authenticate** [ɔːθéntəkèit]	v 진짜임을 증명하다	☐☐☐
057 ★★★ **desirability** [dizàiərəbíləti]	n 바람직함	☐☐☐
058 ★★★ **hospitalization** [hὰspitəlizéiʃən]	n 입원	☐☐☐
059 ★★★ **pressing** [présiŋ]	a 1. 긴급한 2. 거절하기 힘든, 무시하기 힘든	☐☐☐
060 ★★★ **initiation** [iniʃiéiʃən]	n 시작	☐☐☐

DAY 66

DAY 67 >>>>>>>>>>>

001 ★★★ **dogma** [dɔ́:gmə]	n 교의, 교리	☐☐☐
002 ★★★ **attention** [əténʃən]	n 주의, 집중, 관심	☐☐☐
003 ★★★ **journalist** [dʒə́:rnəlist]	n 언론인, 기자	☐☐☐
004 ★★★ **unless** [ənlés]	conj ~하지 않는 한	☐☐☐
005 ★★★ **barely** [béərli]	ad 간신히 ~하다, 거의 못 ~하다 ⊜ **hardly** ad 거의 ~아니게	☐☐☐
006 ★★★ **invitation** [ìnvitéiʃən]	n 초대, 초대장	☐☐☐
007 ★★★ **bottom** [bátəm]	n 아래, 밑(바닥)	☐☐☐
008 ★★★ **democratic** [dèməkrǽtik]	a 민주적인	☐☐☐
009 ★★★ **affiliation** [əfìliéiʃən]	n 1. 제휴 2. 소속	☐☐☐
010 ★★★ **merchandise** [mə́:rtʃəndàiz]	n 상품	☐☐☐
011 ★★★ **depart** [dipá:rt]	v 출발하다, 떠나다 ⊖ **arrive** v 도착하다	☐☐☐
012 ★★★ **jointly** [dʒɔ́intli]	ad 합동으로	☐☐☐
013 ★★★ **lean** [li:n]	v 1. 기울다 2. 기대다, 의지하다 ⊜ **tilt** v 기울다	☐☐☐
014 ★★★ **slate** [sleit]	n 석판	☐☐☐
015 ★★★ **pity** [píti]	n 유감, 연민 v 동정하다	☐☐☐

016 ★★★ **progression**
[prəgréʃən]

n 진전

---

017 ★★★ **cover**
[kʌvər]

n 1. 표지 2. 보장 (범위)
v 1. 취재하다, 다루다 2. 덮다

---

018 ★★★ **scale**
[skeil]

n 1. 규모 2. 척도 3. 음계 4. 비늘

---

019 ★★★ **endless**
[éndlis]

a 무한한

---

020 ★★★ **crash**
[kræʃ]

n 사고
v 충돌하다, 추락하다

---

021 ★★★ **stimulating**
[stímjulèitiŋ]

a 자극이 되는
= inspiring ⓐ 자극하는

---

022 ★★★ **division**
[divíʒən]

n 분리

---

023 ★★★ **channel**
[tʃǽnl]

n 경로
v (특정 방향으로) 돌리다

---

024 ★★★ **inconvenience**
[ìnkənví:njəns]

n 불편
v 불편하게 하다

---

025 ★★★ **enrich**
[inrítʃ]

v 풍부하게 하다
= fertilize ⓥ 비옥하게 하다

---

026 ★★★ **weigh**
[wei]

v 1. 무게가 나가다
2. 따져보다, 저울질하다

---

027 ★★★ **return**
[ritə́:rn]

v 돌려주다, 반납하다

---

028 ★★★ **misery**
[mízəri]

n 불행, 비참함

---

029 ★★★ **fleet**
[fli:t]

n (한 기관이 소유한 전체 비행기·버스·
택시 등의) 무리

---

030 ★★★ **biochemist**
[bàioukémist]

n 생화학자

DAY 67

031 ★★★ **sedentary** [sédntèri]	ⓐ 주로 앉아서 하는	
032 ★★★ **specific** [spisífik]	ⓝ 세부 사항 ⓐ 1. 구체적인, 명확한 2. 특정한	
033 ★★★ **preview** [príːvjùː]	ⓝ 1. 예고편 2. 시사회 ⓥ 시사평을 쓰다	
034 ★☆☆ **farewell** [fɛərwél]	ⓝ 작별 (인사)	
035 ★★☆ **apprentice** [əpréntis]	ⓝ 도제, 견습	
036 ★★★ **stationary** [stéiʃənèri]	ⓐ 고정된, 정적인	
037 ★★☆ **bothersome** [báðərsəm]	ⓐ 성가신 ⊜ troublesome ⓐ 골치 아픈, 귀찮은	
038 ★★★ **excerpt** [éksəːrpt]	ⓝ 발췌	
039 ★★☆ **rusty** [rʌsti]	ⓐ 녹슨	
040 ★★★ **economical** [èkənámikəl]	ⓐ 경제적인, 알뜰한	
041 ★★☆ **restraint** [ristréint]	ⓝ 자제, 제한	
042 ★★★ **spoil** [spɔil]	ⓥ 1. 망치다 2. 상하다 ⊜ ruin ⓥ 망치다	
043 ★★☆ **endemic** [endémik]	ⓐ 토착의, 풍토의, 고유의	
044 ★★★ **extraction** [ikstrǽkʃən]	ⓝ 추출	
045 ★★★ **infer** [infəːr]	ⓥ 추론하다 ⊜ deduce ⓥ 추론하다, 연역하다	

046 ★★★	**pasture** [pǽstʃər]	n 목초지 v 방목하다	☐☐☐
047 ★★★	**protagonist** [proutǽgənist]	n 주인공	☐☐☐
048 ★★★	**county** [káunti]	n (영국 등에서) 자치주[군(郡)]	☐☐☐
049 ★★★	**rude** [ru:d]	a 무례한 ⊜ impolite ⓐ 무례한	☐☐☐
050 ★★★	**wellness** [wélnis]	n 건강	☐☐☐
051 ★★★	**perceive** [pərsí:v]	v 인식하다, 감지하다	☐☐☐
052 ★★★	**nation** [néiʃən]	n 나라	☐☐☐
053 ★★★	**perfectionism** [pərfékʃənìzm]	n 완벽주의	☐☐☐
054 ★★★	**mistakenly** [mistéikənli]	ad 잘못하여, 실수로	☐☐☐
055 ★★★	**championship** [tʃǽmpiənʃip]	n 챔피언십, 선수권 대회	☐☐☐
056 ★★★	**displacement** [displéismənt]	n 옮김, 이동	☐☐☐
057 ★★★	**disconnected** [dìskənéktid]	a 단절된	☐☐☐
058 ★★★	**practically** [prǽktikəli:]	ad 거의, 실질적으로	☐☐☐
059 ★★★	**authentic** [ɔ:θéntik]	a 진정한, 진짜의 ⊜ genuine ⓐ 진짜의, 진품의	☐☐☐
060 ★★★	**usual** [jú:ʒuəl]	a 일반적인, 통상적인	☐☐☐

DAY 67

001 ★★★	**lend** [lend]	v 빌려주다 = loan ⓥ 빌려주다	☐☐☐
002 ★★★	**score** [skɔːr]	n 득점 v 1. 득점하다 2. 기록하다	☐☐☐
003 ★★★	**unimpressed** [ʌnimprést]	a 감명받지 못한	☐☐☐
004 ★★★	**intersect** [ìntərsékt]	v 교차하다, 만나다 = cross ⓥ 교차하다, 가로지르다	☐☐☐
005 ★★★	**hook** [huk]	n 갈고리 v 연결하다	☐☐☐
006 ★★★	**construction** [kənstrʌkʃən]	n 1. 공사, 건설 2. 구성	☐☐☐
007 ★★★	**disappear** [dìsəpíər]	v 사라지다	☐☐☐
008 ★★★	**post** [poust]	n 1. 우편 2. 위치, 구역 v 게시하다, 공고하다	☐☐☐
009 ★★★	**advantageous** [ædvəntéidʒəs]	a 유리한, 유익한 = superior ⓐ 우세한 ↔ inferior ⓐ 열등한	☐☐☐
010 ★★★	**justice** [dʒʌstis]	n 정의	☐☐☐
011 ★★★	**intermediate** [ìntərmíːdiət]	n 매개체, 중간자 a 중간의, 중급의	☐☐☐
012 ★★★	**traditional** [trədíʃənl]	a 전통적인	☐☐☐
013 ★★★	**rear** [riər]	v 기르다, 재배하다	☐☐☐
014 ★★★	**supply** [səplái]	n 공급 v 공급하다, 제공하다	☐☐☐
015 ★★★	**embrace** [imbréis]	v 받아들이다, 수용하다	☐☐☐

016 ★★★ **anthropology**
[ænθrəpálədʒi]
n 인류학

017 ★★★ **palm**
[paːm]
n 손바닥

018 ★★★ **manufacturer**
[mænjufǽktʃərər]
n 생산자, 제조업체

019 ★★★ **constancy**
[kánstənsi]
n 불변성

020 ★★★ **laughable**
[lǽfəbl]
a 웃기는, 재미있는

021 ★★★ **try**
[trai]
v 시도하다, 노력하다

022 ★★★ **uniqueness**
[juːníːknis]
n 독특함, 고유함

023 ★★★ **hasten**
[héisn]
v 재촉하다

024 ★★★ **surprise**
[sərpráiz]
v 놀라게 하다
⊜ **startle** ⓥ 깜짝 놀라게 하다

025 ★★★ **maximization**
[mæksɪmə-zéiʃən]
n 극대화

026 ★★★ **reply**
[riplái]
n 답변 v 대답하다
⊜ **response** ⓥ 응답하다

027 ★★★ **vulnerability**
[vʌlnərəbíləti]
n 취약성, 연약함

028 ★★★ **means**
[miːnz]
n 수단, 방법

029 ★★★ **cumulative**
[kjúːmjulətiv]
a 누적되는
⊜ **accumulative** ⓐ 누적되는

030 ★★★ **skid**
[skid]
v 미끄러지다

DAY 68

031	★★★	**invariably** [invέəriəbli]	ad 언제나, 변함없이
032	★★★	**decisive** [disáisiv]	a 결정적인
033	★★★	**commercialize** [kəmə́ːrʃəlàiz]	v 상업화하다
034	★★★	**moral** [mɔ́ːrəl]	n 교훈 a 도덕적인
035	★★★	**sensation** [senséiʃən]	n 감각
036	★★★	**scarcity** [skέərsəti]	n 1. 부족, 결핍 2. 희소성
037	★★★	**consuming** [kənsjúːmiŋ]	a 엄청나게 강렬한, 마음을 사로잡는
038	★★★	**divide** [diváid]	v 나누다, 분배하다 ⊜ split ⓥ 나누다, 나뉘다
039	★★★	**cliff** [klif]	n 절벽
040	★★★	**collectively** [kəléktivli]	ad 집단적으로
041	★★★	**insurance** [inʃúərəns]	n 보험
042	★★★	**trivial** [tríviəl]	a 사소한 ⊕ significant ⓐ 중요한
043	★★★	**tempt** [tempt]	v 유혹하다, 부추기다
044	★★★	**short** [ʃɔːrt]	a 부족한, ~이 없는
045	★★★	**guideline** [gáidlàin]	n 지침

046 ★★★ **inherit**
[inhérit]
v 물려주다, 상속하다
= succeed ⓥ 물려받다, 계승하다

047 ★★★ **occupational**
[àkjupéiʃənl]
a 직업적인

048 ★★★ **ubiquitous**
[ju:bíkwətəs]
a 도처에 있는

049 ★★★ **impatience**
[impéiʃəns]
n 조급함

050 ★★★ **biased**
[báiəst]
v 편향된, 편협한

051 ★★★ **misuse**
[mìsjú:s]
n 남용, 오용

052 ★★★ **decompose**
[dì:kəmpóuz]
v 부패하다
= decay ⓥ 부패하다

053 ★★★ **delivery**
[dilívəri]
n 1. 배달, 배송 2. 말투

054 ★★★ **apart**
[əpá:rt]
ad (거리·공간·시간상으로) 떨어져

055 ★★★ **silent**
[sáilənt]
a 1. 조용한 2. 무언의

056 ★★★ **pleased**
[pli:zd]
a 기쁜

057 ★★★ **classificatory**
[kləsífikətɔ̀:ri]
a 분류의

058 ★★★ **conflicted**
[kənflíktid]
a 갈등하는

059 ★★★ **variation**
[vɛəriéiʃən]
n 1. 변화 2. 변형

060 ★★★ **pollinator**
[pálənèitər]
n 꽃가루 매개자

DAY 68

001 ★★★	**sustainability** [səstèinəbíləti]	n 지속 가능성	☐☐☐
002 ★★★	**subjectively** [sʌbdʒéktivli]	ad 주관적으로	☐☐☐
003 ★★★	**actual** [ǽktʃuəl]	a 현실의, 실제의, 사실상의 = genuine ⓐ 진짜의	☐☐☐
004 ★★★	**miscommunication** [mìskəmju:nəkéiʃən]	n 의사소통 오류, 오해	☐☐☐
005 ★★★	**gossip** [gásəp]	v 잡담하다	☐☐☐
006 ★★★	**preservation** [prèzərvéiʃən]	n 보존	☐☐☐
007 ★★★	**reflex** [rí:fleks]	n 반사 신경	☐☐☐
008 ★★★	**independently** [indipéndəntli]	ad 독립적으로, (~와) 관계없이	☐☐☐
009 ★★★	**guess** [ges]	v 추측하다, 짐작하다	☐☐☐
010 ★★★	**celebration** [sèləbréiʃən]	n 기념, 축하 = commemoration ⓝ 기념	☐☐☐
011 ★★★	**maturity** [mətjúərəti]	n 성숙	☐☐☐
012 ★★★	**create** [kriéit]	v 만들다, 창조하다	☐☐☐
013 ★★★	**still** [stil]	a 정지한 ad 아직(도), 계속해서, 여전히 = stationary ⓐ 정지된	☐☐☐
014 ★★★	**structurally** [strʌ́ktʃərəli]	ad 구조적으로	☐☐☐
015 ★★★	**span** [spæn]	v (얼마의 기간, 범위에) 걸쳐 있다	☐☐☐

016 ★★★ **strength** [streŋkθ]

n 1. 힘 2. 강점, 장점

017 ★★★ **nourish** [nə́ːriʃ]

v 1. 영양분을 공급하다
2. (감정·생각 등을) 키우다

018 ★★★ **paralysis** [pəræləsis]

n 마비

019 ★★★ **mechanism** [mékənìzm]

n 방법, 구조, 기제

020 ★★★ **leap** [liːp]

n 비약, 도약 **v** 뛰어오르다
⊜ spring ⓥ 뛰어오르다

021 ★★★ **metallic** [mətǽlik]

a 금속의

022 ★★★ **trailer** [tréilər]

n 예고편

023 ★★★ **distinguishing** [distíŋgwiʃiŋ]

a 특징적인, 다른 것과 구별되는

024 ★★★ **extinct** [ikstíŋkt]

a 멸종한
⊖ extant ⓐ 현존하는, 존재하는

025 ★★★ **bereft** [biréft]

a 잃은

026 ★★★ **verification** [vèrəfikéiʃən]

n 입증

027 ★★★ **charred** [tʃaːrd]

a (탄화로) 까맣게 된

028 ★★★ **broad** [brɔːd]

a 넓은, 광범위한
⊜ wide ⓐ 넓은

029 ★★★ **documentary** [dɑ̀kjuméntəri]

n 다큐멘터리, 기록물
a 기록의

030 ★★★ **demonstration** [dèmənstréiʃən]

n 입증, 시연

031 ★★★ **noble** [nóubl]	ⓐ 고귀한, 숭고한	☐☐☐
032 ★★★ **urban** [ə́:rbən]	ⓐ 도시의, 도시적인 ⊖ rural ⓐ 시골의	☐☐☐
033 ★★★ **elementary** [èləméntəri]	ⓐ 1. 초보의, 초급의 2. 기본적인, 근본적인	☐☐☐
034 ★★★ **pleasurable** [pléʒərəbl]	ⓐ 즐거운	☐☐☐
035 ★★★ **discriminate** [diskrímənèit]	ⓥ 1. 구별하다 2. 차별하다 ⊜ distinguish ⓥ 구별하다	☐☐☐
036 ★★★ **plumber** [plʌ́mər]	ⓝ 배관공	☐☐☐
037 ★★★ **hurriedly** [hə́:ridli]	ⓐⓓ 서둘러	☐☐☐
038 ★★★ **sanction** [sǽŋkʃən]	ⓥ 제재를 가하다	☐☐☐
039 ★★★ **vote** [vout]	ⓝ 투표 ⓥ 투표하다	☐☐☐
040 ★★★ **safety** [séifti]	ⓝ 안전	☐☐☐
041 ★★★ **ensure** [inʃúər]	ⓥ 반드시 ~하다, 보장하다 ⊜ guarantee ⓥ 보장하다	☐☐☐
042 ★★★ **yearning** [jə́:rniŋ]	ⓝ 갈망, 열망 ⊜ longing ⓝ 열망, 동경	☐☐☐
043 ★★★ **motorize** [móutəràiz]	ⓥ 동력화하다	☐☐☐
044 ★★★ **informative** [infɔ́:rmətiv]	ⓐ 정보를 주는	☐☐☐
045 ★★★ **exist** [igzíst]	ⓥ 존재하다	☐☐☐

046 ★★★ **soar** [sɔ:r]	**v** 1. 치솟다 2. 날아오르다	☐☐☐
047 ★★★ **investigation** [invèstəgéiʃən]	**n** 연구, 조사	☐☐☐
048 ★★★ **supplemental** [sʌpləméntl]	**a** 보충하는	☐☐☐
049 ★★★ **anniversary** [ænəvə́:rsəri]	**n** 기념일	☐☐☐
050 ★★★ **prosperous** [práspərəs]	**a** 번영한 **=** thriving ⓐ 번창하는	☐☐☐
051 ★★★ **merry** [méri]	**a** 즐거운, 명랑한	☐☐☐
052 ★★★ **notional** [nóuʃənl]	**a** 관념상의	☐☐☐
053 ★★★ **temper** [témpər]	**n** 짜증, 성질	☐☐☐
054 ★★★ **strengthen** [stréŋkθən]	**v** 강화하다 **=** reinforce ⓥ 강화하다	☐☐☐
055 ★★★ **semester** [siméstər]	**n** 학기	☐☐☐
056 ★★★ **dizzy** [dízi]	**a** 현기증 나는, 어지러운	☐☐☐
057 ★★★ **entail** [intéil]	**v** 수반하다	☐☐☐
058 ★★★ **realization** [rì:əlizéiʃən]	**n** 실현	☐☐☐
059 ★★★ **primary** [práimeri]	**a** 1. 주된, 주요한 2. 최초의	☐☐☐
060 ★★★ **inelastic** [ìnilǽstik]	**a** 비탄력적인, 적응력이 없는	☐☐☐

DAY 69

001 ★★★	**whatsoever** [wɑ̀tsouévər]	**ad** (부정문 강조) 전혀, 아예	☐☐☐
002 ★★★	**active** [ǽktiv]	**a** 적극적인, 능동적인	☐☐☐
003 ★★★	**ingrained** [ingréind]	**a** 뿌리 깊은, 깊이 몸에 밴	☐☐☐
004 ★★★	**enormously** [inɔ́ːrməsli]	**ad** 대단히	☐☐☐
005 ★★★	**situate** [sítʃuèit]	**v** 두다, 위치시키다 = locate ⓥ 위치시키다	☐☐☐
006 ★★★	**plenty** [plénti]	**a** 많은	☐☐☐
007 ★★★	**rightly** [ráitli]	**ad** 마땅히	☐☐☐
008 ★★★	**conscience** [kɑ́nʃəns]	**n** 양심	☐☐☐
009 ★★★	**ashamed** [əʃéimd]	**a** 수치스러운, 창피한 ⬌ proud ⓐ 자랑스러운	☐☐☐
010 ★★★	**unsuited** [ʌnsjúːtid]	**a** 부적합한	☐☐☐
011 ★★★	**wilderness** [wíldərnis]	**n** 황무지	☐☐☐
012 ★★★	**inference** [ínfərəns]	**n** 추론	☐☐☐
013 ★★★	**encounter** [inkáuntər]	**n** 만남, 조우 **v** 접하다, 마주하다 = confront ⓥ 마주치다	☐☐☐
014 ★★★	**carriage** [kǽridʒ]	**n** 마차	☐☐☐
015 ★★★	**scene** [siːn]	**n** 장면	☐☐☐

016 ★★★ **loudness** [láudnis]	n 소리의 세기	☐☐☐
017 ★★★ **fascinate** [fǽsənèit]	v 매료시키다	☐☐☐
018 ★★★ **dazzle** [dǽzl]	v 눈이 부시게 하다	☐☐☐
019 ★★★ **conventionality** [kənvènʃənǽləti]	n 인습, 관례	☐☐☐
020 ★★★ **eagerly** [íːgərli]	ad 간절히	☐☐☐
021 ★★★ **defiance** [difáiəns]	n 반항 = resistance n 저항	☐☐☐
022 ★★★ **head** [hed]	v 향하다	☐☐☐
023 ★★★ **crop** [krap]	n 농작물, 수확물	☐☐☐
024 ★★★ **accrue** [əkrúː]	v 생기다	☐☐☐
025 ★★★ **fancy** [fǽnsi]	a 화려한, 고급의	☐☐☐
026 ★★★ **claim** [kleim]	n 1. 주장 2. 권리 v 주장하다 = assertion n 주장	☐☐☐
027 ★★★ **sting** [stiŋ]	v 1. 찌르다 2. 쓰리게 하다, 쓰라리다	☐☐☐
028 ★★★ **throne** [θroun]	n 왕좌	☐☐☐
029 ★★★ **resocialization** [rìsouʃəlizéiʃən]	n 재사회화	☐☐☐
030 ★★★ **fraud** [frɔːd]	n 사기	☐☐☐

DAY 70

031 ★★★ **prevail** [privéil]	**v** 1. 만연하다 2. 승리하다	☐☐☐
032 ★★★ **clarification** [klærəfikéiʃən]	**n** 1. 설명 2. 해명 ⊜ explanation ⓝ 설명	☐☐☐
033 ★★★ **absolute** [ǽbsəlùːt]	**a** 절대적인, 완전한 ⊜ complete ⓐ 완전한 ⊜ partial ⓐ 부분적인, 불완전한	☐☐☐
034 ★★★ **regress** [rigrés]	**v** 퇴행하다	☐☐☐
035 ★★★ **whereas** [hwɛərǽz]	**conj** ~한 반면에	☐☐☐
036 ★★☆ **basis** [béisis]	**n** 근거, 기반 ⊜ foundation ⓝ 토대, 기반, 근거	☐☐☐
037 ★★☆ **capitalist** [kǽpitlist]	**n** 자본주의(자)	☐☐☐
038 ★★☆ **capitalistic** [kæpətəlístik]	**a** 자본주의적인	☐☐☐
039 ★★☆ **portray** [pɔːrtréi]	**v** 그리다, 묘사하다	☐☐☐
040 ★★★ **authenticity** [ɔ̀ːθentísəti]	**n** 진정성	☐☐☐
041 ★★☆ **infant** [ínfənt]	**n** 유아	☐☐☐
042 ★★★ **devise** [diváiz]	**v** 고안하다, 생각해 내다 ⊜ come up with ~을 생각해 내다	☐☐☐
043 ★☆☆ **spine** [spain]	**n** 1. 척추 2. 가시 돋기	☐☐☐
044 ★☆☆ **perfect** [pǝ́ːrfikt]	**v** 완벽하게 하다 **a** 완벽한	☐☐☐
045 ★★☆ **owner** [óunər]	**n** 주인, 소유주	☐☐☐

046 ★★★ **scratchy**
[skrǽʧĩ]
ⓐ 긁는 듯한 소리가 나는

047 ★★★ **feed**
[fi:d]
ⓝ 사료, 먹이
ⓥ 1. 먹이를 주다 2. 충족하다

048 ★★★ **insufficient**
[ìnsəfíʃənt]
ⓐ 불충분한
⊜ inadequate ⓐ 불충분한

049 ★★★ **neither**
[ní:ðər]
ⓐ 둘 중 어느 것도 ~않은

050 ★★★ **conceive**
[kənsí:v]
ⓥ 고안하다, 떠올리다

051 ★★★ **varied**
[vέərid]
ⓐ 다양한

052 ★★★ **satisfactory**
[sætisfǽktəri]
ⓐ 만족스러운

053 ★★★ **successfully**
[səksésfəli]
ⓐ𝚍 성공적으로

054 ★★★ **type**
[taip]
ⓝ 유형
ⓥ 타자 치다, 입력하다

055 ★★★ **arousal**
[əráuzəl]
ⓝ 자극, 흥분
⊜ stimulation ⓝ 자극, 흥분

056 ★★★ **industrialize**
[indʌstriəlàiz]
ⓥ 산업화하다

057 ★★★ **electrical**
[iléktrikəl]
ⓐ 전기의

058 ★★★ **default**
[difɔ́:lt]
ⓝ 초기 설정값

059 ★★★ **tight**
[tait]
ⓐ 1. 꽉 끼는, 틈이 좁은 2. 빠듯한

060 ★★★ **mineralogy**
[mìnərǿlədʒi]
ⓝ 광물학

DAY 70

001 ★★★ **impression** [impréʃən]	**n** 1. 인상 2. 감명	☐☐☐
002 ★★★ **motivation** [mòutəvéiʃən]	**n** 동기	☐☐☐
003 ★★★ **supernormal** [sjù:pərnɔ́:rməl]	**a** 비범한	☐☐☐
004 ★★★ **miner** [máinər]	**n** 광부	☐☐☐
005 ★★★ **situation** [sìtʃuéiʃən]	**n** 상황, 처지, 환경 = circumstance **n** 환경, 상황	☐☐☐
006 ★★★ **excited** [iksáitid]	**a** 기대하는, 신나는	☐☐☐
007 ★★★ **raw** [rɔ:]	**a** 원재료의, 날것의	☐☐☐
008 ★★★ **chase** [tʃeis]	**v** 쫓다, 추적하다 = pursue **v** 뒤쫓다, 추적하다	☐☐☐
009 ★★★ **excessive** [iksésiv]	**a** 과도한	☐☐☐
010 ★★★ **respect** [rispékt]	**n** 1. (측)면 2. 존중 3. 존경 **v** 존경하다	☐☐☐
011 ★★★ **fortune** [fɔ́:rtʃən]	**n** 1. 행운 2. 재산	☐☐☐
012 ★★★ **monitor** [mánətər]	**v** 감시하다	☐☐☐
013 ★★★ **live** [liv]	**v** 살다, 거주하다 **a** 살아 있는	☐☐☐
014 ★★★ **wealth** [welθ]	**n** 부, 재산	☐☐☐
015 ★★★ **upper** [ʌ́pər]	**a** 위쪽의	☐☐☐

DAY 71

016 ★★★ **formalize** [fɔ́:rməlàiz]	v 공식화하다	☐☐☐
017 ★★☆ **continuation** [kəntìnjuéiʃən]	n 계속, 지속, 연속	☐☐☐
018 ★★★ **concrete** [kánkri:t]	a 구체적인 ⇔ abstract ⓐ 추상적인	☐☐☐
019 ★★☆ **further** [fɔ́:rðər]	a 추가의 ad 더욱	☐☐☐
020 ★★☆ **sensitivity** [sènsətívəti]	n 민감성, 감수성	☐☐☐
021 ★★★ **realize** [rí:əlàiz]	v 1. 깨닫다 2. 실현하다 ⊜ recognize ⓥ 인식하다	☐☐☐
022 ★★★ **offer** [ɔ́:fər]	v 제공하다	☐☐☐
023 ★★★ **evaporation** [ivæpəréiʃən]	n 증발	☐☐☐
024 ★★☆ **suited** [sú:tid]	a 적합한	☐☐☐
025 ★★★ **conviction** [kənvíkʃən]	n 1. 확신 2. 유죄 판결 ⊜ certainty ⓝ 확신 ⇔ doubt ⓝ 의심, 의문	☐☐☐
026 ★★☆ **blindness** [bláindnis]	n 실명, 맹목, 시각 장애	☐☐☐
027 ★★★ **flu** [flu:]	n 독감	☐☐☐
028 ★★☆ **foundational** [faundéiʃənl]	a 근본적인	☐☐☐
029 ★☆☆ **triple** [trípl]	v 3배가 되다	☐☐☐
030 ★★★ **timely** [táimli]	a 시기적절한, 때맞춘	☐☐☐

031 ★★★	**employer** [implɔ́iər]	n 고용주	□□□
032 ★★★	**relay** [ríːlei]	v 전달하다 ⊜ convey ⓥ 전달하다	□□□
033 ★★★	**liberate** [líbərèit]	v 1. 자유롭게 해주다, 해방시키다 2. (화학) 유리시키다	□□□
034 ★★★	**alertness** [ələ́ːrtnis]	n 각성 상태, 기민함	□□□
035 ★★★	**expressive** [iksprésiv]	a 표현이 풍부한	□□□
036 ★★★	**infect** [infékt]	v 감염시키다 ⊜ contaminate ⓥ 오염시키다	□□□
037 ★★★	**mess** [mes]	n 엉망인 상태 v 엉망으로 만들다	□□□
038 ★★★	**commission** [kəmíʃən]	n 1. 위원회 2. 수수료 3. 저지름	□□□
039 ★★★	**conventional** [kənvénʃənl]	a 1. 전통적인 2. 관습적인	□□□
040 ★★★	**awaken** [əwéikən]	v 1. 자각시키다 2. 깨다, 깨우다 ⊜ wake ⓥ 일어나다	□□□
041 ★★★	**puffery** [pʌ́fəri]	n 과대 선전	□□□
042 ★★★	**invest** [invést]	v 투자하다	□□□
043 ★★★	**beneficent** [bənéfəsənt]	a 1. 선을 베푸는 2. 유익한	□□□
044 ★★★	**willing** [wíliŋ]	a 기꺼이 ~하려는	□□□
045 ★★★	**consumption** [kənsʌ́mpʃən]	n 1. 소비 2. 섭취	□□□

046 ★★★	**dread** [dred]	▼ 두려워하다, 겁내다 = **fear** ⓥ 두려워하다
047 ★★★	**melt** [melt]	▼ 녹이다, 녹다
048 ★★★	**badlands** [bǽdlændz]	ⓝ 악지, 불모지
049 ★★★	**expression** [ikspréʃən]	ⓝ 표현, 표출
050 ★★★	**formative** [fɔ́:rmətiv]	ⓐ 모양을 만드는, 형성하는
051 ★★★	**arrange** [əréindʒ]	▼ 1. 배열하다, 배치하다 2. 정리하다 = **organize** ⓥ 정리하다, 처리하다
052 ★★★	**progressive** [prəgrésiv]	ⓐ 점진적인
053 ★★★	**mad** [mæd]	ⓐ 몹시 화가 난
054 ★★★	**dust** [dʌst]	ⓝ 먼지 ▼ ~을 먼지투성이로 만들다
055 ★★★	**copper** [kápər]	ⓝ 구리
056 ★★★	**international** [ìntərnǽʃənəl]	ⓐ 국제적인
057 ★★★	**altogether** [ɔ̀:ltəgéðər]	ⓐⓓ 완전히, 전적으로 = **completely** ⓐⓓ 완전히
058 ★★★	**weightless** [wéitlis]	ⓐ 무게가 없는
059 ★★★	**approachable** [əpróutʃəbl]	ⓐ 다가가기 쉬운, 말을 붙이기 쉬운 = **friendly** ⓐ 친근한
060 ★★★	**critique** [krití:k]	ⓝ 비평 ▼ 비평하다

DAY 72 >>>>>>>>>>>

001 ★★★ **common**
[kámən]
ⓐ 1. 흔한, 일반적인 2. 공통의

002 ★★★ **venture**
[vénʧər]
ⓝ (사업상의) 모험
ⓥ 모험하다

003 ★★★ **will**
[wəl]
ⓝ 의지(력)

004 ★★★ **accept**
[æksépt]
ⓥ 수용하다, 받아들이다
⊜ receive ⓥ 받아들이다

005 ★★★ **monopoly**
[mənápəli]
ⓝ 독점

006 ★★★ **compact**
[kəmpǽkt]
ⓐ 빽빽한, 밀집한

007 ★★★ **degree**
[digríː]
ⓝ 1. 정도 2. 학위

008 ★★★ **principle**
[prínsəpl]
ⓝ 원칙, 원리

009 ★★★ **whether**
[hwéðər]
ⓒⓞⓝⓙ ~인지 아닌지

010 ★★★ **run**
[rʌn]
ⓥ 운영하다, 경영하다
⊜ operate ⓥ 운영하다

011 ★★★ **segment**
[ségmənt]
ⓝ 부분
ⓥ 분할하다, 나누다

012 ★★★ **adversary**
[ǽdvərsèri]
ⓝ 적, 상대

013 ★★★ **disguise**
[disgáiz]
ⓥ 위장하다, 변장하다
⊜ camouflage ⓥ 변장하다

014 ★★★ **invert**
[invə́ːrt]
ⓥ 뒤집다, 도치시키다

015 ★★★ **windward**
[wíndwərd]
ⓐ 바람이 불어오는 쪽의

016	★☆☆	**needy**	[ní:di]	ⓐ 궁핍한, 가난한	☐☐☐
017	★☆☆	**nucleus**	[njú:kliəs]	ⓝ 1. 중심 2. 세포핵 (*pl*. nuclei)	☐☐☐
018	★★☆	**deviation**	[dì:viéiʃən]	ⓝ 일탈 ⊜ **divergence** ⓝ 일탈	☐☐☐
019	★☆☆	**winding**	[wáindiŋ]	ⓐ 구불구불한	☐☐☐
020	★★☆	**mask**	[mæsk]	ⓥ 가리다	☐☐☐
021	★★☆	**growth**	[grouθ]	ⓝ 성장, 증가	☐☐☐
022	★★☆	**truly**	[trú:li]	ad 진정으로	☐☐☐
023	★☆☆	**survival**	[sərváivəl]	ⓝ 생존 ⓥ 살아남다, 생존하다	☐☐☐
024	★★★	**competent**	[kámpətənt]	ⓐ 유능한 ⊜ **capable** ⓐ 유능한	☐☐☐
025	★★☆	**proximity**	[praksíməti]	ⓝ 근접성, 가까움	☐☐☐
026	★★☆	**purification**	[pjùərəfikéiʃən]	ⓝ 정화	☐☐☐
027	★★★	**patent**	[pǽtnt]	ⓝ 특허	☐☐☐
028	★★★	**depend**	[dipénd]	ⓥ 1. ~에 달려 있다 2. 의존하다 ⊜ **rely** ⓥ 의지하다	☐☐☐
029	★★☆	**territorial**	[tèrətɔ́:riəl]	ⓐ 영토의	☐☐☐
030	★★★	**entanglement**	[intǽŋglmənt]	ⓝ 얽힘, 얽혀 듦	☐☐☐

031	★★★	**fasting** [fǽstiŋ]	**n** 단식, 금식
032	★★★	**hazardous** [hǽzərdəs]	**a** 유해한
033	★★★	**evaluation** [ivæljuéiʃən]	**n** 평가
034	★★★	**hardship** [háːrdʃip]	**n** 고난, 난관, 어려움
035	★★☆	**restriction** [ristríkʃən]	**n** 제한, 규제
036	★☆☆	**against** [əgénst]	**prep** ~에 반대하여 ⊜ opposed to ~에 반대하는
037	★☆☆	**reference** [réfərəns]	**n** 1. 기준, 준거 2. 참조, 언급
038	★★☆	**complicated** [kámpləkèitid]	**a** 복잡한
039	★☆☆	**inland** [ínlənd]	**a** 내륙의
040	★★☆	**speculate** [spékjulèit]	**v** 추측하다 ⊜ guess ⓥ 추측하다
041	★★★	**speechless** [spíːtʃlis]	**a** 말문이 막힌
042	★★☆	**sprain** [sprein]	**v** 삐다, 접지르다
043	★★★	**clarity** [klǽrəti]	**n** 명확성 **v** 명확하게 하다, 분명히 말하다
044	★★★	**burden** [bə́ːrdn]	**n** 짐, 부담 **v** 부담을 주다 ⊜ oppress ⓥ 압박감을 주다
045	★★★	**scent** [sent]	**n** 향기, 냄새

046 ★★★	**urbanization** [əˈrbənizeiʃən]	n 도시화	□□□
047 ★★★	**identifiable** [aidéntəfàiəbl]	a 식별 가능한, 인식 가능한	□□□
048 ★★★	**occasion** [əkéiʒən]	n 1. 때, 상황 2. 행사	□□□
049 ★★☆	**nonlinear** [nanlíniər]	a 비선형적인	□□□
050 ★★☆	**resident** [rézədnt]	n 거주자, 주민	□□□
051 ★★☆	**frequent** [frí:kwənt]	a 잦은, 빈번한 ⊜ persistent ⓐ 끈질긴, 집요한	□□□
052 ★☆☆	**flea** [fli:]	n 벼룩	□□□
053 ★★☆	**flaw** [flɔ:]	n 결점	□□□
054 ★☆☆	**nuance** [njú:a:ns]	n 미묘한 차이	□□□
055 ★★★	**superior** [səpíəriər]	n 상사, 윗사람 a 상위의, 우월한 ⊖ inferior ⓐ 열등한, 아래의	□□□
056 ★★☆	**playful** [pléifl]	a 장난기 많은, 놀기 좋아하는	□□□
057 ★★☆	**sore** [sɔ:r]	a 1. 아픈 2. 심한	□□□
058 ★★☆	**lighten** [láitn]	v 밝게 하다, 밝아지다	□□□
059 ★★☆	**metric** [métrik]	a 미터(법)의	□□□
060 ★★★	**apathy** [金pəθi]	n 무관심	□□□

DAY 73 >>>>>>>>>>

001 ★★★ **initiative** [iníʃiətiv]	n 계획	□□□
002 ★★★ **minor** [máinər]	a 대수롭지 않은, 사소한 ⊖ major ⓐ 주요한	□□□
003 ★★★ **verse** [vəːrs]	n 운문	□□□
004 ★★★ **acquired** [əkwáiərd]	a 후천적인, 습득된 ⊖ innate ⓐ 선천적인 inborn ⓐ 타고난	□□□
005 ★★★ **stuff** [stʌf]	n 물건, 사물 v 채우다, 채워 넣다	□□□
006 ★★★ **amazed** [əméizd]	a 놀란	□□□
007 ★★★ **recording** [rikɔ́ːrdiŋ]	n 1. 녹음, 녹화 2. 기록	□□□
008 ★★★ **compress** [kəmprés]	v 압축하다 ⊖ flatten ⓥ 납작하게 하다	□□□
009 ★★★ **fate** [feit]	n 운명, 숙명	□□□
010 ★★★ **handiwork** [hǽndiwə̀ːrk]	n 작품	□□□
011 ★★★ **deceitful** [disíːtfəl]	a 기만적인, 속이는	□□□
012 ★★★ **investigate** [invéstəgèit]	v 연구하다, 조사하다	□□□
013 ★★★ **transmission** [trænsmíʃən]	n 전파, 전염 2. 전송, 송신	□□□
014 ★★★ **plurality** [pluərǽləti]	n 1. 과반수 2. 다수, 복수	□□□
015 ★★★ **stay** [stei]	v 머무르다, ~에 묵다	□□□

016 ★★★ **suppose** [səpóuz]	**v** 가정하다	☐☐☐
017 ★★★ **fascination** [fæsənéiʃən]	**n** 매력	☐☐☐
018 ★★★ **nest** [nest]	**n** 둥지	☐☐☐
019 ★★★ **value** [vǽljuː]	**n** 가치 **v** 중시하다	☐☐☐
020 ★★★ **precision** [prisíʒən]	**n** 정밀성, 정확성	☐☐☐
021 ★★★ **reptile** [réptil]	**n** 파충류	☐☐☐
022 ★★★ **abundant** [əbʌ́ndənt]	**a** 많은, 풍부한 **=** ample ⓐ 풍부한 **↔** scarce ⓐ 부족한	☐☐☐
023 ★★★ **horn** [hɔːrn]	**n** 뿔	☐☐☐
024 ★★★ **inadequate** [inǽdikwət]	**a** 1. 부적절한 2. 부족한, 무능한	☐☐☐
025 ★★★ **contradictory** [kɑ̀ntrədíktəri]	**a** 모순적인 **↔** compatible ⓐ 양립될 수 있는	☐☐☐
026 ★★★ **artistry** [ɑ́ːrtistri]	**n** 예술적 기교	☐☐☐
027 ★★★ **purposefully** [pə́ːrpəsfəli]	**ad** 일부러, 목적을 갖고	☐☐☐
028 ★★★ **introduce** [intrədjúːs]	**v** 1. 소개하다 2. 도입하다 3. 알리다	☐☐☐
029 ★★★ **swell** [swel]	**v** 붓다, 부풀다 **=** inflate ⓥ 부풀다, 부풀리다	☐☐☐
030 ★★★ **tuition** [tjuːíʃən]	**n** 수업료	☐☐☐

031 ★★★ **imperfectly**
[impərféktli]

ad 불완전하게, 불충분하게

032 ★★★ **artifact**
[ά:rtəfӕkt]

n 인공물

033 ★★★ **assist**
[əsíst]

v 돕다, 도움이 되다
➡ aid ⓥ 돕다 ➡ hinder ⓥ 방해하다

034 ★★★ **democracy**
[dimάkrəsi]

n 민주주의

035 ★★★ **morph**
[mɔːrf]

v 변화하다, 바뀌다

036 ★★★ **derangement**
[diréindʒmənt]

n 착란, 교란

037 ★★★ **passive**
[pӕsiv]

a 수동적인, 소극적인
➡ active ⓐ 적극적인

038 ★★★ **dullness**
[dΛlnis]

n 활발치 못함, 둔함

039 ★★★ **contextual**
[kəntéksʧuəl]

a 맥락과 관련된, 맥락의

040 ★★★ **socioeconomic**
[sòusiouèkənάmik]

a 사회경제적인

041 ★★★ **acclimation**
[ӕkləméiʃən]

n 새 환경 순응

042 ★★★ **annually**
[ӕnjuəli]

ad 매년, 연마다
➡ yearly ad 해마다, 1년 단위로

043 ★★★ **notice**
[nóutis]

n 공고문, 통지
v 알아차리다, 인지하다

044 ★★★ **subtraction**
[səbtrӕkʃən]

n 빼기, 뺄셈

045 ★★★ **trend**
[trend]

n 추세
➡ tendency ⓝ 경향, 추세

046 ★★★	**graze** [greiz]	v 1. 풀을 뜯다 2. 방목하다
047 ★★★	**count** [kaunt]	v 1. 세다 2. 계산하다 3. 간주하다
048 ★★★	**partly** [pάːrtli]	ad 부분적으로 = partially ad 부분적으로
049 ★★★	**pioneer** [pàiəníər]	n 선구자
050 ★★★	**toll** [toul]	n 통행료
051 ★★★	**morality** [mərǽləti]	n 도덕성
052 ★★★	**genuine** [dʒénjuin]	a 진짜의, 진짜인 = authentic ⓐ 진짜의
053 ★★★	**fanciful** [fǽnsifəl]	a 별난, 기발한
054 ★★★	**air** [ɛər]	v 방송하다
055 ★★★	**revive** [riváiv]	v 1. 활기를 되찾다 2. 부활시키다
056 ★★★	**cue** [kjuː]	n 단서, 신호
057 ★★★	**adventure** [ædvéntʃər]	n 모험
058 ★★★	**detrimental** [dètrəméntl]	a 해로운
059 ★★★	**nationwide** [néiʃənwàid]	a 전국적인
060 ★★★	**imprint** [ímprint]	n 1. 자국 2. 각인 v 1. 각인시키다 2. 새기다

001 ★★★	**intellectual** [ìntəlékʧuəl]	ⓐ 지적인
002 ★★★	**economic** [èkənámik]	ⓐ 경제적인
003 ★★★	**leave** [liːv]	ⓥ 1. 떠나다, 출발하다 2. 남기다 ⊜ depart ⓥ 출발하다, 떠나다
004 ★★★	**satisfaction** [sætisfǽkʃən]	ⓝ 만족감
005 ★★★	**gross** [grous]	ⓐ 혐오스러운, 징그러운
006 ★★★	**observational** [àbzərvéiʃənl]	ⓐ 관찰의
007 ★★★	**sudden** [sʌdn]	ⓐ 갑작스러운
008 ★★★	**inflexible** [infléksəbl]	ⓐ 유연하지 못한, 융통성 없는
009 ★★★	**carve** [kaːrv]	ⓥ 새기다 ⊜ engrave ⓥ 새기다
010 ★★★	**literal** [lítərəl]	ⓐ 융통성 없는
011 ★★★	**extremely** [ikstríːmli]	ⓐⓓ 극도로, 몹시
012 ★★★	**belong** [bilɔ́ːŋ]	ⓥ 1. 속하다 2. 제자리에 있다 ⊜ fit in 어울리다, 맞다
013 ★★★	**disruption** [disrʌpʃən]	ⓝ 파괴, 붕괴
014 ★★★	**ridicule** [rídikjùːl]	ⓝ 조롱, 조소
015 ★★★	**drag** [dræg]	ⓥ 1. 끌다 2. 끌어들이다

DAY 74

016 ★★★ retail
[ríːteil]
n 소매
v 판매하다

017 ★★★ endorse
[indɔ́ːrs]
v 1. 지지하다 2. 홍보하다

018 ★★★ polish
[páliʃ]
v 연마하다, 다듬다

019 ★★★ tidal
[táidl]
a 조수(潮水)의, 조수가 밀려드는

020 ★★★ discard
[diskáːrd]
v 버리다
= dispose ⓥ 처분하다

021 ★★★ supercontinent
[sjùːpərkántənənt]
n 초대륙

022 ★★★ terrified
[térəfàid]
a 겁에 질린

023 ★★★ history
[hístəri]
n 역사

024 ★★★ interested
[íntərəstid]
a 흥미를 느끼는

025 ★★★ reinforce
[rìːinfɔ́ːrs]
v 1. 강화하다 2. 증강하다
= strengthen ⓥ 강화하다

026 ★★★ except
[iksépt]
prep ~을 제외하고

027 ★★★ sweat
[swet]
n 땀
v 땀이 나다

028 ★★★ awe
[ɔː]
n 경외심
= wonder ⓝ 경이감 ⊕ contempt ⓝ 경멸, 멸시

029 ★★★ mixed
[mikst]
a 1. 엇갈린 2. 혼합된

030 ★★★ omission
[oumíʃən]
n 생략, 누락

031 ★★★ **genetic** [dʒənétik]	@ 유전적인		☐☐☐
032 ★★★ **civilization** [sivəli-zéiʃən]	@ 문명		☐☐☐
033 ★★★ **facility** [fəsíləti]	@ 1. 시설 2. 재능 ⊜ amenity @ 생활 편의 시설		☐☐☐
034 ★★★ **field** [fi:ld]	@ 1. 경기장 2. 분야 3. 들판		☐☐☐
035 ★★★ **erroneous** [iróuniəs]	@ 잘못된		☐☐☐
036 ★★★ **decouple** [di:kʌpl]	@ 갈라놓다, 분리시키다		☐☐☐
037 ★★★ **favour** [féivər]	@ 지지, 인정, 인기 @ 선호하다 ⊜ approval @ 찬성		☐☐☐
038 ★★★ **float** [flout]	@ 뜨다		☐☐☐
039 ★★★ **need** [ni:d]	@ 욕구		☐☐☐
040 ★★★ **location** [loukéiʃən]	@ 위치, 장소		☐☐☐
041 ★★★ **readily** [rédəli]	@ 쉽게, 순조롭게		☐☐☐
042 ★★★ **shoot** [ʃu:t]	@ 촬영하다		☐☐☐
043 ★★★ **comprise** [kəmpráiz]	@ ~을 구성하다 ⊜ consist @ ~로 구성되다		☐☐☐
044 ★★★ **peak** [pi:k]	@ 1. 정점 2. 산 봉우리, 정상 @ 정점을 찍다		☐☐☐
045 ★★★ **paradoxical** [pærədάksikəl]	@ 역설적인		☐☐☐

046 ★★★ **sound** [saund]
ⓐ 좋은, 건전한

047 ★★★ **intensity** [inténsəti]
ⓝ 강도
ⓥ 강화하다

048 ★☆☆ **thinker** [θíŋkər]
ⓝ 철학자, 사상가

049 ★★★ **understanding** [ʌndərstǽndiŋ]
ⓝ 이해(력)

050 ★★☆ **employee** [implɔ́ii:]
ⓝ 종업원, 직원

051 ★★☆ **motive** [móutiv]
ⓝ 동기, 이유

052 ★☆☆ **sniff** [snif]
ⓥ 킁킁거리다

053 ★☆☆ **compartment** [kəmpáːrtmənt]
ⓝ 칸

054 ★★★ **seldom** [séldəm]
ⓐⓓ 좀처럼 ∼하지 않다
🔁 rarely ⓐⓓ 거의 ∼않는

055 ★★☆ **shave** [ʃeiv]
ⓥ 1. 면도하다 2. 깎다, 낮추다

056 ★★★ **wander** [wándər]
ⓥ 돌아다니다, 배회하다
🔁 roam ⓥ 돌아다니다

057 ★★☆ **thunderstorm** [θʌndərstɔ́ːrm]
ⓝ 뇌우

058 ★☆☆ **tribal** [tráibl]
ⓐ 부족의

059 ★★☆ **accent** [ǽksent]
ⓝ 억양

060 ★★☆ **strong** [strɔ́ːŋ]
ⓐ 튼튼한, 강력한

001 ★★★	**craft** [kræft]	n 공예	□□□
002 ★★★	**localized** [lóukəlàizd]	a 국소적인, 국부적인	□□□
003 ★★★	**axis** [ǽksis]	n 축	□□□
004 ★★★	**tasteless** [téistlis]	a 무미건조한	□□□
005 ★★★	**supportive** [səpɔ́ːrtiv]	a 힘이 되는, 지지를 주는	□□□
006 ★★★	**helpless** [hélplis]	a 무기력한	□□□
007 ★★★	**observe** [əbzə́ːrv]	v 1. 관찰하다 2. 준수하다 ⊜ monitor ⓥ 관찰하다	□□□
008 ★★★	**rut** [rʌt]	n 틀에 박힌 생활	□□□
009 ★★★	**sum** [sʌm]	n 총합 v 합계하다, 합계가 ∼이 되다	□□□
010 ★★★	**humiliate** [hjuːmílièit]	v 창피를 주다	□□□
011 ★★★	**improvise** [ímprəvàiz]	v 즉흥 연주하다	□□□
012 ★★★	**financial** [finǽnʃəl]	a 재정상의, 금융의 ⊜ monetary ⓐ 통화의	□□□
013 ★★★	**repertoire** [répərtwɑ̀ːr]	n 연주 목록, 레퍼토리	□□□
014 ★★★	**basic** [béisik]	a 기본적인 ⊜ fundamental ⓐ 기본적인	□□□
015 ★★★	**dash** [dæʃ]	v 1. 돌진하다 2. 내던지다, 부수다	□□□

016 ★★★ **dominant** [dámənənt]	ⓐ 1. 우성의 2. 우세한, 지배적인
017 ★★★ **aging** [éidʒiŋ]	ⓝ 노화
018 ★★★ **revise** [riváiz]	ⓥ 수정하다, 변경하다 = modify ⓥ 수정하다
019 ★★★ **pedestrian** [pədéstriən]	ⓝ 보행자
020 ★★★ **antiseptic** [æntəséptik]	ⓐ 멸균의 = sterile ⓐ 살균된, 무균성의
021 ★★★ **result** [rizʌ́lt]	ⓝ 결과 = outcome ⓝ 결과
022 ★★★ **sanitary** [sǽnətèri]	ⓐ 위생의
023 ★★★ **inanimate** [inǽnəmət]	ⓐ 무생물의
024 ★★★ **pale** [peil]	ⓥ 옅어지다, 흐려지다 ⓐ 창백한
025 ★★★ **compensate** [kámpənsèit]	ⓥ 1. 보충하다 2. 보상하다
026 ★★★ **chemical** [kémikəl]	ⓝ 화학물질 ⓐ 화학의
027 ★★★ **tolerant** [tálərənt]	ⓐ 관대한, 관용적인
028 ★★★ **quantity** [kwántəti]	ⓝ (측정 가능한) 양, 수량 = amount ⓝ 양
029 ★★★ **leak** [li:k]	ⓝ 누출, 샘
030 ★★★ **logical** [ládʒikəl]	ⓐ 타당한, 논리적인

DAY 75

031 ★★★	**permissive** [pərmísiv]	**a** 허용적인
032 ★★★	**merge** [mə:rdʒ]	**v** 병합하다, 합치다
033 ★★★	**capture** [kǽpʧər]	**n** 포획, 억류 **v** 1. 포착하다 2. 사로잡다 = **catch** ⓥ 포획하다
034 ★★★	**mingle** [míŋgl]	**v** 섞이다
035 ★★★	**subjectivity** [sʌbdʒektívəti]	**n** 주관성
036 ★★★	**strangeness** [stréindʒnis]	**n** 이상함
037 ★★★	**identity** [aidéntəti]	**n** 정체성, 신원
038 ★★★	**sheer** [ʃiər]	**a** 순전한, 큰 = **utter** ⓐ 순전한
039 ★★★	**tempting** [témptiŋ]	**a** 유혹적인, 솔깃한
040 ★★★	**peddler** [pédlər]	**n** 행상인, 판매원
041 ★★★	**mythical** [míθikəl]	**a** 사실이 아닌, 허구의
042 ★★★	**insignificant** [ìnsignífikənt]	**a** 중요하지 않은
043 ★★★	**assess** [əsés]	**v** 1. 평가하다 2. 재다, 가늠하다 = **evaluate** ⓥ 재다, 가늠하다, 판단하다
044 ★★★	**usable** [júːzəbl]	**a** 사용 가능한
045 ★★★	**designated** [dézignèitid]	**a** 지정된

046 ★★★ **define** [difáin]
v 1. 정의하다 2. 규정하다 3. 한정짓다

047 ★★★ **almighty** [ɔ:lmáiti]
a 전능한

048 ★★★ **digest** [didʒést]
v 소화하다

049 ★★★ **transmissible** [trænsmísəbl]
a 전염되는

050 ★★★ **preschool** [prí:skú:l]
n 유치원

051 ★★★ **fictional** [fíkʃənl]
a 허구의

052 ★★★ **continual** [kəntínjuəl]
a 지속적인

053 ★★★ **inborn** [ínbɔ́:rn]
a 타고난
innate ⓐ 타고난 inborn ⓐ 선천적인

054 ★★★ **retrieve** [ritrí:v]
v 되찾아오다, 회수하다

055 ★★★ **submit** [səbmít]
v 제출하다

056 ★★★ **indefinable** [indifáinəbl]
a 정의할 수 없는

057 ★★★ **millennium** [miléniəm]
n 천년 (*pl.* millennia)

058 ★★★ **case** [keis]
n 사례

059 ★★★ **glacier** [gléiʃər]
n 빙하

060 ★★★ **neat** [ni:t]
a 깔끔한, 정돈된

DAY 76 >>>>>>>>>>>

001 ★★★	**clothes** [klouz]	**n** 옷, 의류
002 ★★★	**reportedly** [ripɔ́ːrtidli]	**ad** 전해 오는 바에 따르면
003 ★★★	**fine** [fain]	**n** 벌금 **v** 벌금을 부과하다 **a** 1. 괜찮은 2. 건강한
004 ★★★	**declare** [diklέər]	**v** 선언하다, 공표하다 **⊜ announce** ⓥ 발표하다, 선언하다
005 ★★★	**admire** [ædmáiər]	**v** 1. 존경하다 2. 감탄하다
006 ★★★	**error** [érər]	**n** 실수, 오류
007 ★★★	**shelter** [ʃéltər]	**n** 1. 주거지 2. 피신, 대피 **v** 1. 막아주다 2. 피하다
008 ★★★	**dare** [dɛər]	**v** 감히 ~하다 **⊜ risk** ⓥ …의 위험을 무릅쓰다
009 ★★★	**prophet** [prάfit]	**n** 예언자
010 ★★★	**layer** [léiər]	**n** 층, 막 **v** 층층이 쌓다
011 ★★★	**packet** [pǽkit]	**n** 1. (상품 포장용) 통, 갑, 곽 2. 소포, 꾸러미
012 ★★★	**monoculture** [mάnəkʌltʃər]	**n** 1. 단일 재배 2. 단일 민족 사회
013 ★★★	**relax** [rilǽks]	**v** 긴장이 풀리다, 안심하다
014 ★★★	**folly** [fάli]	**n** 어리석음, 판단력 부족
015 ★★★	**width** [widθ]	**n** 너비

016 ★★★	**processing** [prάsesiŋ]	n (식품 등의) 가공, 처리	☐☐☐
017 ★★★	**likeness** [láiknis]	n 유사성	☐☐☐
018 ★★★	**acceleration** [æksèləréiʃən]	n 가속화 ⊜ speeding up 가속 ⊖ deceleration n 감속	☐☐☐
019 ★★★	**harm** [ha:rm]	n 해로움 v 해를 끼치다	☐☐☐
020 ★★★	**twitch** [twiʧ]	n 씰룩거림	☐☐☐
021 ★★★	**insert** [insə́:rt]	v 넣다, 끼우다, 삽입하다	☐☐☐
022 ★★★	**intonation** [ìntounéiʃən]	n 억양	☐☐☐
023 ★★★	**theory** [θí:əri]	n 이론	☐☐☐
024 ★★★	**athlete** [ǽθli:t]	n 운동선수	☐☐☐
025 ★★★	**flavor** [fléivər]	n 맛, 풍미, 향 (flavour)	☐☐☐
026 ★★★	**activity** [æktívəti]	n 활동	☐☐☐
027 ★★★	**bold** [bould]	a 대담한 ⊜ adventurous a 모험적인	☐☐☐
028 ★★★	**fear** [fiər]	n 공포, 두려움 v 우려하다, 염려하다	☐☐☐
029 ★★★	**possession** [pəzéʃən]	n 소유물	☐☐☐
030 ★★★	**raise** [reiz]	v 1. 올리다 2. 불러일으키다 3. 기르다	☐☐☐

DAY 76

031 ★★★ **hugeous**
[hjúːdʒəs]
@ 거대한

032 ★★★ **examine**
[igzǽmin]
ⓥ 1. 검토하다, 조사하다 2. 진찰하다

033 ★★★ **obligation**
[àbləgéiʃən]
ⓝ 의무

034 ★★★ **harbor**
[háːrbər]
ⓝ 항구, 항만

035 ★★★ **relatively**
[rélətivli]
ad 상대적으로, 비교적
⊜ comparatively ad 비교적

036 ★★★ **host**
[houst]
ⓝ 1. 진행자 2. 주인 3. 떼, 다수
ⓥ 1. 주최하다 2. 접대하다, 수용하다

037 ★★★ **distribution**
[dìstrəbjúːʃən]
ⓝ 1. 분배 2. 배부, 배급 3. 유통

038 ★★★ **tap**
[tæp]
ⓥ 톡톡 두드리다

039 ★★★ **accurate**
[ǽkjurət]
@ 정확한
⊜ precise @ 정확한

040 ★★★ **progress**
[prágres]
ⓝ 1. 진보 2. 진척 ⓥ 진전을 보이다
⊜ proceed ⓥ 나아가다

041 ★★★ **resultant**
[rizʌ́ltənt]
@ 그 결과로 생긴, 그에 따른

042 ★★★ **postpone**
[poustpóun]
ⓥ 미루다, 연기하다
⊜ delay ⓥ 미루다

043 ★★★ **explain**
[ikspléin]
ⓥ 설명하다

044 ★★★ **remaining**
[riméiniŋ]
@ 남아 있는

045 ★★★ **disempower**
[dìsempáuər]
ⓥ ~로부터 힘을 빼앗다

| 046 ★★★ | **scan** [skæn] | ⓥ 1. 살피다 2. 대충 훑어보다 | ☐☐☐ |

| 047 ★★★ | **appraisal** [əpréizəl] | ⓝ 평가 | ☐☐☐ |

| 048 ★★★ | **suspicious** [səspíʃəs] | ⓐ 의심하는, 수상쩍어하는 | ☐☐☐ |

| 049 ★★★ | **snore** [snɔ:r] | ⓥ 코 골다 | ☐☐☐ |

| 050 ★★★ | **technical** [téknikəl] | ⓐ 전문적인 | ☐☐☐ |

| 051 ★★★ | **compliance** [kəmpláiəns] | ⓝ 준수, 따름
● violation ⓝ 위반, 침해, 위법 | ☐☐☐ |

| 052 ★★★ | **chief** [tʃi:f] | ⓝ 추장, 족장, 우두머리 | ☐☐☐ |

| 053 ★★★ | **representative** [rèprizéntətiv] | ⓝ 대표
ⓐ 1. 대표하는 2. 전형적인 | ☐☐☐ |

| 054 ★★★ | **flushing** [flʌʃiŋ] | ⓝ 수세식(의) | ☐☐☐ |

| 055 ★★★ | **cooperate** [kouápərèit] | ⓥ 협력하다
● collaborate ⓥ 협력하다 | ☐☐☐ |

| 056 ★★★ | **unbundle** [ʌnbʌndl] | ⓥ 중심 기업에 분산시키다 | ☐☐☐ |

| 057 ★★★ | **comprehensive** [kàmprihénsiv] | ⓐ 광범위한, 종합적인 | ☐☐☐ |

| 058 ★★★ | **transition** [trænziʃən] | ⓝ 변화, 전환 | ☐☐☐ |

| 059 ★★★ | **punishment** [pʌniʃmənt] | ⓝ 처벌 | ☐☐☐ |

| 060 ★★★ | **dominance** [dámənəns] | ⓝ 1. 우세, 지배 2. 우성 | ☐☐☐ |

DAY 76

001 ★★★ **earth** [ə:rθ]
n 1. 지구 2. 흙

002 ★★★ **thereafter** [ðɛərǽftər]
ad 그 후에
= subsequently ad 그 뒤에

003 ★★★ **disengagement** [dìsengéidʒmənt]
n 1. 이탈, 해방

004 ★★★ **sole** [soul]
a 유일한, 전적인, 단 하나의

005 ★★★ **transitory** [trǽnsətɔ:ri]
a 일시적인

006 ★★★ **blind** [blaind]
v 1. 눈 멀게 하다 2. 맹목적이게 만들다
a 1. 눈이 먼 2. 맹목적인

007 ★★★ **possibly** [pάsəbli]
ad 아마도

008 ★★★ **wasteful** [wéistfəl]
a 낭비하는

009 ★★★ **obstacle** [άbstəkl]
n 장애물

010 ★★★ **fitness** [fítnis]
n 1. 신체 단련 2. 적합성

011 ★★★ **contagious** [kəntéidʒəs]
a 전염되는
= infectious a 전염성의

012 ★★★ **rumble** [rʌmbl]
v 우르르 울리다

013 ★★★ **vigilant** [vídʒələnt]
a 경계하는

014 ★★★ **danger** [déindʒər]
n 위험

015 ★★★ **simplicity** [simplísəti]
n 단순함

016 ★★★ **hippocampus** [hìpəkǽmpəs]	n (대뇌 측두엽의) 해마
017 ★★★ **educate** [édʒukèit]	v 교육하다, 가르치다
018 ★★★ **cram** [kræm]	v 1. 밀어 넣다 2. 벼락치기하다 ⊜ **stuff** v 채우다
019 ★★☆ **symbolize** [símbəlàiz]	v 상징하다
020 ★★★ **considerably** [kənsídərəbli]	ad 상당히
021 ★★☆ **passageway** [pǽsidʒwèi]	n 통로
022 ★★★ **impulse** [ímpʌls]	n 충동 ⊜ **urge** n 충동, 욕구
023 ★☆☆ **wildness** [wáildnis]	n 야생
024 ★★★ **normative** [nɔ́ːrmətiv]	a 규범적인
025 ★★☆ **risk** [risk]	n 위험 v 위험을 감수하다
026 ★☆☆ **naturally** [nǽtʃərəli]	ad 자연스럽게
027 ★★★ **exploit** [iksplɔ́it]	v 1. (부당하게) 이용하다 2. 착취하다 ⊜ **abuse** v 남용하다, 오용하다
028 ★★☆ **visit** [vízit]	n 접촉 v 방문하다
029 ★★☆ **geometric** [dʒìːəmétrik]	a 기하학적인
030 ★★★ **disallow** [disəláu]	v 거절하다, 인정하지 않다

031 ★★★	**adoption** [ədápʃən]	n 1. 입양 2. 채택	☐☐☐
032 ★★★	**socially** [sóuʃəli]	ad 사회적으로	☐☐☐
033 ★★★	**prosecutor** [prάsikjùːtər]	n 검사	☐☐☐
034 ★★★	**domination** [dὰmənéiʃən]	n 지배	☐☐☐
035 ★★★	**coming** [kʌmiŋ]	a 다가오는, 다음의 ⊜ forthcoming ⓐ 곧 있을	☐☐☐
036 ★★★	**rare** [rɛər]	a 희귀한, 드문	☐☐☐
037 ★★★	**harvest** [hάːrvist]	n 추수, 수확 v 수확하다	☐☐☐
038 ★★★	**corruption** [kərʌpʃən]	n 붕괴	☐☐☐
039 ★★★	**artificial** [ὰːrtəfíʃəl]	a 1. 인공의 2. 인위적인 ⊜ synthetic ⓐ 합성의, 인조의	☐☐☐
040 ★★★	**global** [glóubəl]	a 세계적인, 지구의	☐☐☐
041 ★★★	**coordinator** [kouɔ́ːrdənèitər]	n 1. 책임자 2. 조정자	☐☐☐
042 ★★★	**realistic** [riːəlístik]	a 현실적인, 사실적인	☐☐☐
043 ★★★	**charity** [ʧǽrəti]	n 자선, 자선단체 ⊜ foundation ⓝ 재단, 기구	☐☐☐
044 ★★★	**physicist** [fízisist]	n 물리학자	☐☐☐
045 ★★★	**hang** [hæŋ]	v 매달다, 걸다	☐☐☐

046 ★★★ **gamble** [gǽmbl]	ⓝ 도박	☐☐☐
047 ★★★ **monk** [mʌŋk]	ⓝ 수도자, 수도승	☐☐☐
048 ★☆☆ **decimal** [désəməl]	ⓝ 소수	☐☐☐
049 ★☆☆ **breeding** [brí:diŋ]	ⓝ 1. 사육 2. 번식 ⊜ reproduction ⓝ 번식	☐☐☐
050 ★★☆ **inviting** [inváitiŋ]	ⓐ 매력적인, 솔깃한	☐☐☐
051 ★★★ **intact** [intǽkt]	ⓐ 손상되지 않은	☐☐☐
052 ★★★ **comparative** [kəmpǽrətiv]	ⓐ 비교의	☐☐☐
053 ★★☆ **adverse** [ædvə́:rs]	ⓐ 거스르는	☐☐☐
054 ★☆☆ **guardian** [gá:rdiən]	ⓝ 보호자	☐☐☐
055 ★★★ **competence** [kámpətəns]	ⓝ 1. 능력, 역량 2. 능숙함 ⊜ capability ⓝ 능력 ⊝ incompetence ⓝ 무능	☐☐☐
056 ★★☆ **disbelieve** [dìsbilí:v]	ⓥ 불신하다, 믿지 않다	☐☐☐
057 ★★★ **author** [ɔ́:θər]	ⓝ 작가, 저자	☐☐☐
058 ★★★ **privilege** [prívəlidʒ]	ⓝ 특권	☐☐☐
059 ★★★ **due** [djuː]	ⓐ (제출) 기한인, 예정된, ～하기로 되어 있는	☐☐☐
060 ★★★ **invalidate** [invǽlədèit]	ⓥ 1. 틀렸음을 입증하다 2. 무효화하다	☐☐☐

| 001 ★★★ | **myth** [miθ] | **n** 1. 신화 2. 통념 | □□□ |

| 002 ★★★ | **excess** [iksés] | **n** 지나침, 과잉
 a 초과한 | □□□ |

| 003 ★★★ | **mystical** [místikəl] | **a** 신비스러운 | □□□ |

| 004 ★★★ | **fraction** [frǽkʃən] | **n** 부분, 파편 | □□□ |

| 005 ★★★ | **absent** [ǽbsənt] | **a** 결석한, 부재한
 ⟷ **present** ⓐ 있는 | □□□ |

| 006 ★★★ | **throat** [θrout] | **n** 목구멍 | □□□ |

| 007 ★★★ | **randomly** [rǽndəmli] | **ad** 무작위로, 임의로 | □□□ |

| 008 ★★★ | **curious** [kjúəriəs] | **a** 궁금해하는, 호기심 많은 | □□□ |

| 009 ★★★ | **refinement** [rifáinmənt] | **n** 개선 | □□□ |

| 010 ★★★ | **proof** [pru:f] | **n** 증거, 증명
 ⊜ **evidence** ⓝ 증거 | □□□ |

| 011 ★★★ | **renew** [rinjú:] | **v** 1. 갱신하다 2. 재개하다 | □□□ |

| 012 ★★★ | **greed** [gri:d] | **n** 탐욕 | □□□ |

| 013 ★★★ | **empirical** [impírikəl] | **a** 경험적인 | □□□ |

| 014 ★★★ | **aspiration** [æspəréiʃən] | **n** 열망, 염원
 ⊜ **desire** ⓝ 바람 | □□□ |

| 015 ★★★ | **integrative** [íntəgrèitiv] | **a** 통합적인 | □□□ |

016 ★★★	**storage** [stɔ́ːridʒ]	n 저장, 보관	☐☐☐
017 ★★★	**secrecy** [síːkrisi]	n 비밀 유지	☐☐☐
018 ★★★	**surround** [səráund]	v 둘러싸다, 에워싸다	☐☐☐
019 ★★★	**evolutionary** [èvəlúːʃənèri]	a 1. 진화의 2. 진화론적인	☐☐☐
020 ★★★	**bouquet** [boukéi]	n 부케, 꽃다발	☐☐☐
021 ★★★	**while** [hwail]	conj 1. ~하는 동안 2. 한편	☐☐☐
022 ★★★	**conclusively** [kənklúːsivli]	ad 결론적으로	☐☐☐
023 ★★★	**disagreement** [disəgríːmənt]	n 불화, 불일치 ⊜ dissent ⓝ 반대 의견	☐☐☐
024 ★★★	**summit** [sʌmit]	n 정상, 정점	☐☐☐
025 ★★★	**restore** [ristɔ́ːr]	v 회복하다, 복구하다 ⊜ recover ⓥ 회복하다	☐☐☐
026 ★★★	**digitize** [dídʒitàiz]	v 디지털화하다	☐☐☐
027 ★★★	**partial** [páːrʃəl]	a 일부분의, 부분적인	☐☐☐
028 ★★★	**residual** [rizídʒuəl]	a 잔여의 ⊜ remaining ⓐ 남아있는	☐☐☐
029 ★★★	**innocent** [ínəsənt]	a 무고한	☐☐☐
030 ★★★	**original** [ərídʒənl]	a 1. 최초의, 원래의 2. 독창적인	☐☐☐

DAY 78

031 ★★★	**innovation** [inəvéiʃən]	ⓝ 혁신, 쇄신
032 ★★★	**command** [kəmǽnd]	ⓝ 1. 명령 2. 지휘 ⓥ 1. 명령하다 2. 지휘하다
033 ★★★	**treatment** [trí:tmənt]	ⓝ 1. 치료 2. 취급, 대우
034 ★★★	**cancellation** [kænsəléiʃən]	ⓝ 취소
035 ★★★	**picked** [pikt]	ⓐ 수확된
036 ★★★	**sink** [siŋk]	ⓥ 가라앉다, 내려앉다
037 ★★★	**surely** [ʃúərli]	ⓐⓓ 분명히, 확실히 ➖ definitely ⓐⓓ 분명히
038 ★★★	**obsession** [əbséʃən]	ⓝ 강박, 집착
039 ★★★	**ship** [ʃip]	ⓥ 운송하다, 수송하다
040 ★★★	**discussion** [diskʌʃən]	ⓝ 토론, 논의
041 ★★★	**naive** [na:í:v]	ⓐ 순진한
042 ★★★	**precious** [préʃəs]	ⓐ 소중한, 귀중한 ➖ valuable ⓐ 소중한
043 ★★★	**mental** [méntl]	ⓐ 정신의
044 ★★★	**stock** [stak]	ⓝ 저장, 축적 ⓥ 저장하다, 보관하다
045 ★★★	**theorize** [θí:əràiz]	ⓥ 이론화하다

046 ★★★ **comment**
[kάment]
n 1. 의견 2. 지적, 비판
v 논평하다

047 ★★★ **spontaneously**
[spantéiniəsli]
ad 자연스럽게, 자발적으로

048 ★★☆ **tenderness**
[téndərnis]
n 다정함

049 ★★★ **uniform**
[júːnəfɔ̀ːrm]
a 동일한, 균일한, 획일적인

050 ★★☆ **harden**
[hάːrdn]
v 굳어지다

051 ★☆☆ **connect**
[kənékt]
v 잇다, 연결하다
≡ associate ⓥ 관련짓다, 연결하다

052 ★★☆ **extinction**
[ikstíŋkʃən]
n 멸종

053 ★★☆ **urgency**
[ɔ́ːrdʒənsi]
n 다급함

054 ★★★ **capitalism**
[kǽpətəlizm]
n 자본주의

055 ★★★ **resist**
[rizíst]
v 1. 저항하다, 거부하다 2. 물리치다
≡ oppose ⓥ 반대하다

056 ★★☆ **breathe**
[briːð]
v 호흡하다

057 ★★☆ **musty**
[mʌsti]
a 곰팡내 나는

058 ★☆☆ **harmony**
[hάːrməni]
n 조화, 화합

059 ★☆☆ **slave**
[sleiv]
n 노예

060 ★★☆ **citizen**
[sitəzən]
n 시민

001 ★★★	**suggest** [səgdʒést]	**v** 1. 시사하다 2. 제안하다 3. 추천하다
		= propose ⓥ 제안하다
002 ★★★	**input** [ínpùt]	**n** 1. 조언 2. 투입
		v 투입하다
003 ★★★	**daily** [déili]	**a** 매일 일어나는
		ad 매일
004 ★★★	**selection** [silékʃən]	**n** 선발, 선정
005 ★★★	**destination** [dèstənéiʃən]	**n** 목적지, 도착지
		⇔ arrival ⓝ 출발지
006 ★★★	**plain** [plein]	**n** 평야, 평지
		a 평범한, 단순한
007 ★★★	**historical** [histɔ́:rikəl]	**a** 역사적인, 역사상의
008 ★★★	**consumable** [kənsú:məbl]	**a** 소비 가능한
009 ★★★	**doctorate** [dɑ́ktərət]	**n** 박사 학위
010 ★★★	**abusive** [əbjú:siv]	**a** 학대하는
011 ★★★	**insecticide** [inséktəsàid]	**n** 살충제
012 ★★★	**irresponsible** [ìrispɑ́nsəbl]	**a** 무책임한
		= reckless ⓐ 무모한
013 ★★★	**seize** [si:z]	**v** 1. 붙잡다 2. 체포하다
014 ★★★	**ceramic** [səræmik]	**n** 도자기
015 ★★★	**excellent** [éksələnt]	**a** 훌륭한, 탁월한

016 ★★★ humid
[hjúːmid]
a 습한

017 ★★★ premium
[príːmiəm]
n 할증료
a 1. 아주 높은 2. 고급의

018 ★★★ distantly
[dístəntli]
ad 멀리, 원거리로

019 ★★★ vigorously
[vígərəsli]
ad 힘차게

020 ★★★ disability
[dìsəbíləti]
n 장애
= impairment ⓝ 장애

021 ★★★ sculpt
[skʌlpt]
v 조각하다, 형상을 만들다

022 ★★★ screen
[skriːn]
n 화면
v 확인하다, 거르다

023 ★★★ store
[stɔːr]
v 보관하다, 저장하다

024 ★★★ request
[rikwést]
n 요구, 요청 **v** 요청하다
= require ⓥ 요구하다

025 ★★★ bear
[bɛər]
v 1. 참다 2. (아이를) 낳다
= withstand ⓥ 견디다 endure ⓥ 견디다

026 ★★★ envelope
[énvəlòup]
n 봉투

027 ★★★ compete
[kəmpíːt]
v 1. 경쟁하다 2. 겨루다
= contest ⓥ 경쟁을 벌이다, 다투다

028 ★★★ renovate
[rénəvèit]
v 보수하다, 개조하다

029 ★★★ reverse
[rivəːrs]
n 1. 반대 2. 역전
v 뒤집다

030 ★★★ imaginary
[imædʒənèri]
a 상상의

031 ★★★	**catastrophe** [kətǽstrəfi]	n 참사, 재앙	☐☐☐
032 ★★★	**imagine** [imǽdʒin]	v 상상하다	☐☐☐
033 ★★★	**particle** [pάːrtikl]	n 작은 조각, 입자	☐☐☐
034 ★★★	**forgiveness** [fərgívnis]	n 용서	☐☐☐
035 ★★★	**accompany** [əkʌ́mpəni]	v 동반하다, 수반하다	☐☐☐
036 ★★★	**cruel** [krúːəl]	a 잔인한	☐☐☐
037 ★★★	**meditate** [médətèit]	v 명상하다	☐☐☐
038 ★★★	**fawn** [fɔːn]	v 알랑거리다, 아양을 떨다 ⊖ flatter ⓥ 아첨하다	☐☐☐
039 ★★★	**shaky** [ʃéiki]	a 불안정한	☐☐☐
040 ★★★	**probability** [prὰbəbíləti]	n 확률, 가능성	☐☐☐
041 ★★★	**responsibility** [rispὰnsəbíləti]	n 책임, 책임감	☐☐☐
042 ★★★	**arrogant** [ǽrəgənt]	a 거만한 ⊖ haughty ⓐ 거만한	☐☐☐
043 ★★★	**chapel** [ʧǽpəl]	n 예배당	☐☐☐
044 ★★★	**totality** [toutǽləti]	n 총체, 전체	☐☐☐
045 ★★★	**observance** [əbzə́ːrvəns]	n 준수	☐☐☐

046 ★★★ **customary** [kʌ́stəmèri]	ⓐ 관습적인	☐☐☐
047 ★★★ **bring** [briŋ]	ⓥ 가져오다, 데려오다 ⊜ carry ⓥ 가져오다	☐☐☐
048 ★★★ **mute** [mjuːt]	ⓥ 음소거하다	☐☐☐
049 ★★★ **imitate** [ímətèit]	ⓥ 모방하다, 흉내내다 ⊜ mimic ⓥ 흉내를 내다	☐☐☐
050 ★★★ **provoke** [prəvóuk]	ⓥ 유발시키다	☐☐☐
051 ★★★ **misdeliver** [mìsdilívər]	ⓥ 잘못 배송하다	☐☐☐
052 ★★★ **induce** [indjúːs]	ⓥ 1. 유발하다 2. 설득하다 ⊜ bring about 초래하다	☐☐☐
053 ★★★ **routinely** [ruːtíːnli]	ⓐⓓ 일상적으로	☐☐☐
054 ★★★ **present** [préznt]	ⓝ 1. 현재 2. 선물 ⓥ 발표하다 ⓐ 1. 존재하는 2. 현재의	☐☐☐
055 ★★★ **enlarge** [inlάːrdʒ]	ⓥ 확대하다	☐☐☐
056 ★★★ **motionless** [móuʃənlis]	ⓐ 움직임이 없는	☐☐☐
057 ★★★ **maintenance** [méintənəns]	ⓝ 유지 보수	☐☐☐
058 ★★★ **term** [təːrm]	ⓝ 1. 용어 2. 기간 ⓥ 이름짓다, 칭하다	☐☐☐
059 ★★★ **tremble** [trémbl]	ⓥ 떨다	☐☐☐
060 ★★★ **learned** [ləːrnid]	ⓐ 학습된, 후천적인	☐☐☐

DAY 79

001 ★★★	**miserable** [mízərəbl]	ⓐ 몹시 불행한, 비참한
002 ★★★	**theology** [θiálədʒi]	ⓝ 신학
003 ★★★	**measurement** [méʒərmənt]	ⓝ 1. 척도, 측정 2. 치수, 크기
004 ★★★	**export** [ikspɔ́:rt]	ⓝ 수출 ⓥ 수출하다 ● import ⓝ 수입 ⓥ 수입하다
005 ★★★	**sow** [sou]	ⓥ 심다, 뿌리다
006 ★★★	**toddler** [tádlər]	ⓝ 아장아장 걷는 아기
007 ★★★	**nap** [næp]	ⓝ 낮잠 ⓥ 낮잠 자다
008 ★★★	**prefix** [prí:fiks]	ⓝ 접두사
009 ★★★	**intricate** [íntrikət]	ⓐ 복잡한 ● complex ⓐ 복잡한
010 ★★★	**generational** [dʒènəréiʃənl]	ⓐ 세대의, 세대 간의
011 ★★★	**seasoned** [sí:znd]	ⓐ 노련한
012 ★★★	**dialogue** [dáiəlɔ̀:g]	ⓝ 대화
013 ★★★	**ego** [í:gou]	ⓝ 자아, 에고
014 ★★★	**assessment** [əsésmənt]	ⓝ 평가, 산정 ● evaluation ⓝ 평가
015 ★★★	**proclamation** [pràkləméiʃən]	ⓝ 선언

016 ★★★ **counter**
[káuntər]

v 반박하다

---

017 ★★★ **connective**
[kənéktiv]

a 연결하는

---

018 ★★★ **contact**
[kántækt]

n 1. 접촉 2. 전염
v 연락하다

---

019 ★★★ **withstand**
[wiðstǽnd]

v 견디다
≡ tolerate ⓥ 참다, 견디다

---

020 ★★★ **atom**
[ǽtəm]

n 원자

---

021 ★★★ **solid**
[sálid]

a 1. 단단한, 고체의 2. 확실한, 견고한

---

022 ★★★ **revolution**
[rèvəlúːʃən]

n 혁명

---

023 ★★★ **configuration**
[kənfigjuréiʃən]

n 배치, 배열
≡ arrangement ⓝ 배열

---

024 ★★★ **neurological**
[njùərəládʒikəl]

a 신경학의

---

025 ★★★ **recovery**
[rikʌ́vəri]

n 회복, 복구

---

026 ★★★ **conceit**
[kənsíːt]

n 자만심

---

027 ★★★ **monopolize**
[mənápəlàiz]

v 독점하다

---

028 ★★★ **problematic**
[prὰbləmǽtik]

a 문제가 있는

---

029 ★★★ **dissatisfied**
[dissǽtisfàid]

a 불만족한
≡ discontented ⓐ 불만을 품은

---

030 ★★★ **during**
[djúəriŋ]

prep 1. …동안 2. …때

| 031 ★★★ | **versus** [və́:rsəs] | **prep** 1. ~ 대(對) 2. ~에 비해 | ☐☐☐ |

versus [və́:rsəs]
prep 1. ~ 대(對) 2. ~에 비해

032 ★★★ ambiguous [æmbígjuəs]
a 1. 모호한 2. 양가적인
= **ambivalent** ⓐ 상반되는 감정을 가진, 양면 가치적인

033 ★★★ objection [əbdʒékʃən]
n 반대, 이의

034 ★★★ charge [ʧɑ:rdʒ]
n 요금 **v** 1. 충전하다 2. 청구하다
= **fine** ⓥ 벌금을 부과하다

035 ★★★ flow [flou]
n 흐름
v 1. 흐르다 2. 진행되다

036 ★★★ reconstitute [ri:kánstitjù:t]
v 재구성하다

037 ★★★ sequence [sí:kwəns]
n 1. 연속 2. 순서
v 차례로 배열하다

038 ★★★ conversation [kànvərséiʃən]
n 대화, 회화

039 ★★★ register [rédʒistər]
v 1. 등록하다, 기재하다 2. 인식하다
= **enroll** ⓥ 등록하다

040 ★★★ informed [infɔ́:rmd]
a 정보에 입각한

041 ★★★ boycott [bɔ́ikat]
v 불매하다

042 ★★★ assertiveness [əsə́:rtivnis]
n 적극성, 자기 주장
= **confidence** ⓝ 자신(감), 확신

043 ★★★ state [steit]
n 1. 상태 2. 국가
v 1. 언급하다, 말하다 2. 명시하다

044 ★★★ counterpart [káuntərpà:rt]
n 상대

045 ★★★ irritated [íritèitid]
a 짜증난

046 ★★☆ **vary** [vέəri]	**v** 다르다, 달라지다	☐☐☐
047 ★★★ **negatively** [négətivli]	**ad** 부정적으로 ⊕ positively **ad** 긍정적으로	☐☐☐
048 ★★☆ **regretfully** [rigrétfəli]	**ad** 후회하며, 유감스러운 듯	☐☐☐
049 ★★★ **right** [rait]	**n** 권리, 권한 **a** 옳은, 적절한	☐☐☐
050 ★★☆ **species** [spí:ʃi:z]	**n** (생물) 종	☐☐☐
051 ★★★ **lively** [láivli]	**a** 활기찬	☐☐☐
052 ★★★ **aspire** [əspáiər]	**v** 열망하다, 바라다 ⊜ desire (to) **v** 바라다	☐☐☐
053 ★★☆ **interpretation** [intə̀:rprətéiʃən]	**n** 해석, 이해	☐☐☐
054 ★★☆ **dairy** [dέəri]	**n** 유제품	☐☐☐
055 ★★★ **violation** [vàiəléiʃən]	**n** 위반, 침해	☐☐☐
056 ★★☆ **yet** [jet]	**conj** 그렇지만	☐☐☐
057 ★★★ **provide** [prəváid]	**v** 제공하다, 주다	☐☐☐
058 ★★★ **upset** [ʌpset]	**v** 화나게 하다 **a** 화난	☐☐☐
059 ★★☆ **explosion** [iksplóuʒən]	**n** 폭발	☐☐☐
060 ★★☆ **discouraged** [diskə́:ridʒd]	**a** 낙담한	☐☐☐

DAY 80

001 ★★★	**coworker** [kóuwəːrkər]	n 같이 일하는 사람, 동료
002 ★★★	**dissimilar** [dissímələr]	a 닮지 않은, 다른
003 ★★★	**weaken** [wíːkən]	v 약화시키다 ⟷ strengthen v 강화하다
004 ★★★	**flounder** [fláundər]	v 실패하다
005 ★★★	**frustrate** [frʌstreit]	v 1. 좌절시키다 2. 실망시키다
006 ★★★	**presumably** [prizúːməbli]	ad 아마, 짐작건대
007 ★★★	**deception** [disépʃən]	n 속임, 기만 = deceit n 속임수
008 ★★★	**belongingness** [bilɔ́ːŋiŋnis]	n 1. 소속, 귀속 2. 친밀감
009 ★★★	**balance** [bǽləns]	n 균형, 평형 v 균형을 맞추다
010 ★★★	**manipulation** [mənìpjuléiʃən]	n 조작
011 ★★★	**place** [pleis]	n 장소 v 1. 놓다, 두다 2. 입상하다
012 ★★★	**mayor** [méiər]	n 시장, 군수
013 ★★★	**briefly** [bríːfli]	ad 잠시, 짧게 = temporarily ad 일시적으로
014 ★★★	**guidance** [gáidns]	n 지도, 안내, 지침
015 ★★★	**distort** [distɔ́ːrt]	v 왜곡하다

016 ★★★	**career** [kəríər]	ⓝ 진로, 경력	☐☐☐
017 ★★★	**discursive** [diskə́:rsiv]	ⓐ 광범위한	☐☐☐
018 ★★★	**psychography** [saikágrəfi]	ⓝ 심리학적 묘사법	☐☐☐
019 ★★★	**campaign** [kæmpéin]	ⓝ 선거 운동	☐☐☐
020 ★★★	**concerned** [kənsə́:rnd]	ⓐ 걱정되는, 걱정하는 ⊜ worried ⓐ 걱정하는	☐☐☐
021 ★★★	**geologist** [dʒiálədʒist]	ⓝ 지질학자	☐☐☐
022 ★★★	**repression** [ripréʃən]	ⓝ 억제	☐☐☐
023 ★★★	**disappointing** [dìsəpɔ́intiŋ]	ⓐ 실망스러운	☐☐☐
024 ★★★	**comfort** [kʌ́mfərt]	ⓝ 안락, 편안 ⓥ 위로하다 ⊜ ease ⓝ 편안함, 안락함	☐☐☐
025 ★★★	**baseline** [béislàin]	ⓝ 기준치, 기준점	☐☐☐
026 ★★★	**pause** [pɔːz]	ⓥ 잠시 멈추다	☐☐☐
027 ★★★	**manipulative** [mənípjulèitiv]	ⓐ 조작하는	☐☐☐
028 ★★★	**fire** [faiər]	ⓥ 1. 해고하다 2. 발화되다, 점화되다 3. (도자기 등을) 굽다	☐☐☐
029 ★★★	**skilled** [skild]	ⓐ 숙련된, 노련한 ⊜ proficient ⓐ 능숙한	☐☐☐
030 ★★★	**land** [lænd]	ⓝ 육지, 뭍, 땅 ⓥ 착륙하다	☐☐☐

031 ★★★ **mechanic**
[məkǽnik]

n 정비공

032 ★★★ **inactivity**
[inæktívəti]

n 비활동

033 ★★★ **supporter**
[səpɔ́:rtər]

n 후원자, 지지자

034 ★★★ **descend**
[disénd]

v 내려오다, 하강하다
⊖ ascend **v** 오르다

035 ★★★ **rent**
[rent]

v 1. 임차하다 2. 빌리다, 대여하다
3. 임대하다

036 ★★★ **mum**
[mʌm]

n 침묵
a 잠자코 있는

037 ★★★ **nonetheless**
[nʌnðəlés]

ad 그럼에도 불구하고
⊖ nevertheless **ad** 그럼에도 불구하고

038 ★★★ **especially**
[ispéʃəli]

ad 특히

039 ★★★ **persistently**
[pərsístəntli]

ad 끊임없이, 지속적으로

040 ★★★ **Swedish**
[swí:diʃ]

a 스웨덴의

041 ★★★ **harsh**
[ha:rʃ]

a 혹독한, 가혹한
⊖ severe **a** 극심한, 심각한

042 ★★★ **enslavement**
[insléivmənt]

n 노예화

043 ★★★ **exemplar**
[igzémplər]

n 모범, 전형, 표본

044 ★★★ **periodically**
[pìəriɑ́dikəli]

ad 주기적으로

045 ★★★ **set**
[set]

v 1. 결정하다 2. (해·달이) 지다
a 1. 준비가 된 2. 정해진

046 ★★★ **disaster**
[dizǽstər]
n 재난, 재앙

047 ★★★ **utterance**
[ʌ́tərəns]
n 발화

048 ★★★ **distant**
[dístənt]
a 1. 먼 2. 동 떨어져 있는

049 ★★★ **extraordinary**
[ikstrɔ́:rdənèri]
a 1. 탁월한 2. 놀라운, 특이한
⊜ outstanding ⓐ 뛰어난, 두드러진

050 ★★★ **identify**
[aidéntəfài]
v 식별하다, 알아보다, 확인하다

051 ★★☆ **personnel**
[pə̀:rsənél]
n 직원

052 ★★☆ **offering**
[ɔ́:fəriŋ]
n 내놓는 것, 제공된 것

053 ★★☆ **tightly**
[táitli]
ad 꽉

054 ★★☆ **mindful**
[máindfəl]
a 의식하는, 유념하는

055 ★★★ **effect**
[ifékt]
n 효과, 영향 v (어떤 결과를) 가져오다
⊜ impact ⓝ 영향, 충격

056 ★☆☆ **twig**
[twig]
n 잔가지

057 ★★☆ **lengthen**
[léŋkθən]
v 연장하다

058 ★★☆ **burial**
[bériəl]
n 매장(지)

059 ★★★ **generalize**
[dʒénərəlàiz]
v 일반화하다

060 ★★☆ **current**
[kə́:rənt]
a 현재의, 지금의

DAY 82 >>>>>>>>>>>

001 ★★★ **demographic**
[dèməgrǽfik]
ⓐ 인구 통계학적인

002 ★★★ **amplify**
[ǽmpləfài]
ⓥ 증폭시키다, 증폭하다
⊜ magnify ⓥ 확대하다

003 ★★☆ **customer**
[kʌ́stəmər]
ⓝ 고객, 손님

004 ★★★ **slight**
[slait]
ⓐ 약간의, 조금의, 경미한

005 ★★☆ **involve**
[inválv]
ⓥ 1. 연관시키다 2. 포함하다, 수반하다

006 ★★★ **uniformity**
[jùːnəfɔ́ːrməti]
ⓝ 획일성

007 ★★★ **bode**
[boud]
ⓥ ~의 징조가 되다
⊜ augur 전조가 되다

008 ★★★ **candidate**
[kǽndidèit]
ⓝ 후보자
⊜ nominee ⓝ 지명된 사람, 후보

009 ★☆☆ **reindeer**
[réindiər]
ⓝ 순록

010 ★★★ **injure**
[índʒər]
ⓝ 부상 ⓥ 부상을 입다, 부상을 입히다
⊜ wound ⓥ 상처를 입히다

011 ★★☆ **mighty**
[máiti]
ⓐ 강력한

012 ★★☆ **infinite**
[ínfənət]
ⓐ 한계가 없는, 무한한

013 ★☆☆ **dean**
[diːn]
ⓝ 학장, 원장

014 ★★★ **contrastive**
[kəntrǽstiv]
ⓐ 대조적인, 대비적인

015 ★★★ **maid**
[meid]
ⓝ 가정부, 하녀

016 ★★★ **oppose** [əpóuz]	**v** 반대하다	□□□
017 ★★★ **underlying** [ʌndərlàiiŋ]	**a** 1. 근본적인 2. 밑에 있는 ⊜ fundamental ⓐ 근본적인	□□□
018 ★★★ **pollution** [pəlúːʃən]	**n** 오염, 공해	□□□
019 ★★★ **capital** [kǽpətl]	**n** 1. 자본 2. 수도 **a** 주요한	□□□
020 ★★★ **imaginable** [imǽdʒənəbl]	**a** 상상 가능한	□□□
021 ★★★ **idle** [áidl]	**v** 빈둥거리다	□□□
022 ★★★ **forgetful** [fərgétfəl]	**a** 잘 잊어버리는, 건망증이 있는	□□□
023 ★★★ **accomplishment** [əkʌ́mpliʃmənt]	**n** 업적, 성취 ⊜ acievement ⓝ 성취	□□□
024 ★★★ **via** [váiə]	**prep** ~을 통해	□□□
025 ★★★ **transformative** [trænsfɔ́ːrmətiv]	**a** 변화시키는	□□□
026 ★★★ **grill** [gril]	**v** (석쇠에) 굽다	□□□
027 ★★★ **theoretical** [θiːərétikəl]	**a** 이론적인 ⊜ practical ⓐ 실질적인	□□□
028 ★★★ **vibrate** [váibreit]	**v** 진동하다, 흔들리다	□□□
029 ★★★ **rescue** [réskjuː]	**n** 구조 **v** 구하다, 구조하다	□□□
030 ★★★ **parenting** [pέərəntiŋ]	**n** 양육, 육아	□□□

031 ★★★	**interest** [íntərəst]	**n** 1. 관심 2. 이자
032 ★★★	**farthest** [fɑ́ːrðist]	**ad** 가장 멀리
033 ★★★	**blow** [blou]	**n** (정신적) 충격, 타격 **v** 날리다, 불다 **=** setback **n** 차질
034 ★★★	**hurt** [həːrt]	**v** 1. 다치게 하다 2. 아프다 **a** 다친
035 ★★★	**contentious** [kənténʃəs]	**a** 논쟁적인
036 ★★★	**breath** [breθ]	**n** 호흡
037 ★★★	**adorable** [ədɔ́ːrəbl]	**a** 사랑스러운
038 ★★★	**remarkable** [rimɑ́ːrkəbl]	**a** 놀라운, 주목할 만한 **=** notable **a** 주목할 만한
039 ★★★	**flood** [flʌd]	**v** 물밀듯이 밀려들다, 쇄도하다
040 ★★★	**indulge** [indʌ́ldʒ]	**v** 빠지다, 탐닉하다
041 ★★★	**log** [lɔ(ː)g]	**n** 1. 통나무 2. 일지, 기록 **v** 1. 기록하다 2. 접속하다
042 ★★★	**Buddhism** [búːdizm]	**n** 불교
043 ★★★	**search** [səːrtʃ]	**v** 찾다 **=** seek **v** 찾다
044 ★★★	**direction** [dirékʃən]	**n** 1. 방향 2. 지시, 명령
045 ★★★	**suffering** [sʌ́fəriŋ]	**n** (마음의) 고통, 괴로움

DAY 82

046 ★★★	**victim** [víktim]	n 희생자, 피해자	□□□
047 ★★★	**sizable** [sáizəbl]	a 꽤 큰, 상당한 = considerable ⓐ 상당한, 많은	□□□
048 ★★★	**bend** [bend]	v 1. 굽히다, 숙이다 2. 구부러지다	□□□
049 ★★★	**purely** [pjúərli]	ad 순전히, 단지, 다만	□□□
050 ★★★	**prey** [prei]	n 먹이	□□□
051 ★★★	**spirit** [spírit]	n 정신, 영혼	□□□
052 ★★★	**reactance** [riǽktəns]	n 저항	□□□
053 ★★★	**relaxing** [rilǽksiŋ]	a 편안해지는, 여유로운	□□□
054 ★★★	**locate** [lóukeit]	v 1. 위치시키다, 위치하다 2. 찾아내다 = situate ⓥ 위치시키다	□□□
055 ★★★	**wattage** [wátidʒ]	n 전력량	□□□
056 ★★★	**youth** [juːθ]	n 젊은 시절, 청춘	□□□
057 ★★★	**strategist** [strǽtədʒist]	n 전략가	□□□
058 ★★★	**uniformly** [júːnəfɔ́ːrmli]	ad 균일하게	□□□
059 ★★★	**mechanical** [məkǽnikəl]	a 기계적인	□□□
060 ★★★	**accounting** [əkáuntiŋ]	n 정산, 회계	□□□

001 ★★★ **rife**
[raif]

ⓐ 가득한

002 ★★★ **migrate**
[máigreit]

ⓥ 1. 옮기다, 이동하다 2. 이주하다

003 ★★★ **ritual**
[rítʃuəl]

ⓝ 의식
ⓐ 의식적인, 의례적인

004 ★★★ **orientation**
[ɔ̀:riəntéiʃən]

ⓝ 방향, 지향

005 ★★★ **achieve**
[ətʃíːv]

ⓥ 성취하다, 달성하다
⊜ attain ⓥ (보통 많은 노력 끝에) 이르다

006 ★★★ **simplistic**
[simplístik]

ⓐ 단순한

007 ★★★ **properly**
[prápərli]

ad 제대로, 적절히, 똑바로

008 ★★★ **wickedness**
[wíkidnis]

ⓝ 사악함

009 ★★★ **strategy**
[strǽtədʒi]

ⓝ 전략
⊜ plan ⓝ 계획

010 ★★★ **disciplinary**
[dísəplənèri]

ⓐ (학문) 분야의

011 ★★★ **delightful**
[diláitfəl]

ⓐ 즐거운, 기쁜

012 ★★★ **satellite**
[sǽtəlàit]

ⓝ 인공위성

013 ★★★ **captivate**
[kǽptəvèit]

ⓥ 사로잡다
⊜ enthral ⓥ ~의 마음을 사로잡다

014 ★★★ **once**
[wʌns]

ad (과거) 언젠가, 한때
conj 일단 ~하면

015 ★★★ **streaming**
[stríːmiŋ]

ⓝ 스트리밍

DAY 83

016 ★★★	**rather** [rǽðər]	ad 1. 다소, 상당히 2. 오히려, 차라리
017 ★★★	**saint** [seint]	n 성인(聖人)
018 ★★★	**frighten** [fráitn]	v 겁을 주다
019 ★★★	**cage** [keidʒ]	n 우리 v 우리에 가두다 confine ⓥ ~을 가두다
020 ★★★	**radically** [rǽdikəli]	ad 1. 근본적으로 2. 과격하게
021 ★★★	**outsource** [àutsɔ́:rs]	v 외부에 위탁하다, 아웃소싱하다
022 ★★★	**shield** [ʃiːld]	n 방패 v 보호하다 protect ⓥ 보호하다
023 ★★★	**anyway** [éniwèi]	ad 어쨌든
024 ★★★	**respectful** [rispéktfəl]	a 존경심을 보이는
025 ★★★	**biological** [bàiəládʒikəl]	a 생물학적인, 생물학의
026 ★★★	**boost** [buːst]	n 부상, 상승 v 촉진하다, 증진하다 improve ⓥ 향상시키다
027 ★★★	**assistant** [əsístənt]	n 조수, 비서
028 ★★★	**inferiority** [infiəriɔ́:rəti]	n 열등함 superiority ⓐ 우세
029 ★★★	**proud** [praud]	a 자랑스러운
030 ★★★	**bond** [band]	n 유대 (관계), 유대감

031 ★★★	**unsurprising** [ʌnsərpráiziŋ]	ⓐ 놀랍지 않은	□□□
032 ★★★	**otherwise** [ʌðərwàiz]	ad 그렇지 않으면, 다른 경우에는	□□□
033 ★★★	**assert** [əsə́:rt]	v (권리 등을) 행사하다, 주장하다 ⊜ declare ⓥ 선포하다	□□□
034 ★★★	**accountant** [əkáuntənt]	n 회계사	□□□
035 ★★★	**minimal** [mínəməl]	ⓐ 최소한의	□□□
036 ★★★	**elemental** [èləméntl]	ⓐ 기본적인	□□□
037 ★★★	**profoundly** [prəfáundli]	ad 완전히, 깊이	□□□
038 ★★★	**cluster** [klʌ́stər]	n 군집, 무리 ⊜ crowd ⓝ 군중	□□□
039 ★★★	**entertain** [èntərtéin]	v 즐겁게 해 주다	□□□
040 ★★★	**foreseeable** [fɔ:rsí:əbl]	ⓐ 예측 가능한	□□□
041 ★★★	**sanitation** [sænitéiʃən]	n 위생 (관리)	□□□
042 ★★★	**experienced** [ikspíəriənst]	ⓐ 숙련된, 경험 많은	□□□
043 ★★★	**move** [mu:v]	v 감동시키다	□□□
044 ★★★	**ambitious** [æmbíʃəs]	ⓐ 야망 있는, 야심찬 ⊜ enthusiastic ⓐ 열렬한	□□□
045 ★★★	**intervene** [ìntərví:n]	v 개입하다, 간섭하다	□□□

DAY 83

046 ★★★ **responsive** [rispánsiv]	ⓐ 1. 즉각 반응하는 2. 관심을 보이는	☐☐☐
047 ★★★ **refreshing** [rifréʃiŋ]	ⓐ 상쾌하게 하는, 상쾌한	☐☐☐
048 ★★★ **tolerance** [tálərəns]	ⓝ 1. 내성, 저항력 2. 인내	☐☐☐
049 ★★★ **visually** [víʒuəli]	ⓐⓓ 시각적으로	☐☐☐
050 ★★★ **uniformed** [júːnəfɔ́ːrmd]	ⓐ 유니폼을 입은	☐☐☐
051 ★★★ **gifted** [gíftid]	ⓐ 재능이 있는 ⊜ talented ⓐ 재능이 있는	☐☐☐
052 ★★★ **cancer** [kǽnsər]	ⓝ 암	☐☐☐
053 ★★★ **discourse** [dískɔːrs]	ⓝ 담론	☐☐☐
054 ★★★ **adolescent** [ædəlésnt]	ⓝ 청소년	☐☐☐
055 ★★★ **qualitative** [kwálitèitiv]	ⓐ 질적인 ⊕ quantitative ⓐ 양적인	☐☐☐
056 ★★★ **detailed** [ditéild]	ⓐ 세밀한, 자세한	☐☐☐
057 ★★★ **bury** [béri]	ⓥ 매장하다, 묻다 ⊜ inter ⓥ 매장하다	☐☐☐
058 ★★★ **personally** [pə́ːrsənəli]	ⓐⓓ 인신공격적으로, 모욕감을 주도록	☐☐☐
059 ★★★ **superconductor** [sjùːpərkəndʌ́ktər]	ⓝ 초전도체	☐☐☐
060 ★★★ **talented** [tǽləntid]	ⓐ 재능 있는	☐☐☐

001 ★★★	**indication** [ìndikéiʃən]	n 1. 암시, 조짐 2. 표시	☐☐☐
002 ★★★	**fury** [fjúəri]	n 분노	☐☐☐
003 ★★★	**proper** [prápər]	a 적절한, 적당한 ⊜ appropriate ⓐ 적절한	☐☐☐
004 ★★★	**literacy** [lítərəsi]	n 문해력, 읽고 쓰는 능력	☐☐☐
005 ★★★	**whisper** [hwíspər]	v 속삭이다	☐☐☐
006 ★★★	**happen** [hǽpən]	v (일, 사건 등이) 일어나다	☐☐☐
007 ★★★	**dishonest** [disánist]	a 속이는, 부정직한	☐☐☐
008 ★★★	**bill** [bil]	n 1. 청구서 2. 법안 v 청구하다 ⊜ invoice ⓝ 청구서	☐☐☐
009 ★★★	**mundane** [mʌndéin]	a 재미없는, 일상적인	☐☐☐
010 ★★★	**efficient** [ifíʃənt]	a 능률적인, 유능한, 효율적인	☐☐☐
011 ★★★	**greenhouse** [grí:nhàus]	n 온실	☐☐☐
012 ★★★	**comprehension** [kàmprihénʃən]	n 이해 ⊜ understanding ⓝ 이해	☐☐☐
013 ★★★	**reflective** [rifléktiv]	a 성찰적인	☐☐☐
014 ★★★	**reschedule** [ri:skédʒu:l]	v 일정을 변경하다, 일정을 다시 잡다	☐☐☐
015 ★★★	**spark** [spa:rk]	v 자극하다, 촉발시키다	☐☐☐

016 ★★★ **mass** [mæs]	**n** 1. 대중 2. 부피, 질량 **a** 대중의, 대량의
017 ★★☆ **neatly** [níːtli]	**ad** 가지런히, 깔끔하게
018 ★★★ **sterile** [stéril]	**a** 멸균한
019 ★★☆ **structural** [strʌ́ktʃərəl]	**a** 구조적인
020 ★★★ **alienation** [èiljənéiʃən]	**n** 소외 **=** isolation ⓝ 소외

DAY 84